2ª edição - Setembro de 2024

Coordenação editorial
Ronaldo A. Sperdutti

Preparação de originais
Marcelo Cezar

Capa
Juliana Mollinari

Imagem Capa
Shutterstock

Projeto gráfico e diagramação
Juliana Mollinari

Assistente editorial
Ana Maria Rael Gambarini

Impressão
Lis gráfica

Proibida a reprodução total ou parcial desta obra sem prévia autorização da editora.

© 2021-2024 by Boa Nova Editora.

Av. Porto Ferreira, 1031 | Parque Iracema
CEP 15809-020 | Catanduva-SP
17 3531.4444

www.**lumeneditorial**.com.br
www.**boanova**.net

atendimento@lumeneditorial.com.br
boanova@boanova.net

Dados Internacionais de Catalogação na Publicação (CIP)
(Câmara Brasileira do Livro, SP, Brasil)

```
Leonel (Espírito)
   Giselle, a amante do inquisidor / romance pelo
Espírito Leonel ; [psicografia de] Mônica de Castro. --
1. ed. -- Catanduva, SP : Lúmen Editorial, 2020.


   ISBN 978-65-5792-006-0


   1. Espiritismo 2. Psicografia 3. Romance espírita
I. Castro, Mônica de II. Título
```

20-44915   CDD-133.9

Índices para catálogo sistemático:

1. Romance espírita : Espiritismo   133.9

Maria Alice Ferreira - Bibliotecária - CRB-8/7964

Impresso no Brasil – Printed in Brazil
02-09-24-3.000-6.000

Giselle,
a amante do inquisidor

Mônica de Castro
ROMANCE PELO ESPÍRITO LEONEL

LÚMEN
EDITORIAL

Prefácio

    Todos nós temos algo de bom. Por pior que alguém possa parecer, basta que lhe prestemos atenção para descobrirmos que ninguém é totalmente despido de bondade. Alguns se afeiçoam apenas aos animais, outros amam tão somente os filhos, outros ainda procuram proteger seus comparsas. Todo sentimento sincero, ainda que direcionado aos mais empedernidos, revela a semente de bondade latente dentro de nós.

    Não existe no mundo quem não tenha praticado uma ação digna, por menor e mais insignificante que possa parecer. Não há aquele cujos pensamentos e sentimentos, por uma fração de segundo que seja, não tenha se voltado para seu irmão com uma pontinha de piedade ou arrependimento.

E isso porque todos nós, sem exceção, somos dotados da centelha divina que nos acompanha desde a nossa criação. Alguns, mais ávidos e mais corajosos, aprendem mais rapidamente essa verdade e logo alcançam a paz interior, alçando planos mais elevados de compreensão. Outros, mais empedernidos, teimam em persistir apegados a falsos valores de felicidade e se perdem nas vias do terror, infligindo-se sofrimentos e vicissitudes que poderiam ser contornados.

Mas todos, inexoravelmente, estamos caminhando em direção ao mesmo objetivo. Todos almejamos crescer, aprender, ascender ao invisível de uma forma plena e segura, mais consciente, menos sofrida, mais verdadeira e amorosa. É para isso que lutamos, caímos, nos levantamos. É com esse objetivo que enveredamos pelo espinhoso caminho da descrença, da culpa, do orgulho, do desamor, da crueldade. Não são esses sentimentos aspectos negativos do caráter humano. São meras etapas necessárias à compreensão do verdadeiro amor. Muitas vezes é preciso conhecer o mal para que possamos valorizar o bem e o aceitarmos como verdade absoluta em nossos corações.

Assim é a vida, desde seus primórdios. Em todos os tempos, todas as eras, todos os lugares, o homem vem travando furiosa batalha consigo mesmo, contra seus instintos, seus temores, seu orgulho. É uma luta constante, porque o maior inimigo do homem é ele mesmo, contra quem precisa constantemente lutar para impor, não pela força, mas pelo amor, a compreensão verdadeira da vida.

E é com esse sentimento que devemos entender as épocas mais negras da História, aquelas cuja lembrança nos causa arrepios e em que pensamos nada existir de bom. Em tudo na vida há um bem, ainda que só apareça o mal, porque o mal é mera ilusão. O que vulgarmente chamamos de mal não passa de uma falsa compreensão das verdades divinas. Quando realmente conseguirmos alcançar a magnitude dos desígnios de Deus, estaremos prontos para olhar o mal como algo que ainda é necessário, ao menos por enquanto, para que possamos realmente compreender o bem. Porque o bem nada mais é do que uma singela consolidação das leis da natureza. A natureza não erra nem é má. Ela simplesmente existe, simplesmente acontece. Assim também o bem. Ele existe dentro de nós desde a nossa criação e está apenas à espera do momento em que o façamos acontecer.

Deus está sempre conosco, ainda que não o desejemos, ainda que não acreditemos nele. Porque é infinito em amor e sabedoria, em compreensão e benevolência, sabe de tudo o que necessitamos, antes mesmo que pensemos em lhe pedir. E sabe que todos nós, em essência, não somos nem maus, nem cruéis. Somos ignorantes e imaturos, mas inteligentes o bastante para reconhecer quando é chegada a hora de abandonar a infância das trevas e aprender.

Leonel

Prólogo

À medida que a chuva desabava, pesada e grossa, Giselle subia a colina verdejante e escorregadia, parando por vezes para enxugar as pequeninas e abundantes gotas de suor, misturadas aos pingos da chuva que desciam pelo seu rosto cansado. O vento soprava insistente e veloz, fazendo com que o corpo de Giselle envergasse para trás, dificultando-lhe a caminhada. Ao longe, trovões ribombavam furiosos, acompanhando os raios que faiscavam no céu tempestuoso. Efetivamente, Giselle estava no meio de uma tormenta e não tinha certeza se conseguiria seguir adiante.

Em dado momento, parou e olhou para baixo, espantada com o tanto que já havia subido, sem nem se dar conta. Suas pernas começavam a doer, talvez em função do sofrimento que lhes fora impingido, e uma forte exaustão começou a tomar conta de todo o seu corpo. Só agora seus músculos e ossos se ressentiam de tudo por que já haviam passado.

Mas não podia desistir. Não agora. Diego lhe dissera que aquele era o caminho. Do outro lado da colina, o mar lhe acenaria com a liberdade. Abaixou a cabeça, contendo as lágrimas, e avançou mais um pouco. Não faltava muito agora, e tinha que prosseguir. Já perdera muito em sua vida, mas precisava viver. Devia isso a Ramon, que morrera para não ter que matá-la.

Parou por instantes, olhos enevoados pelo pranto e pela chuva, e tornou a subir. Sentia-se só e desamparada. Mais até do que quando estivera presa. Ramon estava morto, e ela não podia mais contar com Esteban. Ele a abandonara. O homem que fora o primeiro amante em sua vida, e a quem chegara a amar como pai, virara-lhe as costas covardemente. Ou será que tinha algo a ver com tudo aquilo? Teria sido Esteban quem a delatara e depois, por medo e covardia, não ousara mais encará-la? Não sabia ao certo. Por diversas vezes Esteban a alertara de que, se ela fosse presa, nada poderia fazer para salvá-la. Não. Ele não a traíra. Acovardara-se, temendo manchar seu nome e sua reputação. Mas não acreditava que houvesse sido ele o autor daquela denúncia infame.

Finalmente, alcançou o topo da colina e ficou estarrecida com a visão do outro lado. Era uma encosta íngreme e rochosa, nada parecida com a grama verdejante por onde acabara de subir. Ao fundo, um imenso mar de águas revoltas se chocava contra as pedras, jogando a espuma branca a muitos metros de distância. A maré ia e vinha numa cadência aterradora, como se quisesse sugar todos os grãos de areia, as pedrinhas e as conchas que, inutilmente, lutavam para se agarrar nas pedras incrustadas no chão arenoso.

Por alguns momentos, Giselle ficou parada no alto da colina, paralisada ante aquela visão. Como é que Diego pretendia que ela entrasse naquele mar? O tempo não a estava ajudando e havia encapelado o mar de tal forma que seria praticamente suicídio aventurar-se por aquelas ondas. As vagas eram gigantescas e se chocavam com violência contra as pedras, arrastando qualquer coisa que se insinuasse por ali.

Durante alguns minutos, permaneceu estudando o local. As ondas não conseguiam chegar até o pé do rochedo, perdendo força poucos centímetros antes. Mas seria uma travessia arriscada até a ponta do promontório, onde Diego lhe dissera que haveria um barco à sua espera. Giselle teria que conter o medo ante as gigantescas muralhas de água que as ondas formariam bem diante de seus olhos.

Inspirou profundamente, tomando coragem, e pôs-se a descer, quase que rastejando pelas rochas. Ao menos, parara de chover. Apesar de íngreme, a descida não era tão difícil como pensara, pois havia uma espécie de trilha natural marcando o caminho por onde deveria passar. Em poucos instantes, alcançou a praia. Não era propriamente uma praia, mas uma estreita faixa de terreno arenoso e, mais à esquerda, as pedras que separavam a terra do mar. Subindo por elas, chegava-se a um caminho apertado e pedregoso, ladeando o penhasco e protegido pelas rochas à frente, que terminava num cabo largo e alto, fazendo como uma plataforma adentrando o mar. Se conseguisse chegar ao final da montanha, teria que dar um jeito de subir pelas pedras e se abrigar na plataforma, onde então ficaria à espera do barco que a iria resgatar.

De um lado e de outro, imensas paredes de pedra, com uma espécie de gruta mais ao fundo. Aquilo mais parecia uma garganta. Giselle ficou pensando que seria muito fácil armar--se uma emboscada ali e começou a sentir medo. Por que é que Diego a enviara para um lugar tão perigoso? Não teria sido mais fácil marcar o encontro numa praia mais afastada? Mas

Giselle, a amante do inquisidor

ele dissera que não, que seria arriscado. Miguez então já teria descoberto a fuga e teria colocado todos os soldados em seu encalço. E depois, como é que ele poderia prever aquela tempestade?

Mesmo assim, algo não lhe soou bem. Olhando para a ponta do cabo, ficou pensando que barco conseguiria chegar até ali com aquele tempo. O mar estava muito revolto, era mesmo uma ressaca impiedosa. Que embarcação se atreveria a se aproximar das pedras com aquelas ondas, arriscando-se a ser atirada contra as rochas e naufragar?

Apurou os ouvidos, tentando escutar algum som. Nada. Não ouvia nada, a não ser o barulho do vento e das ondas estourando com violência nas pedras. Começou a ficar nervosa, pensando no que deveria fazer. Subitamente, a ponta de um barco surgiu por detrás do morro, e Giselle suspirou aliviada. Era um barco pequeno, e ela imaginou que a nau que a levaria embora deveria estar ancorada um pouco mais além, fora da influência daquela maré traiçoeira. Não sabia como faria para alcançar o barquinho, mas imaginou que alguém deveria lhe jogar uma corda ou algo parecido, puxando-a para bordo antes que as vagas a atirassem contra as rochas do cabo. De qualquer forma, teria que saltar no mar.

Não teve tempo de pensar em muita coisa. Enchendo-se de coragem, deu dois passos em direção às pedras. Ia começar a subir quando ouviu um ruído do outro lado. Olhou na direção daquele ruído e estacou abismada. Do fundo escuro da gruta, dezenas de homens apareceram, apontando para ela suas espadas ameaçadoras.

Giselle não teve dúvida. Agarrou-se às pedras o mais que pôde e começou a subir, rezando para chegar ao barco antes que os soldados a alcançassem. Quando ergueu os olhos, outra surpresa. Ao invés do barco se aproximar do promontório, começou a se afastar em direção ao alto-mar, e foi então que ela compreendeu tudo. Diego a traíra. Esperara até que ela lhe revelasse onde escondera seu tesouro, facilitara-lhe a fuga e a entregara a Miguez.

Ficou desesperada. Não havia para onde fugir. Pensou em voltar pelo mesmo lugar por onde viera, mas não havia tempo. Os homens se aproximavam cada vez mais e conseguiriam facilmente detê-la naquela subida íngreme. Não tinha escolha. Ou ia avante, ou seria capturada e morta.

Começou a subir pelas pedras, em direção à parede do penhasco, rumo à ponta do cabo. Quem sabe não poderia atirar-se ao mar e nadar até o outro lado da montanha? Não sabia o que encontraria lá, mas deveria haver uma praia ou uma baía. Quando atingiu o caminho que circundava o morro, ergueu o corpo e levantou os olhos mais uma vez. Sentiu medo. Tanto medo que pensou que fosse desmaiar. Vistas de baixo, as ondas pareciam ainda maiores e engoliam as pedras com uma fúria sem igual, respingando o caminho por onde ela teria que passar. Se fosse apanhada por uma onda, ser-lhe-ia impossível escapar.

Mesmo apavorada, seguiu em frente. Era sua única saída. Os homens de Miguez também já começavam a subir nas pedras e logo a alcançariam. Uma onda estourou a poucos centímetros, e o repuxo quase a arrastou, mas ela conseguiu se sustentar e correr. Giselle deu um passo trôpego para junto da parede de pedras, colando o corpo a ela e experimentando nas pernas a friagem da água. Coração aos pulos, sentiu na pele a iminência da morte.

Os soldados pareciam temerosos e recuaram, hesitando em seguir avante. Era loucura demais. Estacaram onde estavam e ficaram apenas olhando, como se esperassem que algo acontecesse e a levasse de volta para eles. Sem lhes prestar mais atenção, Giselle, corpo ainda colado nas pedras frias do penhasco, foi se arrastando lentamente, sentindo as

Giselle, a amante do inquisidor

pernas tremerem com o estrondo das vagas diante de seus olhos.

Já ultrapassara a metade do caminho quando ouviu um novo alvoroço. Olhou novamente para a praia e notou que os homens haviam recuado e que outros se aproximavam. Giselle percebeu que eram arqueiros. Iam atirar nela! Com o corpo trêmulo, começou a chorar e continuou se arrastando, tentando não encarar as ondas que se agigantavam diante de seus olhos, avançando cada vez mais por cima das pedras à frente, que agora começavam a declinar para dentro da água cinzenta.

A primeira flecha passou zunindo pelo seu ouvido e quase a acertou, mas foi desviada a tempo pela ventania. Os arqueiros, porém, não se deram por vencidos. Armaram-se novamente e tornaram a atirar, mas as flechas não conseguiam alcançá-la, perdendo força ante o vento que soprava em direção contrária. Sua pele já estava ferida e sangrando, esfolada que fora pelas rochas pontiagudas do penhasco. Giselle parecia nem sentir a dor. Depois de tudo por que passara, até que aquilo não era tão mau. Apesar das feridas que trazia e do corpo dolorido, ainda conseguira juntar forças para fugir e chegar até ali. Não iria desistir agora.

Cada vez mais se afastava dos homens. As flechas não a atingiam, e Giselle pensou mesmo que estivesse fora de seu alcance. De repente, cessaram por completo. Os arqueiros pareciam haver desistido e aguardavam em posição de ataque. Mas alguém não desistira. Giselle já o havia visto uma vez, há muito tempo, quando ele a fora buscar para ir à masmorra ver Manuela. Era homem da confiança de Esteban, estava certa. Aquilo a encheu de tristeza. Então, aqueles soldados estavam ali, não a mando de Miguez, como a princípio pensara, mas do próprio Esteban.

O soldado olhou para onde Giselle estava, estudando rapidamente o local, e soltou a armadura e a espada no chão.

Começou a subir pelas pedras, com habilidade e destreza, esgueirando-se com cuidado e evitando o encontro com as ondas, logo chegando à encosta por onde ela se arrastava. Sem nem olhar para o mar, encostou-se à parede e começou a se arrastar também. Giselle se apavorou. Estava claro que ele a alcançaria em pouco tempo, antes mesmo que ela pudesse atingir a ponta do promontório e subir na plataforma. Tentou andar mais rápido, mas as ondas a detinham. Elas pareciam estourar cada vez mais perto agora, e não foram poucas as vezes em que tivera que parar para não ser atingida pela sua fúria incontida.

Quase no final, estacou novamente. As pedras adiante, que protegiam a pequenina trilha encostada na montanha, praticamente desapareciam sob a água, e as ondas ganhavam força, chocando-se contra o promontório com mais violência. Se conseguisse ultrapassar esse ponto, poderia começar a subir para a plataforma, de onde se atiraria no mar. Seria preciso esperar o repuxo e atravessar depressa. Giselle parou. As ondas espocavam com furor, arrastando tudo, e ela voltou a tremer. Sentia o perigo bem abaixo de seus pés e se deu conta de que não havia nada que a sustentasse se caísse.

Ela olhava do homem para as pedras, enquanto ele ia se aproximando cada vez mais. Começou a se desesperar. As vagas não davam trégua, estourando uma atrás da outra, e o intervalo entre elas não era suficiente para que atravessasse. Seria atingida em cheio e arrastada antes que pudesse começar a subir para a plataforma.

Foi quando o homem chegou mais perto. Tão perto que seus dedos roçaram nos dela, e Giselle não teve mais dúvidas. Ou atravessava, ou ele a agarrava. De qualquer forma, iria morrer. Tomou uma decisão. Esperou até que a última onda explodisse contra a rocha e recuasse, e avançou rapidamente. Mas não tão rápido que não pudesse evitar o choque com a nova onda que estourou em seguida à primeira, tão grande que logo a encobriu.

Apesar de atirada contra a parede com força descomunal, Giselle ainda teve forças para se segurar nas pedras. Mas o repuxo foi tão violento que ela não conseguiu manter-se agarrada e sentiu-se arrancada do chão e envolvida pela espuma branca e gelada da onda. Subitamente, seu corpo todo estremeceu, como se ela estivesse sendo embrulhada e sacudida por imensa massa cinza. Estendeu os braços para a frente e sentiu que não alcançava nada além da parede líquida e cinzenta que a ia tragando. Sentiu-se arrastada e esticou ao máximo a ponta dos pés, tentando tocar algo sólido. Em poucos instantes, viu-se coberta pelo mar, sendo arrastada cada vez mais fundo. Seu corpo, apanhado pela correnteza, era agora levado para longe.

Não teve tempo de chorar. Já havia engolido muita água e começou a sentir que sufocava. Não lutava mais. Era inútil. Seu corpo continuava sendo arrastado pela correnteza, e ela sabia que o fim era inevitável. Tentou não abrir a boca, para não engolir água. Em dado momento, sentindo-se asfixiar, inspirou profundamente pelo nariz e sentiu a corrente de água invadindo os seus pulmões, ao mesmo tempo em que fragmentos de sua vida lhe vieram à mente em questão de segundos.

A última coisa em que pôde pensar foi na solidão. Nunca antes, em toda a sua vida, Giselle havia se sentido tão só. Deixou-se dominar por profunda tristeza, vendo-se na iminência da morte, sozinha no fundo do oceano, sem ninguém com quem compartilhar a sua dor. As testemunhas silenciosas de seu suplício jamais poderiam atestar a dor daquele momento. Giselle sentiu-se morrer em completa solidão, o corpo livre e solto no mar, distante de tudo o que um dia representara a sua vida.

Com um movimento mecânico, parou onde estava e ficou olhando seu corpo sendo arrastado para o fundo do oceano. Como é que aquilo podia estar acontecendo? Não havia morrido? Morrera. Giselle não sabia explicar, mas estava quase certa de que havia morrido. Seu corpo, provavelmente, se fora, e o que permanecia ali era tão somente o seu espírito. Desgrudara-se da matéria, e ela continuava boiando na água, ainda imersa, confusa demais para entender o que estava acontecendo. Será que ainda respirava?

Aterrada, balançou a cabeça de um lado para outro e percebeu que ainda continuava no fundo do mar. Corpo ou espírito, o fato é que não estava mais sendo arrastada. Teria tudo sido ilusão e ela ainda permanecia viva? Subitamente, sentiu que o ar lhe faltava. Estava viva! Os mortos não precisavam respirar. Então, não morrera. Desmaiara, talvez, mas estava viva. Viva...!

Capítulo 1

Já passava das oito da manhã quando Esteban acordou. Tinha tido um dia cansativo na véspera, foram muitos os interrogatórios que tivera que presidir. O último, de um camponês acusado de pacto com as trevas, deixara-o particularmente esgotado. Fora difícil fazer o homem confessar, mas Esteban acabara convencendo-o. Não conseguira, porém, misericórdia para o seu crime. O homem seria executado na fogueira dali a alguns dias, como forma de purificação de sua alma possuída.

Inspirou profundamente o ar da manhã e deixou que o sol atingisse seu rosto. Gostava de sol. Passava grande parte do tempo no calabouço, interrogando os prisioneiros, e sua vista já começava a se ressentir da escuridão. Esperou mais alguns minutos até se levantar. Em breve teria que acompanhar o arcebispo de Madri em uma importante visita às masmorras de Sevilha.

Havia terminado de se vestir quando ouviu suaves batidas na porta, que se abriu devagarzinho. Um rapaz entrou e falou baixinho:

— Sou eu, monsenhor, Juan. Não queria acordá-lo. Mas é que está aí a senhorita Giselle...

Esteban não lhe deu tempo de terminar e respondeu apressadamente:

— Diga-lhe que me encontre na antiga capela.

Juan saiu sem dizer nada. Era apenas um menino de seus dezoito anos, salvo pela bondade e generosidade de Esteban Navarro. Os pais haviam morrido quando ele tinha apenas três anos, vítimas do Santo Ofício, acusados de bruxaria. Navarro, por piedade, havia intercedido pelo menino e pedido para tomar a frente em sua educação, o que lhe foi permitido graças ao enorme prestígio de que gozava na Igreja. Criou o menino como se fosse seu filho, dedicando-lhe um amor sincero e paternal.

A passos rápidos, Juan correu a avisar Giselle e seguiu a seu lado, em silêncio. Giselle era uma moça muito bonita, e Juan estava apaixonado, embora não ousasse partilhar seus sentimentos com ninguém, principalmente com monsenhor Navarro. Se ele soubesse, era bem capaz de castigá-lo. Em silêncio, abriu a porta para que Giselle pudesse passar e tornou a fechá-la. A moça se virou lentamente, sem lhe dirigir a palavra, e foi andando em direção ao altar de imagens velhas e descascadas. Fitou o semblante suave da Virgem Maria, ajoelhada aos pés da cruz, e desviou o rosto, acabrunhada. Não queria nada com santos e virgens.

Esperou por cerca de vinte minutos até que Esteban aparecesse. Ele entrou apressado, e Giselle logo se atirou em seus braços, beijando-o com impetuosidade. Esteban correspondeu ao beijo sem muito ardor mas, ainda assim, amaram-se ali mesmo, no chão, sob os olhos marejados da Virgem. Depois que terminaram, Giselle vestiu-se às pressas, de costas para a imagem, e esperou até que ele falasse:

— Lamento tê-la feito vir aqui, mas espero a visita do arcebispo de Madri e não pude me ausentar. Tenho uma nova missão para você.

— De quem se trata? — tornou ela sem muito interesse.

— Dom Fernão Lopes de Queiroz.

— O comerciante de sedas?

— Esse mesmo. Desconfio de seu envolvimento com uma descendente de mouros.

Envolvimento com mouros era considerado uma alta traição à Igreja. Os mouros eram hereges, uma vez que não professavam os sacramentos romanos, mesmo aqueles que haviam se convertido ao cristianismo, os chamados mouriscos.

— O que quer que eu faça?

— O de sempre. Não será muito difícil. Ouvi dizer que dom Fernão, apesar de apaixonado pela tal moura, tem uma queda especial por mulheres bonitas.

— E a moça?

— Quero-a também. Prendendo-o, não será difícil chegar a ela. Afinal, foi ela quem o seduziu com suas heresias e costumes profanos.

Esteban se retirou, e Giselle esperou cerca de cinco minutos para sair também. Do lado de fora, oculto atrás do muro, Juan já a aguardava. Depois que ela saiu, foi trancar a porta. Do alto das escadas, ficou vendo-a se afastar, pensando no quanto seria bom poder estar com ela, fazer com ela as coisas que monsenhor Navarro fazia.

Já em sua casa, Giselle pôs-se a pensar. O que faria para se aproximar de dom Fernão? Giselle era o que se poderia chamar de espia. Amante de Esteban Navarro, cardeal inquisidor do Santo Ofício, tornara-se sua delatora oficial. Monsenhor

Giselle, a amante do inquisidor

21

Navarro, como era conhecido pelos fiéis, era ardoroso defensor da fé católica e não permitia que ninguém a ela se opusesse, lutando com todas as suas armas e forças contra o que ele chamava de hereges. Qualquer um podia ser herege. Qualquer um que não professasse a ideologia católica da época incorria no grave crime de heresia: judeus, mouros, feiticeiros, sodomitas, bruxos, qualquer um.

Esteban envidara as mais ferrenhas perseguições contra os hereges, acreditando estar defendendo e preservando a verdadeira fé cristã. Julgava-se juiz da vontade divina, a quem fora outorgado o direito de reprimir e punir todo aquele que tentasse macular os dogmas católicos. Seus métodos, embora cruéis, eram considerados adequados para a salvação das almas caídas no pecado, e a tortura nada mais era do que instrumento divino de purificação. Essa era sua crença. Os artifícios utilizados para prender os hereges, por mais desleais e sórdidos que pudessem parecer, eram justificados pelo bem que ele julgava fazer àqueles apanhados em pecado.

Para prender os hereges, Esteban contava com o concurso dos delatores. Qualquer um podia denunciar uma heresia, sendo mesmo um dever de todo cidadão temente a Deus. E era exatamente isso o que Giselle fazia. Dona de uma beleza exótica, além de profunda conhecedora de magia negra, era-lhe muito fácil atrair e seduzir os suspeitos indicados por Esteban, deles obtendo as duvidosas confissões que serviam de base à instauração dos processos.

Os hereges, em sua maioria, eram pessoas muito ricas, cujos bens eram logo confiscados pela Igreja. Como prêmio ao delator, cabia-lhe metade do patrimônio do acusado, ficando a outra metade em poder do clero. Nessas circunstâncias, Giselle enriqueceu. Juntou uma boa soma em ouro e joias, e comprou uma bonita e confortável mansão nos arredores de Sevilha, onde vivia em companhia de duas escravas negras, Belita e Belinda, compradas de um mercador português.

Entrando em casa, Giselle seguiu direto para o porão. Abriu a pesada porta e entrou. Era ali que ela se dedicava à arte da magia. Havia vidros com líquidos estranhos, raízes de plantas desconhecidas, caixas com insetos e aranhas, ossos e caveiras, sangue de diversos animais engarrafado em pequenos frascos e cuidadosamente dispostos sobre uma prateleira. Mais ao fundo, encostada à parede, uma pesada estante de livros, repleta de volumes sobre magia e conhecimentos ocultos.

Tudo ali tinha sua serventia. Sempre que se deparava com um caso importante ou difícil, recorria a seus apetrechos de bruxaria. Era o caso de dom Fernão. Embora Esteban lhe garantisse que o homem tinha lá as suas fraquezas por mulheres bonitas, era bom não facilitar. Ele podia estar muito apaixonado pela tal moura, e ela talvez encontrasse alguma dificuldade para seduzi-lo.

Juntou alguns ingredientes, apanhou um livro de capa negra e abriu-o sobre a mesa. Escreveu o nome completo de dom Fernão com sangue de bicho e pôs-se a preparar seu feitiço. Ela não tinha nenhum objeto que lhe pertencesse, o que teria facilitado as coisas, visto que dele poderia extrair sua própria energia. Mesmo assim, preparou tudo. Invocou os espíritos das trevas, ofereceu-lhes presentes e sangue de animais, prometendo-lhes carne fresca de bode, caso conseguisse alcançar o seu intento.

Depois que terminou, saiu e foi para a floresta, onde costumava colocar essas oferendas. Escolheu um canto mais escuro e afastado e depositou tudo no chão, invocando novamente os espíritos das trevas, que logo acorreram, sequiosos de sangue. Recitou algumas palavras extraídas do livro, espargiu pó de ervas e minerais poderosos pelo chão e voltou para casa. Já estava pronta para se encontrar com dom Fernão.

Capítulo 2

Lucena pousou o bordado que tinha nas mãos sobre o colo e olhou para o portão. Uma carruagem acabara de atravessá-lo. Vinha calma e serena, e ela sorriu para si mesma. Levantou-se apressada, depositou o bordado sobre a cadeira e ajeitou o vestido, preparando seu melhor sorriso para receber seu visitante.

A porta da carruagem se abriu e um jovem extremamente atraente desceu, estirando as mãos para a moça.

— Minha doce Lucena — disse ele em tom jovial.

— Ah! Ramon — respondeu ela lacrimosa —, por que demorou tanto? Quase morro de preocupação e saudade!

Ele deu um sorriso maroto e apertou sua bochecha, acrescentando com compreensão:

— Eu sei, mas os negócios me impediram de partir mais cedo. E depois, sabe como são os compromissos sociais.

— Espero que nenhuma portuguesa tenha se engraçado com você.

— Minha querida, o que é isso? — gracejou. — Sabe muito bem que só tenho olhos para você.

— Assim espero...

— E seu pai, onde está?

— Foi a uma reunião com monsenhor Navarro.

— Monsenhor Navarro? Por quê?

— Não sei. Coisas das quais não devo me ocupar, segundo ele.

— Então, não se ocupe com elas. Temos coisas mais importantes em que pensar.

— É verdade. Nosso casamento, por exemplo. Já pensou numa data?

Ramon tossiu meio sem jeito e tentou desculpar-se:

— Sabe que ainda é cedo para isso...

— Por quê? Você já me faz a corte há quase um ano. Não sei por que esperar mais. Mês que vem, completo dezoito anos. Já estou ficando velha.

— Deixe de tolices, Lucena, você ainda é muito jovem.

— Mas vou acabar ficando velha se você não se resolver logo.

— Você sabe que não quero me precipitar. Seu pai é um homem rico e poderoso, e eu jurei a ele que não deixaria faltar nada a você. Enquanto não me igualar a ele em fortuna, não poderemos nos casar.

— Não acha que está exagerando? Você também é rico. Não precisa ter a fortuna de meu pai.

Com um sorriso forçado, Ramon não respondeu. Puxou-a pelo braço e saiu caminhando com ela pelo jardim, pensando que não tinha mais nenhuma desculpa para dar. Homem rico? Só podia ser piada. Há muito Ramon deixara de ser rico. Seu

Giselle, a amante do inquisidor

patrimônio estava praticamente dilapidado, comprometido pelos vícios e exageros. Aos poucos ia vendendo suas propriedades, sem que Lucena ou seu pai soubessem. Se dom Fernão descobrisse, era bem capaz de obrigá-lo a terminar tudo com ela. Não podia permitir isso. Precisava dar um jeito de salvar alguma coisa antes que ele percebesse.

— E o romance de dom Fernão? — mudou de assunto. — Como vai?

— Você sabe tão bem quanto eu que papai evita falar nisso. Só o que sei é que está apaixonado.

— Quando é que vamos ter o prazer de conhecer a felizarda?

— Isso eu não sei. Papai faz tanto mistério que, se Consuelo não a tivesse visto, eu não acreditaria.

— Estranho, não é, Lucena? Por que ele não lhe contou? O que tem de mais um homem viúvo contrair novas núpcias?

— Não sei.

— Será que ela não é de boa família? Será alguma pobretona ou cortesã?

— Que horror! Deus me livre de tamanha desgraça!

— Tratando-se de seu pai, tudo é possível. Sua fama de conquistador é bastante conhecida.

— Não fale assim — tornou amuada. — Respeite meu pai.

— Desculpe-me, minha querida, não quis ofender.

Vinham voltando para casa quando Consuelo os interpelou:

— Senhorita Lucena, quer que mande tirar o jantar?

— Meu pai já chegou?

— Ainda não.

Lucena inspirou profundamente, olhou para Ramon, que permaneceu impassível, e respondeu:

— Agora não, Consuelo. Vou esperar por papai.

A criada fez uma reverência e voltou para dentro.

— Acho bom entrarmos também — sugeriu Ramon. — Já está escurecendo.

— Você sabe que papai não gosta que nos encontremos a sós dentro de casa. Não fica bem.

— Mas Consuelo não está?

— Consuelo está ocupada com suas obrigações. Não vai ficar nos vigiando.

Virou-lhe as costas e começou a caminhar em direção ao banco em que estivera sentada antes de ele chegar, mas Ramon segurou a sua mão e a puxou.

— Espere... — balbuciou, a voz trêmula demonstrando a emoção. — Para onde vai?

— Vamos para o jardim, esperar...

Não lhe deu tempo de concluir. Tapou sua boca com um beijo ardoroso, que ela correspondeu a princípio. Aos poucos recobrando o domínio sobre si mesma, afastou-se dele e empurrou-o com brusquidão, ao mesmo tempo em que censurava:

— Por quem me toma, Ramon? Por alguma ordinária?

— Minha querida, não diga isso. Você sabe o quanto a amo...

— Mas não devia ter feito isso. Não fica bem.

— Não tem ninguém olhando. Que mal pode haver?

— Não está direito.

— Somos noivos, vamos nos casar. Isso não conta?

Ela hesitou. Seu pai vivia lhe dizendo que não deixasse nenhum homem encostar-lhe a mão. Mesmo Ramon. Os homens eram todos iguais; só pensavam em sexo. Se algum homem a desonrasse antes do casamento, ela estaria perdida.

Lucena não respondeu e afastou-se dele acabrunhada, indo sentar-se no banco e apanhando o bordado.

— Está escuro para bordar — ponderou Ramon. — Por que não conversamos?

Ela tornou a pousar o bordado no colo, encarou-o com olhos penetrantes e retrucou friamente:

— Só se você prometer que não vai mais me beijar.

Ramon engoliu a raiva. Gostava de Lucena e pretendia se casar com ela. Contudo, todas as vezes em que tentava se aproximar, ela o repelia, sempre com a mesma desculpa: não

Giselle, a amante do inquisidor

ficava bem. Aquilo o irritava deveras. Ainda que Lucena resistisse em se entregar a ele, podia ao menos permitir-lhe beijos e carícias, mas até isso ela lhe negava.

— Creio que já é hora de ir — tornou de má vontade. — Está ficando tarde e seu pai pode não gostar...

Fingindo não perceber a ironia em seu tom de voz, Lucena segurou-lhe as mãos e considerou:

— Não fique bravo, Ramon. Eu o amo.

— Mas você me trata como se eu fosse um aproveitador! Faz sentir-me mal.

— Perdoe-me, mas é que não tenho mais mãe. Temo não saber me conduzir adequadamente pela vida.

— Mas não tem pai, ora essa? E ele não a orienta? Não cuida para que nada de mal lhe aconteça? — ela assentiu. — Pois é. Tanto que deu permissão para que eu lhe fizesse a corte. Já estamos noivos, Lucena, noivos!

— Eu sei...

— E depois, não estamos fazendo nada demais.

— Por favor, perdoe-me. Não falemos mais sobre isso. Tente entender. Eu o amo e quero que tudo dê certo entre nós.

Fitando-a com um misto de paixão e raiva, ele acabou por assentir:

— Está certo, não vamos mais discutir. Mas é que também a amo e quero-a só para mim. É natural...

— Sei que é. Mas podemos esperar até o casamento, não podemos?

Ele assentiu contrariado. Nesse instante, a carruagem de dom Fernão cruzou os portões e, em poucos segundos, parava defronte a eles. Dom Fernão saltou e os cumprimentou formalmente:

— Está tudo bem, papai? — arriscou Lucena.

Apesar do ar de preocupação, Fernão conseguiu responder com aparente naturalidade:

— Está tudo bem, minha filha.

— O que monsenhor Navarro queria com o senhor?

— Nada de mais. Queria tratar de uma doação.

— Se puder ajudá-lo em alguma coisa, dom Fernão... — acrescentou Ramon com fingido interesse.

— Não, meu jovem, obrigado. Deixe que eu mesmo cuido disso. E depois, como disse, não é nada de mais. Monsenhor Navarro espera mais dinheiro. Como se o que lhe desse fosse pouco...

Passou por eles cabisbaixo e foi subindo as escadas do alpendre.

— Já jantou, papai? — era Lucena novamente.

— Ainda não.

— Quer que mande servir?

— Por favor — virou-se para Ramon e indagou de forma cortês: — Acompanha-nos ao jantar, Ramon?

— Se não for incomodar...

— Não é incômodo algum. A propósito, chegou hoje de viagem?

— Hum, hum.

— E como foram os negócios?

— Bem...

— Excelente. Folga-me saber que o futuro marido de minha filha é um rapaz sensato e comedido.

Ramon deu um sorriso amarelo e não disse nada. Acompanhou Lucena até o interior da casa e aguardou até que desse as ordens a Consuelo. Ela daria uma excelente esposa. Era linda e culta, e sabia lidar com os empregados muito bem. Que homem não ficaria feliz em tê-la por mulher?

Durante todo o jantar, dom Fernão permaneceu calado e pensativo. A conversa que tivera com Navarro não fora das mais animadoras. Ele não falara claramente, mas viera com uma estranha conversa sobre hereges muçulmanos. Dissera-lhe que qualquer um que se associasse a um mouro seria considerado herege também e dedicara grande parte de sua entrevista a digressões sobre o Santo Ofício.

Embora a conversa não encerrasse nenhum tipo de ameaça, Fernão achou tudo muito estranho. Inspirou profundamente e fitou a filha e o futuro genro. Estava apenas à espera de que eles se casassem para se casar com Blanca. Seria mais fácil para Lucena aceitar seu casamento se ela já estivesse casada. Só que Fernão não sabia que forças ocultas já haviam se derramado sobre ele. Sem que percebesse, duas sombras haviam se postado a seu lado, prontas para executar o trabalho pelo qual haviam sido pagas. Muito bem pagas por Giselle.

Capítulo 3

Sentado à sombra de uma figueira, Juan pensava em sua vida. Estava prestes a fazer dezenove anos e ainda não conhecera mulher. Mas não queria uma mulher qualquer. Queria Giselle. Aquilo já estava virando uma obsessão. Giselle era seu último pensamento à noite e o primeiro pela manhã. Juan dormia e acordava com Giselle todos os dias, sentava-se à mesa ao lado dela, beijava o espelho imaginando beijar Giselle. Mas Giselle, além de mais velha, era concubina de monsenhor Navarro. Aquilo sim é que era um empecilho. Esteban jamais permitiria que ele se aproximasse da amante.

— Juan! — o grito repentino despertou-o de seus devaneios, e ele se empertigou, respondendo apressado:

— Sim?

— Monsenhor Navarro o está chamando. Disse para ir agora!

Um dos padres veio avisar. Juan ajeitou o hábito e tomou o caminho da abadia, rumo aos aposentos particulares de Esteban. Bateu à porta e entrou, indagando de forma humilde:

— Mandou chamar, monsenhor?

— Onde estava, Juan? Por que não atendeu ao meu chamado?

— Desculpe, eu estava lá fora...

— Bem, bem, não importa. Tenho uma tarefa para você — foi para a mesa e retirou um papel, colocando-o na mão do rapaz. — Quero que leve isso à senhorita Giselle.

Esteban nem notou o ar de felicidade de Juan, que retrucou com jovialidade:

— Devo ir à sua casa?

— Não. Giselle está na taverna.

Para encobrir seus negócios escusos, Giselle comprara uma taverna do outro lado da cidade, onde costumava se apresentar dançando. A clientela era muito boa. Não só pelo excelente vinho que servia, mas também pelas apresentações que costumava dar. Muitas pessoas acorriam a sua taverna apenas para vê-la dançar, e ela se deliciava com o efeito que a sua figura causava, principalmente nos homens.

Quando Juan chegou, ela estava dançando sobre uma mesa, rodeada de vários homens. Ele ficou admirado. Além de linda, ela parecia despida de qualquer tipo de pudor. Enquanto dançava, Giselle levantava a saia até à altura dos joelhos, levando os homens ao delírio. Como é que monsenhor Navarro não se importava com aquilo?

Monsenhor Navarro não era um homem ciumento. Podia ser possessivo e orgulhoso, mas não sentia ciúmes de nada. Por isso, não se importava que Giselle dançasse. Até gostava.

Agradava-lhe ver que outros cobiçavam o que era dele. E depois, ela trabalhava para ele. Já dormira com vários homens, e até com algumas mulheres, para atender aos seus propósitos.

    Juan sentou-se a uma mesa e ficou esperando até que ela terminasse o seu número, encantado com sua graça e beleza. Giselle era uma mulher exuberante, de formas perfeitas, tez morena clara e cabelos negros, olhos de um verde escuro e penetrante. Não havia quem não se interessasse por ela. Ela percebia isso, porque também se deliciava em provocar os homens e colocá-los a seus pés. Só não dormia com ninguém. Além de Esteban, Giselle só se deitava com os suspeitos de heresia que ele lhe indicava.

    Quando ela terminou de dançar, desceu da mesa e foi na direção de Juan. O rapaz sentiu que o coração disparava, mas tentou se controlar.

    — Boa tarde, Juan — cumprimentou ela, com um sorriso malicioso.

    Ele sorriu de volta, embevecido, e não conseguiu responder. Percebendo o seu embaraço, Giselle puxou-o pela mão e levou-o para um pequeno aposento situado na parte de trás da taverna, que servia de escritório e gabinete particular. Trancou a porta e fê-lo sentar-se.

    — Muito bem — prosseguiu ela. — O que o traz aqui?

    Voltando de seu devaneio, Juan se ajeitou na cadeira, retirou a carta do bolso e estendeu-a para ela. Giselle desenrolou o papel e pôs-se a ler, seu semblante se contraindo de vez em quando. Terminou de ler e guardou a carta entre os seios.

    — Diga a monsenhor Navarro que está tudo acertado. Já dei início aos preparativos e estou pronta para agir.

    Juan memorizou o recado e se foi, ainda sob o efeito que a visão estonteante de Giselle havia causado nele. Depois que ele saiu, ela retirou novamente a carta e a releu. Esteban

lhe dizia que havia tido uma conversa com dom Fernão e que o homem parecia assustado. Era hora de agir. Navarro havia lhe pedido, como um favor especial, que fosse à taverna buscar um pequeno donativo de Giselle para a igreja. Dissera-lhe que, como o lugar não era bem frequentado, não podia, ele mesmo, comparecer, mas não seria direito ignorarem-se as contribuições de pessoas simples, mas de boa-fé. Por isso lhe pedira que fosse. Dissera-lhe que a moça estivera doente e fora curada pelas suas orações, e que agora pretendia retribuir a graça obtida com uma pequena doação particular.

Giselle riu e rasgou a carta. Aquele Esteban era um demônio. Inventava as histórias mais estapafúrdias só para conseguir o que queria. Ainda que ninguém acreditasse nelas, não ousariam contestá-lo. Quem se atreveria a questionar a palavra do inquisidor?

Ela deu ordens para que mantivessem tudo em ordem e foi para casa. Precisava se aprontar. Tinha em mente algo especial. Em casa, trancou-se no porão e foi mexer com seus feitiços. Nada poderia dar errado, ou Esteban ficaria furioso.

Por volta das oito da noite, voltou à taverna. Estava linda em seu vestido vermelho, que realçava ainda mais a sua tez morena. Pouco depois, dom Fernão entrou. Ela não o conhecia, mas praticamente adivinhou que era ele. De onde estava, ele não podia vê-la e se encaminhou diretamente para o balcão.

— Onde posso encontrar a senhorita Giselle? — perguntou, passando os olhos pelo recinto.

Sanchez, empregado que servia as bebidas, apontou com o queixo para um canto da taverna, onde Giselle estava sentada em companhia de um homem, fingindo prestar atenção a sua conversa enfadonha. Viu quando dom Fernão se aproximou e olhou para ele.

— Senhorita Giselle? — indagou com visível admiração.

— Sim? — tornou ela com voz açucarada.

— Meu nome é Fernão...

Ela fez um gesto com a mão, fazendo com que ele se calasse, levantou-se e disse bem baixinho:

— Aqui não. Siga-me.

Saíram pela porta dos fundos, onde uma carruagem os aguardava. Giselle entrou com dom Fernão e deu ordens para que o cocheiro seguisse.

— Para onde vamos?

— À minha casa. Não posso arriscar-me a comprometer o bom nome de monsenhor Navarro. Alguém pode ouvir, e isso não seria bom para ninguém. Nos dias de hoje, é bom não facilitar, não é mesmo?

Fernão deu um sorriso sem graça e não respondeu. Fizeram o resto do percurso em silêncio, até que a carruagem parou alguns minutos depois. A casa de Giselle não ficava longe da taverna, e Fernão achou-a muito grande e bonita para uma simples dona de taverna. Pensou que talvez Giselle possuísse algum amante rico, mas não disse nada. Não era problema seu e não queria se meter nos assuntos alheios.

Ela abriu a porta da frente e chegou para o lado, dando-lhe passagem. Ele entrou primeiro e estudou a sala, admirado com o bom gosto da decoração.

— Devo confessar que estou impressionado, senhorita Giselle. Além de linda, a senhorita é muito fina e requintada. Veja essas obras de arte!

Giselle deu um sorriso maroto e foi apanhar duas taças de vinho, servindo dom Fernão e postando-se ao lado dele, diante de um pequeno vaso que ele admirava.

— É chinês?

— É, sim.

— Como o conseguiu?

Ela deu de ombros e voltou para ele os olhos escuros, que a luz das tochas tornava quase negros, e ele sentiu estranha

Giselle, a amante do inquisidor

35

emoção. Nem percebia que duas sombras de mulher haviam se colado a ele, inspirando-lhe toda sorte de pensamentos lúbricos. Os espíritos chegavam mesmo a masturbá-lo e, embora ele não sentisse os toques fisicamente, foi sendo invadido por um desejo incontrolável e, em poucos instantes, já estava excitado aos extremos. Sentindo a proximidade do corpo de Giselle, ele soltou a taça sobre o aparador e fixou os seus olhos.

— Senhorita Giselle... — balbuciou aturdido.

Ela colocou sua taça ao lado da dele, aproximou bem o rosto do seu e, com os lábios quase roçando os dele, sussurrou:

— Giselle... Para você, sou apenas Giselle.

Fernão não resistiu. Dominado pelo desejo, tomou-a nos braços e beijou-a ardentemente. Ela correspondeu ao beijo com ardor, fazendo-lhe carícias nunca antes experimentadas. Em poucos minutos estavam na cama. Amaram-se loucamente, e Fernão chegou mesmo a se assustar com algumas práticas de Giselle. Embora perplexo, ficou encantado. Aquela mulher não tinha pudor algum, e apesar do medo que isso lhe causava, dava-lhe também imenso prazer.

Dom Fernão só saiu da casa de Giselle altas horas da madrugada, sem levar a pequena doação, que havia até ficado esquecida. Depois que ele se foi, Giselle desatou a rir. Fora muito mais fácil do que imaginara. O homem não oferecera nenhuma resistência. No primeiro impulso, cedera. Pensou no quanto ele era idiota e se felicitou. Naquela noite, não havia perguntado nada. Era preciso primeiro ganhar a sua confiança para só então iniciar a investigação.

Na manhã seguinte, Esteban foi bater à sua porta. A casa de Giselle ficava do outro lado da cidade, longe das residências nobres e bem distante da abadia. Navarro tinha medo de ser visto em sua companhia e costumava visitá-la disfarçado. Apenas seu criado Juan sabia e o ajudava. Era ele quem dirigia a carruagem, certificava-se de que Giselle estava sozinha e ficava à espera do lado de fora, alerta a qualquer movimento suspeito.

— E então, minha querida? — perguntou ele, assim que entrou. — Como foi com dom Fernão?

— Melhor do que o esperado. O homem caiu direitinho na armadilha.

— Vocês dormiram juntos?

— É claro! Não perco tempo com tolices.

Esteban sorriu vitorioso. Giselle sempre se saía bem em suas missões.

— Ele já confessou alguma coisa?

— Ainda não toquei nesse assunto. Mas não se preocupe. Tenho certeza de que logo vai falar.

— Teve que utilizar algum artifício?

— Você sabe que não faço nada sem os meus amigos das trevas. Como pensa que consigo tudo?

Navarro sentiu um calafrio e não respondeu. Não queria se envolver com bruxaria. Aquelas práticas heréticas eram duramente combatidas, e a punição, por demais severa. Giselle não devia mexer com aquelas coisas, mas ele acabou tolerando-as em razão de sua finalidade. Não as estimulava, mas também não as reprimia. Tudo era permitido para prender um herege.

Dom Fernão voltou para casa sentindo o arrependimento corroer-lhe a alma. Traíra sua Blanca com aquela ordinária, mas não queria. Aquela mulher era terrível. Envolvera-o com seus gestos sensuais e atrevidos, e ele acabara caindo em sua armadilha. Por que fizera aquilo? Fora a sua casa buscar uma doação que ela faria a monsenhor Navarro. E onde estava a doação? Ela não lhe dera nada, e ele se esquecera de pedir. Esteban ficaria furioso ao descobrir que ele não cumprira a missão para a qual fora destinado.

E Blanca? Se soubesse, ficaria arrasada. Ela era tão linda e tão pura... Não merecia ser traída. Mas não lhe diria nada. Ela nem desconfiaria. Não pretendia tornar a se encontrar com Giselle, e não haveria com o que se preocupar. Mas, e a doação? Pensando melhor, voltaria à taverna na noite seguinte, apenas para apanhar o dinheiro, e nunca mais apareceria.

Ao entrar em casa, Lucena veio logo ao seu encontro, exclamando alarmada:

— Papai! Onde passou a noite? Fiquei preocupada.

Ele sorriu meio sem jeito. Não podia lhe dizer que passara a noite nos braços de uma cortesã, mas também não podia deixar que ela pensasse que dormira em casa de Blanca. Não queria que ela pensasse que sua noiva era uma mulher qualquer.

— Dormi em casa do senhor Valência — mentiu. — Ficamos conversando sobre negócios, tomamos muito vinho e, quando dei por mim, já estava adormecido sobre as almofadas.

— Ah! Pensei que tivesse passado a noite com a moça...

— Não passei a noite com moça nenhuma.

Ela fez silêncio durante alguns segundos, até que indagou cautelosamente:

— Será que já não está na hora de apresentar-me sua noiva?

Tomado de surpresa, dom Fernão virou as costas para a filha e cerrou os olhos, tentando pensar em algo para dizer. Não havia nada, porém. Consuelo os havia visto juntos e contara a Lucena. Todos sabiam de seu romance com Blanca, e sua filha não compreendia por que ele a mantinha em segredo.

— Quando é que você e Ramon vão se casar? — desconversou.

— Casar...? — confundiu-se a moça. — Não sei ao certo. Ramon ainda está preso aos negócios...

— Pois quero falar com ele ainda hoje. Ou marca logo a data do casamento, ou eu mesmo rompo esse noivado de vocês.

— Papai! Não pode fazer isso.

— Posso, sim. Esse noivado já está se demorando demais. Faz quase um ano que ele me pediu para lhe fazer a corte, com promessas de casamento. Ficaram noivos há seis meses. Por que não se casaram ainda?

Lucena não sabia o que dizer. Também ela não entendia por que Ramon adiava tanto o casamento. No fundo, até que apreciara a impaciência do pai. Só assim Ramon seria forçado a tomar uma decisão.

— Não sei por que Ramon insiste em não marcar a data. Confesso que também eu já lhe fiz essa mesma pergunta.

— Pois vou mandar chamá-lo aqui agora mesmo. Depois que vocês se casarem, também eu e Blanca nos acertaremos.

— Blanca? É esse o nome da moça?

Fernão hesitou. Havia deixado escapar o nome de sua noiva e agora não tinha mais como esconder. Pensando bem, que mal haveria se a filha soubesse o nome de sua futura madrasta? Já era mesmo hora de se conhecerem. Por quanto tempo mais poderia ocultar de Lucena a origem de Blanca? Ela era filha de um mouro e de uma espanhola, ambos já falecidos. Blanca crescera entre a fé católica e a muçulmana mas, após a morte dos pais, acabara por se decidir pela Igreja.

Ele encarou a filha com ternura, segurou as suas mãos e acabou por revelar:

— Sim, minha filha, o nome dela é Blanca. Blanca Vadez. É uma moça honesta e de boa família, e penso em apresentá-la a você o mais breve possível.

— Fico muito feliz com isso, papai. Tinha medo de que ela não fizesse parte da boa sociedade.

— Não precisa se preocupar com isso. Blanca é pessoa da mais alta distinção.

Giselle, a amante do inquisidor

Lucena pareceu feliz. Finalmente ia conhecer a noiva do pai. Além disso, Ramon receberia um ultimato. Ela estava certa de que ele não teria como fugir e ver-se-ia forçado a marcar a data do casamento.

Ramon chegou pouco depois da hora do almoço. O mensageiro apenas lhe dissera que dom Fernão o chamava a sua casa com a máxima urgência, sem declinar, contudo, o motivo de tanta pressa. Acomodado no imenso salão da casa de dom Fernão, ficou à espera de que lhe dissessem o motivo daquele chamado súbito.

— Muito bem, Ramon — começou Fernão —, o assunto que me fez chamá-lo aqui é deveras grave. Trata-se de seu noivado com minha filha.

— Ah! dom Fernão, não precisa se preocupar. Nosso noivado vai indo muito bem...

— Não se trata disso. É que penso que já está na hora de oficializarmos o matrimônio.

— Mas já? Ainda é cedo.

— Não é, não. Minha Lucena já esperou demais. Ou vocês se casam logo, ou o compromisso entre vocês está desfeito. A escolha é sua.

Notando a indecisão nos olhos de Ramon, Lucena pôs-se a chorar.

— Você não me ama, Ramon?

— Não é isso... — balbuciou. — É que considero essa decisão prematura. Ainda temos tanto que fazer...

— Não há nada que fazer — cortou Fernão impaciente. — Lucena não pode esperar mais. Ou será que existe algo a seu respeito que eu não saiba?

Ramon sentiu o rosto arder e abaixou os olhos, confuso e envergonhado. Se dom Fernão soubesse que estava praticamente falido, jamais permitiria que aquele casamento se concretizasse. Mas já que as coisas estavam tomando aquele

40   Mônica de Castro pelo espírito Leonel

rumo, era melhor mesmo casar-se logo, antes que ficasse inteiramente arruinado. Ao menos ainda possuía alguns poucos imóveis para apresentar, além de algumas joias que herdara da mãe. Em breve, porém, com os cobradores batendo à sua porta, não lhe sobraria mais nem sombra de sua fortuna.

Ele fitou Lucena discretamente, pigarreou e começou a dizer:

— O senhor tem razão, dom Fernão. Já está mesmo na hora de marcarmos a data. Por que não escolhe o senhor?

O brilho nos olhos de Lucena o comoveu, e ele foi em sua direção, tomando as suas mãos e beijando-as delicadamente. Gostava da moça. Podia ser interesseiro e quase um pobretão, mas nutria uma afeição sincera por Lucena.

— Muito bem — alegrou-se Fernão. — Escolho eu, então. Que tal dia 30 de julho? Ainda estaremos no verão e poderemos organizar uma bonita festa ao ar livre.

— Para mim está ótimo — concordou Ramon com alegria. — E para você, Lucena?

Mal contendo a felicidade, Lucena concordou:

— Para mim, também. Quanto antes, melhor.

— Excelente! Deixem tudo por minha conta. Eu mesmo tratarei a igreja e providenciarei os convites para a festa. Vai ser um banquete luxuoso, como nunca antes visto em Sevilha.

Dom Fernão sentiu-se mais animado. Depois do casamento da filha, trataria de arranjar o seu. Blanca já não era mais nenhuma menina, mas ficaria feliz com um casamento no estilo tradicional. Afinal, optara por seguir a religião da mãe, deixando de lado os velhos costumes da crença paterna. Ela não merecia a pecha de moura. Blanca era cristã e merecia integrar-se no seio da comunidade católica, e era o que ele pretendia ajudá-la a fazer.

Giselle, a amante do inquisidor

Capítulo 9

Já era quase meia-noite quando Giselle fechou a porta de casa e tomou a direção da floresta. Envolta em seu manto negro, caminhou evitando os raios da lua, ocultando-se na escuridão da noite. Foi andando apressadamente, arrastando um bode que mandara comprar logo pela manhã. Finalmente, atingiu uma clareira, o local onde sempre ia para fazer seus sacrifícios, sem que ninguém a visse. As pessoas eram muito impressionáveis e tinham medo da floresta à noite, o que conferia a Giselle uma certa aura de proteção.

No centro da clareira havia uma pedra grande e muito lisa, que servia de altar. Arrastando o animal, Giselle se dirigiu para lá. Amarrou-o num galho de árvore caído no chão e ajoelhou-se diante do altar de pedra, proferindo estranhas palavras em latim. Abriu um pano negro aos pés da pedra, nele depositando algumas moedas de prata, um punhal e uma pequena bacia. Em seguida, continuou a fazer suas evocações, chamando os espíritos que a haviam ajudado para o banquete que lhes oferecia.

Pouco depois, apanhou o animal. O bode tremia todo, talvez ciente do destino que lhe fora reservado. Giselle ergueu-o cuidadosamente e deitou-o sobre a pedra, segurando-o firmemente pelo pescoço com uma das mãos. Com a outra, levantou o punhal, sempre proferindo palavras estranhas, encostou-o na carne do animal e, num gesto rápido e preciso, cortou sua garganta, mantendo-o preso de encontro à pedra, enquanto seu corpo estremecia sob o estertor da morte.

Giselle parecia em transe. Revirava os olhos e cantarolava baixinho, chamando aqueles que costumavam servi-la. Os espíritos das trevas, que aguardavam ansiosamente por aquela oferenda, logo se aproximaram. Alguns encostaram a boca na ferida do bode, sugando-lhe o fluido vital, enquanto outros disputavam o sangue derramado na bacia.

Quando o animal soltou seu derradeiro estertor, e a última gota de sangue pingou na bacia, Giselle abriu os olhos com um sorriso de triunfo. Acomodou o corpo do bicho morto sobre a pedra, espargiu sobre ele uma mistura de ervas e apanhou a bacia. Levou-a aos lábios vagarosamente, sorvendo o sangue do bode em pequenos goles. Em seguida, depositou-a novamente aos pés do altar de pedra, sobre o manto negro, e terminou com uma frase:

— Deliciem-se, meus servos. Vocês mereceram.

Jogou o manto novamente sobre os ombros, virou as costas ao pequeno altar e tomou o caminho de volta. No dia seguinte, apanharia o corpo do bode, as moedas e a bacia, e jogaria tudo no rio mais abaixo, onde ninguém poderia ligá-los a ela. Por ora, tudo pertencia aos espíritos das sombras, que retirariam o máximo da energia que pudessem extrair daqueles elementos.

Giselle, a amante do inquisidor

Quando já estava quase em casa, viu uma pequena claridade perto de uma árvore e se voltou assustada. No meio da escuridão, um homem a fitava com olhar triste, envolto num halo de luz. — Pai...? — balbuciou ela assustada.

— Giselle — respondeu o espírito —, o que é que está fazendo com o conhecimento que lhe dei?

Giselle levou a mão à boca, aterrada e, na mesma hora, a imagem se desvaneceu. Completamente aturdida, desatou a correr. Como é que aquilo fora acontecer com ela? Seu pai estava morto. Por que aparecia na sua frente de uma hora para outra? Era a primeira vez que o via. Sabia que possuía uma sensibilidade acima do normal, mas nunca antes havia visto qualquer espírito, nem mesmo aqueles que trabalhavam para ela.

O pai, contudo, não só se aparecera diante dela, como lhe falara também. Parecia, não zangado, mas triste. Por mais que dissesse não entender a razão de sua tristeza, Giselle sabia. Sabia que estava utilizando os conhecimentos que ele lhe dera de forma inadequada. Antes de morrer, o pai a fizera prometer que jamais se utilizaria da sabedoria para destruir.

— O conhecimento deve ser usado na prática do bem — dizia ele. — Jamais permita que a ganância, o orgulho e a vaidade afastem você do caminho da retidão.

Giselle ouvia seus conselhos sem lhes dar atenção. Em seu íntimo, sabia que faria exatamente o contrário do que o pai lhe dizia. Para que tantos conhecimentos se não podia utilizá-los em benefício próprio? Quem era ela para se preocupar com o bem-estar alheio? A Virgem Maria? Não, pensava. Deixaria aquelas tarefas para os santos e anjos. Ela precisava cuidar de sua própria vida, e foi exatamente o que fez depois que o pai morreu.

O pai de Giselle, Ian MacKinley, era um druida escocês, que veio parar na Espanha fugindo da perseguição cristã aos praticantes da antiga seita da deusa-mãe. Não tencionava fixar residência na Espanha, temendo a Inquisição mas, de passagem por Cartagena, acabou conhecendo Pilar, por quem se apaixonara e com quem se casara. Dessa união, nasceu-lhes a única filha, batizada com o nome de Giselle, que era a alegria do pai.

Desde a mais tenra infância, Ian ensinou a Giselle os mistérios da sabedoria druida. A menina demonstrava grande interesse por aquela magia, embora não comungasse dos ideais do pai. Podia amá-lo profundamente, mas tencionava usar aqueles conhecimentos para conseguir algumas vantagens pessoais. Sua família era pobre, e ela pretendia enriquecer.

Quando Ian morreu, Giselle contava apenas quinze anos e já era uma bruxa praticamente feita. A mãe morria de medo, temendo que alguém a denunciasse aos padres, mas Giselle a tranquilizava, dizendo que ninguém sabia nada de sua vida.

Um ano depois, a mãe contraiu novas núpcias. O padrasto de Giselle era um bêbado preguiçoso, que ficava em casa enquanto a mãe se matava de trabalhar para sustentar a família. Giselle o odiava. Um dia, quando ele tentou estuprá-la, decidiu-se. Não podia mais viver ali. Precisava partir o quanto antes. Arrumou suas trouxas e fugiu, levando livros perigosos e proibidos na bagagem.

Foi para Sevilha. Apesar do Tribunal do Santo Ofício, a cidade a atraía. Por uma estranha razão, Giselle não acreditava que tivesse saído de sua terra para cair nas garras de algum inquisidor idiota. Não tinha medo, e foi a sua audácia que a aproximou de monsenhor Navarro. Esteban era então um jovem padre, recém-nomeado inquisidor para atuar no Tribunal de Sevilha. Giselle não o conhecia, mas sabia que muitos inquisidores tinham suas concubinas particulares, e o que ela mais queria era tornar-se amante de um inquisidor. Pôs-se à espera da melhor oportunidade.

Desde que chegara, havia se hospedado em uma estalagem fétida e pouco iluminada, com carrapatos na cama e ratos que passeavam pelo quarto logo que a vela se apagava.

Giselle, a amante do inquisidor

Era um horror. No quarto ao lado, viviam duas moças que se diziam irmãs. Uma noite, Giselle ouviu um estranho ruído. Do outro lado da parede, alguém gemia. Encostou o ouvido à parede e escutou. Efetivamente, eram gemidos que escutava. Levantou-se na ponta dos pés e foi para o corredor, na esperança de ver alguma coisa. Espiou pelo buraco da fechadura, mas não conseguiu ver nada.

No dia seguinte, foi direto ao Tribunal do Santo Ofício. Naquela época, Navarro era apenas um padre em início de carreira como inquisidor e integrava as Mesas Inquisitoriais. Embora hesitante, Giselle se aproximou.

— O que deseja, senhorita? — indagou Esteban, fixando-a admirado.

Assumindo um ar inocente, Giselle tornou com voz melíflua:

— Com quem poderia falar sobre... bem, sobre algo que vi?

— O que foi que viu? — tornou Esteban interessado. — Vamos, pode falar. Você está diante de um juiz investido de autoridade divina pelo Criador.

Ela fez ar de dúvida. Na verdade, todos os seus gestos eram estudados e cuidadosamente preparados para impressionar o inquisidor. Ela queria parecer ingênua e preocupada com a moral cristã, e não ser tomada por uma devassa invejosa ou algo parecido.

— Bem... — continuou ela em tom hesitante — não sei se é apropriado falar.

— Pode falar, criança. Não tenha medo. Estou aqui para ajudá-la. Diga-me: o que foi que viu?

— Bem, padre, é que não sei se o que vi é pecado.

— Mas o que é, menina? Do que se trata?

Esteban já estava ficando impaciente, e ela achou que já era hora de contar. Chegou o corpo para a frente, expondo os seios mal cobertos pelo vestido, e começou a sussurrar:

— É que onde moro há duas moças que... bem... o senhor sabe... — calou-se envergonhada.

— O quê? — tornou Esteban, já dominado pelas entidades que acompanhavam Giselle. — Pode falar, senhorita...

— Giselle.

— Pode falar, Giselle. Lembre-se de que está num lugar santo. Pecado é calar sobre algo que pode ser uma heresia.

Giselle inspirou profundamente, chegou o rosto bem perto do seu e tornou a sussurrar:

— Bem, padre, como eu ia dizendo, moro numa pequena estalagem nos arredores da cidade. Nada de luxo, porque não posso pagar. Acontece que, na outra noite, ouvi um gemido estranho. Fiquei assustada, pensando que as moças que vivem no quarto ao lado estivessem passando mal. Pensando em oferecer-lhes ajuda, fui até o quarto delas. Bati na porta, mas ninguém respondeu. Então, fiz algo que nunca antes havia feito: olhei pelo buraco da fechadura. Sei que é errado, padre, mas minha intenção era ajudar. As moças podiam estar doentes, impossibilitadas de abrir a porta.

— Sei, sei — tornou Esteban, cada vez mais impaciente. — Mas e daí? O que foi que viu?

— Jura que nada vai me acontecer se falar?

Ela fingia tão bem que Esteban realmente acreditou na sua inocência e no seu medo. Já magnetizado por ela, respondeu com doçura:

— Um padre não precisa jurar, minha filha, pois sua palavra já é a palavra de Deus. Contudo, se vai se sentir melhor, juro, não só que nada lhe irá acontecer, mas que irei ajudá-la no que for preciso.

Ela sorriu intimamente, exultando com sua vitória. Sabia que o havia conquistado e falou bem baixinho:

— Quando espiei pelo buraco da fechadura, vi que estavam nuas, agarradas, fazendo coisas estranhas na cama, esfregando seus corpos, tocando-se de maneira pouco digna — o padre abriu a boca, estupefato, e ela prosseguiu: — Fiquei apavorada. Nunca antes havia visto nada semelhante. Sufoquei um grito de pavor e voltei ao meu quarto, pensando no que deveria fazer. Aquilo não estava nada certo. Foi então que me ocorreu procurar o Tribunal. Não sei se isso é heresia, mas achei que era minha obrigação contar o que vi.

Giselle não havia visto nada. Mas mentia tão bem que qualquer um acreditaria. Contudo, tinha certeza de que as moças estiveram mesmo se amando. Escutara aqueles gemidos muitas vezes, quando sua mãe e o padrasto faziam sexo. Não tinha dúvidas.

Esteban tomou nota de tudo o que ela dizia e logo procedeu à abertura do processo inquisitorial. Giselle não sabia o nome das moças, mas deu o endereço a Esteban e voltou para a estalagem. Naquela mesma noite, soldados invadiram o quarto ao lado do seu, e as moças foram surpreendidas nos braços uma da outra. Giselle escutou barulho de luta, gritos desesperados, choros convulsos. A voz de Esteban se elevava furiosa, excomungando as moças. Riu vitoriosa.

Voltou para sua cama e aguardou. Poucos minutos depois, ouviu batidas na porta. Levantou-se e foi abrir.

— Senhorita Giselle — começou Esteban a dizer —, tinha razão. O demônio habita o corpo daquelas duas.

— Elas foram presas?

— A essa altura, já devem estar nas masmorras.

— Pobres moças...

— Não se lamente. Você fez o que era certo. Deus deve estar muito satisfeito com você — fez uma pausa e ficou olhando para ela, até que acrescentou embevecido: — Você é tão linda...

Ela abaixou os olhos, fingindo-se envergonhada, e retrucou com voz sumida:

— Padre... nem sei o seu nome...

— Esteban. Esteban Navarro.

Ela soltou um suspiro e deixou que duas lágrimas caíssem de seu rosto. Esteban estava encantado. Ela era uma jovem muito sensível e atraente, e não merecia viver naquela espelunca.

— Onde estão os seus pais? — tornou ele com genuína preocupação.

— Morreram.

— E você ficou só?

— Sim, meu senhor. Não tenho ninguém por mim.

— Pois agora tem. Não se preocupe, vou ajudá-la.

— Vai? Por quê?

— Porque sou um homem generoso, e você, uma criança desamparada. É meu dever cuidar de você.

Era tudo o que Giselle esperava ouvir. No dia seguinte, Esteban tirou-a da estalagem e acomodou-a numa pequenina casa, um pouco afastada da cidade. Logo tomou-a por amante e ficou encantado com o fato de ela ainda ser virgem. Aquilo era uma prova de que ela era uma criança inocente e pura, assustada com o mundo ao seu redor.

Com o tempo, o romance entre os dois foi se intensificando. Sempre que aparecia, Esteban lhe contava sobre seus casos, falando que havia muitos hereges que ainda conseguiam escapar do poder do Santo Ofício. Foi quando a ideia lhe surgiu, e Giselle se ofereceu para ajudar. Era uma mulher bonita e não lhe seria difícil obter uma confissão dos suspeitos ou reunir elementos que os incriminassem. Bastava que os seduzisse, e eles acabariam por se entregar.

Foi exatamente o que aconteceu. Utilizando-se de seus conhecimentos de magia das trevas, Giselle atraía os suspeitos, ganhava sua confiança e fazia com que lhe contassem tudo sobre suas vidas. Diante das informações que ela lhe passava, Esteban avaliava se havia algo herético na vida dos suspeitos, e todos eram conduzidos ao calabouço, torturados, espoliados e mortos.

Esteban sentiu-se gratificado. Logo honrado com o título de monsenhor, em breve foi sagrado bispo, para depois receber o título de cardeal, e passou a presidir os processos de inquisição, abandonando as Mesas Inquisitoriais e dedicando-se à prática da tortura para obter a confissão. Giselle também foi gratificada. Tornou-se uma mulher rica, e Esteban lhe comprou a taverna, para acobertar o seu ofício.

Aos poucos, Esteban foi tomando conhecimento das práticas de magia de Giselle. Embora assustado a princípio, acabou se acostumando. Era graças aos conhecimentos de Giselle que conseguiam prender muitos hereges. Poucos eram os que lhe escapavam, e quando isso acontecia, até Esteban os acreditava inocentes, desistindo de persegui-los e acusá-los. Só os inocentes não se tornavam prisioneiros das forças das trevas nem do magnetismo de Giselle.

Ele não sabia o quanto estava certo. Por mais que Giselle soubesse manipular os espíritos das sombras, nada do que fizesse surtiria efeito nas almas dignas, íntegras e bondo-sas. Os trabalhadores do mal, muitas das vezes, nem con-seguiam chegar perto dessas pessoas, barrados que eram, antes mesmo de adentrarem suas casas, pelos espíritos de luz encarregados de zelar pela sua segurança. Outras vezes, as vítimas chegavam a titubear. Mas a fé em Deus e a oração sincera acabavam por reequilibrar os seus pensamentos, e os espíritos das trevas eram afastados após curto período de perturbação.

Giselle sabia que seu maior inimigo era a fé que algumas pessoas possuíam em Deus. A princípio, sempre que encontrava resistência de alguém, desdobrava-se em oferendas, certa de que acabaria conseguindo minar a força do inimigo. Mas o amor e a fé em Deus se sobrepõem a todo e qualquer malefí-cio, por mais poderoso e sombrio que seja, e Giselle acabou se convencendo de que não possuía poder algum contra os mais religiosos, como ela, em sua ignorância, os compreendia e os chamava.

Capítulo 5

  Os sinos da abadia acabavam de dobrar, anunciando as seis horas da tarde, quando Esteban e Miguez cruzaram a imensa porta de cedro que dava acesso aos aposentos particulares dos padres.
  — Meu caro Esteban — disse Miguez vagarosamente —, sabe que não tenho nada com a sua vida nem pretendo me intrometer em seus assuntos. Mas não acha que seu romance com Giselle está indo longe demais?
  — Por que diz isso? — tornou Esteban assustado, certo de que era discreto o bastante para não permitir falatórios.
  — Porque já estão começando a comentar.
  — Comentar o quê? Quem?

— Outro dia mesmo ouvi uma conversa entre padre Valentim e padre Donário. Diziam que você deveria ser mais cauteloso e não trazer a moça aqui.

— Mas eu não a trouxe!

— Não é o que dizem. Vocês foram vistos saindo da antiga capela.

Esteban fez um ar de contrariedade e desabafou:

— Por que não cuidam de suas próprias vidas?

— Não que isso vá prejudicá-lo... Não creio mesmo nisso. Afinal, que inquisidor não possui a sua amante, não é mesmo? — deu um sorriso mordaz e prosseguiu: — Eu mesmo tenho lá os meus encontros.

Haviam alcançado o corredor principal, onde ficavam os aposentos mais luxuosos, e Esteban parou. Fitou o interlocutor com ar maroto e indagou:

— Suas virgens?

Miguez olhou de um lado a outro e falou bem baixinho:

— Só gosto das virgens. E assim mesmo, das bem novinhas. Pode ser uma preferência um tanto quanto bizarra, mas depois que as defloro, perco o interesse por elas. O que me agrada, meu caro, é o medo das meninas, a sensação de poder ao senti-las trêmulas sob o meu corpo, a dor da penetração, as lágrimas de desespero, o sangue jovem a lhes escorrer do sexo. Está certo que faço tudo isso em nome do Senhor... — elevou as mãos ao céus e fez o sinal da cruz, logo retomando seu discurso: — Mas não é pecado ter prazer com o próprio trabalho, é?

— Por que está me dizendo isso, Miguez?

— Nunca me envolvi com nenhuma dessas mocinhas. Mas você... está por demais envolvido com Giselle.

— Giselle trabalha para mim. Foi graças a ela que consegui prender e acusar tantos hereges.

— Sei disso e não quero que pense que o estou recriminando. Como disse, você não é o primeiro nem será o último a ter uma concubina. Mas sou seu amigo e sinto-me no dever de alertá-lo. Giselle ainda pode lhe causar problemas.

— Não vejo que problemas ela possa me causar. É apenas uma mulher...

— Uma mulher é sempre perigosa. É através delas que o diabo costuma tentar os homens.

— Giselle é diferente. É muito dedicada a mim e só faz aquilo que eu mando.

— Ainda assim, meu amigo, tenha cuidado. Se o Tribunal se voltar contra ela, não a defenda. Deixe que a acusem.

— O que você sabe que eu não sei?

— Nada. Não sei de nada. Mas algo me diz que ela ainda vai acabar mal.

— Não entendo por que a preocupação, Miguez. Giselle não representa nenhuma ameaça.

— Eu não teria tanta certeza. Ela é traiçoeira e perigosa.

— Está enganado. Giselle me é extremamente fiel. É você que não gosta dela, embora ela nunca tenha lhe feito nada. E você sabe o quanto eu gosto dela.

— Por isso mesmo. Não me agradaria nada vê-lo às voltas com os inquisidores.

— Está se preocupando à toa. Não há nada contra mim. E, mesmo que houvesse, ninguém ousaria me acusar. Seria uma vergonha para a Igreja. Tenho certeza de que o arce-bispo logo daria um jeito de acobertar tudo, como já fez outras vezes. E depois, sempre cumpri fielmente a minha missão. Devo ser o inquisidor com o maior número de confissões e condenações. Ninguém se atreverá a me acusar de nada.

Miguez suspirou profundamente e deu-lhe um tapinha nas costas, seguindo para seus aposentos. Deitado em sua cama, ficou pensando no amigo. Ele e Esteban eram amigos havia muitos anos. Juntos, já haviam feito centenas de con-denações, presidido muitas torturas, presenciado várias exe-cuções. Miguez sabia que Esteban era muito bem conceituado

Giselle, a amante do inquisidor

na Igreja, tinha fama de excelente inquisidor. Assim como ele. Miguez ansiava ser sagrado bispo, o que não deveria tardar.

Mais tarde, em seu quarto, Esteban apagou a vela, mas não conseguiu dormir. Pensava nas palavras de Miguez. Não acreditava que alguém tivesse algo contra ele ou Giselle. A não ser o próprio Miguez. Desde que a conhecera, o amigo não simpatizara com ela.

Ouviu um ressonar e espiou. No aposento contíguo, Juan dormia a sono solto, despreocupado da vida. Seria uma pena despertá-lo, mas precisava dele naquela noite. Era imperioso que fosse ver Giselle ainda hoje. A conversa com Miguez o deixara preocupado, e ele queria se certificar de que tudo estava bem.

— Juan — chamou baixinho, cutucando o noviço.

— Hum...? O que é?

— Acorde, Juan, precisamos sair.

O rapaz se empertigou e esfregou os olhos, tentando espantar o sono, e fitou o interlocutor:

— Monsenhor Navarro! Aconteceu alguma coisa?

— Preciso sair. Vamos, levante-se.

Rapidamente, o rapaz se levantou e vestiu-se às pressas. Em silêncio, saíram para o pátio da abadia, dirigindo-se para a cavalariça.

— Aonde vamos? — indagou, enquanto abria a porta da carruagem para Esteban entrar.

Ele se sentou rapidamente e disse com voz rouca:

— À casa de Giselle. E rápido.

O coração de Juan estremeceu. O que será que Navarro iria fazer em casa de Giselle àquelas horas? Não perguntou nada, porém. Era seu dever obedecer, não fazer perguntas.

Quando chegaram, Juan bateu à porta e esperou. Poucos minutos depois, uma das negras veio atender, e Esteban entrou apressado, ordenando ao noviço que o esperasse na carruagem.

— Vá chamar a senhorita Giselle — ordenou de má vontade.

A escrava não disse nada. De olhos baixos, saiu e foi buscar sua senhora. Voltou cerca de cinco minutos depois e, parada diante dele, sem ousar levantar a cabeça, falou com voz humilde:

— A senhorita Giselle não está em seu quarto.

— Onde está?

— Não sei, senhor. Talvez esteja no porão.

Sem dizer nada, Esteban dirigiu-se para lá. Não gostava daquele porão cheio de ervas e coisas esquisitas, com cheiro de enxofre e inferno, mas estava com pressa. Escancarou a porta com estrondo. Giselle estava parada em frente a uma espécie de fogão a lenha, mexendo um caldeirão, e levantou os olhos assustada:

— Esteban! — exclamou surpresa. — O que faz aqui a essas horas?

Encarando-a com desconfiança, ele redarguiu em tom de censura:

— O que está fazendo aí, Giselle? Outro de seus feitiços?

— Nada de mais — tornou ela, dando de ombros. — Apenas uma infusão para aborto. Por quê?

— Está grávida de novo?

— É o que parece.

Vendo-a ali parada, mexendo o caldeirão feito uma bruxa, o coração de Esteban se apertou. Ainda a amava. Não sentia mais arder em seu corpo o fogo da paixão, mas gostava dela o suficiente para tentar protegê-la. Ela se arriscava demais, guardando em sua própria casa aqueles objetos profanos e demoníacos. Se alguém descobrisse, seria o seu fim.

Giselle soltou a colher com que mexia o caldeirão e aproximou-se dele, tentando beijá-lo na boca. Ao ver que ele se esquivava, perguntou com voz amuada:

— O que há, Esteban? Não me deseja mais?

— Não se trata disso. Mas é que vim aqui para falar de um assunto importante.

Giselle, a amante do inquisidor

— Que assunto?

— Essas práticas nefastas.

— Por que está dizendo isso agora? Nunca se queixou quando elas o auxiliaram.

— Isso é bruxaria.

— Chame como quiser. Mas é com essa bruxaria que consigo praticamente tudo o que quero. E depois, se quer mesmo saber, acho que não tem nada de mais nisso que faço. Os druidas, de quem aprendi esses segredos, tratavam esses mistérios com muita naturalidade. Meu pai dizia que eles estavam acostumados a utilizar as forças ocultas da natureza, manipulando energias e fazendo contato com os espíritos...

— Isso é blasfêmia! É coisa do diabo!

— Que eu saiba, você também já andou estudando essas blasfêmias.

— Não nego. Mas foi apenas para conhecê-las e poder combatê-las. Não me dedico a essas práticas. E você também deveria parar com isso.

Giselle abraçou-o e beijou o seu rosto, acrescentando com voz melíflua:

— Quer mesmo que eu pare, Esteban? Sem a minha magia, talvez você não fosse o homem poderoso que é hoje. Quer jogar tudo isso para o alto?

Ele a encarou confuso e começou a dizer:

— Não... não se trata disso.

— De que se trata, então? Nunca vi você preocupado com minha magia.

— Você sabe que eu jamais gostei dessas práticas.

— Mas nunca as condenou nem me pediu que parasse. Por que isso agora? Por que se deu ao trabalho de vir até aqui no meio da noite, só para me alertar sobre algo que você já está cansado de saber?

— Não sei. Estou confuso. Miguez veio com uma conversa estranha hoje. Algo sobre você ser acusada de heresia.

— Padre Miguez não sabe de nada. No fundo, está é com inveja, porque você subiu mais rápido do que ele.

— Não creio. Miguez e eu sempre fomos muito amigos.

— Está certo, Esteban — assentiu Giselle, tentando desviar o assunto. — Mas não se preocupe. Se depender de mim, ninguém nunca vai ficar sabendo de nada. Vou tomar mais cuidado. Escolherei até um outro local para minhas oferendas. Está bem assim?

Ele sorriu meio sem jeito e assentiu. Em seguida, Giselle terminou de preparar a infusão e bebeu a goles largos. Já estava acostumada àquilo. Sempre que engravidava, preparava o chá abortivo e se livrava da criança. Não queria filhos. Nem Esteban. Ele tremia só de pensar que pudesse vir a ser pai. Ainda mais porque o filho poderia não ser dele. Do jeito que Giselle *trabalhava* para ele, aquela criança bem poderia ser de qualquer um. Ainda assim, a presença de uma criança só serviria para atrapalhar os seus planos e os de Giselle, e era de comum acordo que os abortos eram realizados.

Giselle, a amante do inquisidor

Capítulo 6

Em seu gabinete particular, Esteban ouvia as explicações de dom Fernão, que não tivera ainda tempo de buscar a tal doação que Giselle pretendia fazer à igreja.

— Pois é, monsenhor Navarro — ia se desculpando —, ainda não pude encontrar a senhorita Giselle. É que andei ocupado, muitos negócios a resolver, o senhor entende. E depois, tem a minha filha. Lucena está noiva, e foi preciso ter uma conversa com o rapaz. Sabe como são os jovens, não é mesmo? Ramon de Toledo, um bom rapaz, embora um tanto quanto imaturo. Mas não se preocupe. Voltarei hoje mesmo à taverna da senhorita Giselle e resolverei tudo.

Esteban batia com os dedos na mesa e o fitava com ar incrédulo. Dom Fernão mentia descaradamente, mas ele não diria nada. Era preciso dar-lhe bastante corda para que se enforcasse. Quando ele terminou de falar, Esteban, olhando diretamente em seus olhos, tornou em tom veladamente ameaçador:

— Dom Fernão, não quero que pense que o estou obrigando a abandonar suas obrigações para me prestar esse favor. Pensei no senhor para essa missão porque é meu amigo e sei que tem prazer em ajudar a Santa Madre Igreja, principalmente nas tarefas mais difíceis. Mas se não puder ir, deixe por minha conta. Arranjarei outra pessoa.

— Não, não, é claro que poderei ir. Como lhe disse, ainda hoje me desincumbirei dessa missão.

Naquela mesma noite, dom Fernão voltou à taverna. Giselle estava dançando sobre a mesa, como sempre fazia, cercada de homens que a admiravam. Dom Fernão pretendia ser rápido. Escolheu uma mesa mais ao fundo e sentou-se, aguardando até que ela terminasse o seu número.

Giselle o havia visto entrar, embora fingisse não ter visto nada. Terminou a dança e desceu da mesa, encaminhando-se diretamente para onde ele estava sentado, com uma caneca de vinho à frente.

— Boa noite, dom Fernão — cumprimentou com um sorriso sedutor. — Pensei que não viesse mais.

Fernão pigarreou meio sem jeito e retrucou encabulado:

— Perdoe-me, senhorita Giselle, mas é que nosso encontro passado foi... um tanto quanto incomum... e, por isso... bem, esqueci a missão que me foi confiada.

Com um riso maroto, ela se sentou ao lado dele, pedindo que lhe trouxessem uma caneca de vinho também. Apanhou-a e bebeu avidamente, estalando a língua ao final.

— Excelente vinho o meu! — disse ela com entusiasmo. — Não concorda, dom Fernão?

— Sim... — balbuciou ele — Muito bom, realmente.

Giselle, a amante do inquisidor

— É francês; excelente safra. Doce, puro, aromático. Uma beleza!

— Senhorita Giselle, perdoe-me... Mas não foi para falar de vinho que vim aqui.

Ela colocou a caneca sobre a mesa, passou a língua nos lábios e tornou com suavidade:

— Não. Foi para falar de sua missão. Contudo, o que o impede de saborear um bom vinho?

— Nada me impede. Mas é que não posso me demorar. Minha família me aguarda.

— Ah! a família. Essa nobre instituição criada por Deus...

Havia tanta ironia em sua voz que Fernão se assustou. Por que ela estava falando daquele jeito? Precisava logo apanhar o dinheiro e sair dali. Tentando ignorar o seu sarcasmo, replicou:

— Perdão novamente, senhorita...

— Pensei que tivéssemos dispensado essas formalidades. Já não somos íntimos?

Sem que ele tivesse tempo de responder, ela se levantou de onde estava e se abaixou perto dele, deixando os seios na altura do seu rosto. Na mesma hora, Fernão começou a sentir que a excitação o dominava. Ela se abaixou ainda mais e tocou sua orelha com os lábios, soprando com voz doce e suave:

— Por que não vamos a minha casa cumprir... a sua missão?

Ao sentir o hálito quente de Giselle em seu ouvido, Fernão teve um arrepio de prazer. O peito da moça subia e descia, acompanhando a respiração que ela, propositadamente, tornara ofegante, o que foi instigando-o ainda mais. Ainda assim, ele tentava resistir:

— Eu... não posso... Gostaria, mas preciso apanhar o dinheiro...

Sem lhe dar tempo de concluir, Giselle tapou a sua boca com um beijo, e ele foi se levantando vagarosamente, apertando seu corpo contra o dela. Em seguida, saíram pela porta dos fundos e tomaram a carruagem, indo direto para a casa dela. Amaram-se a noite toda. Giselle já estava cansada, mas ele parecia tomado de uma disposição fora do comum. Mesmo assim, não o rejeitou. Quanto mais ele se prendesse a ela, mais cedo alcançaria seu objetivo.

Depois que ele se saciou, recostou a cabeça sobre o seu colo e pareceu adormecer. Giselle esperou alguns minutos e, acariciando seus cabelos, começou a indagar:

— Fernão...

— Hum?

— Está dormindo?

— Não.

Ela deixou escapar um suspiro de prazer e acrescentou com voz estudadamente carinhosa:

— Há pouco falou em família. Você é casado?

Ele se empertigou na cama e fitou-a espantado.

— Por que pergunta?

— Por nada. Gosto de conhecer os homens com quem me relaciono.

— Perdoe-me, Giselle, mas não creio que nos relacionemos. Você é uma mulher muito bonita e sensual, mas não pretendo tornar a vê-la.

— Não? Por quê?

— Porque... porque não. Como disse, tenho a minha família e não posso me afastar dela.

— Então você é casado...

— O que há? Por acaso sou o único homem em sua vida?

— Não. Mas é que gostei de você. Ao contrário dos outros, é gentil, carinhoso, educado. A maioria dos homens que conheço é arrogante e grosseira.

Sentindo o peito inflamado de orgulho, Fernão retrucou:

— Sou um cavalheiro. Jamais trataria mal uma mulher.

— Eu sei, e foi por isso que me interessei por você. Hoje, quando o vi entrar na taverna, senti uma enorme alegria. Gosto de você e ficaria feliz se nos víssemos mais vezes.

Fernão estava confuso. Gostava de Giselle, mas amava Blanca. Giselle era uma rameira, ao passo que Blanca era uma mulher pura e virtuosa, aquela que escolhera para ocupar o lugar de sua falecida esposa. No entanto, por que não poderia ter Giselle como amante? Blanca, apesar de mais velha, ainda era uma moça solteira, e ele não poderia contar com suas carícias. Mas ele era homem. Não era obrigado a satisfazer o seu desejo nos leitos das meretrizes? Giselle não era propriamente uma meretriz, mas era quase isso. Mulheres feito Giselle não serviam para esposas. Só serviam para concubinas. Que mal poderia haver se ele a tomasse por amante enquanto não se casasse?

Ele beijou os seus cabelos e tornou com doçura:

— Também gosto de você. Por isso, não vejo mal algum em que nos encontremos de vez em quando.

— Que maravilha! — exclamou ela, beijando-o de leve na boca. — E sua mulher? Não vai desconfiar de nada?

— Quem foi que lhe disse que eu sou casado?

— Não é? Mas eu pensei...

— Pensou errado. Eu não disse que era casado. Disse que tenho família.

— Não estou entendendo...

— Sou viúvo e tenho uma filha, que está noiva. Além disso, também tenho uma noiva, e é com ela que pretendo me casar logo após o casamento de minha filha.

Era agora. Ele ao menos já confessara que estava noivo, coisa que ninguém antes conseguira apurar. Mais um pouco e ele falaria sobre a fé que a moça professava.

— Você está noivo? — tornou ela, fingindo-se surpresa. — E vai se casar?

— Sim. Lamento se a decepciono, mas não posso enganá-la. Você perguntou se eu era casado, e estou lhe dizendo que não. Mas não posso fingir que não há ninguém em minha vida.

— É claro que não.

— Não está zangada?

— Por que estaria? Só o conheci outro dia. Não podia esperar que fosse exclusividade minha.

— Quer dizer que não se importa?

— Não é bem assim — fez uma pausa estudada e prosseguiu: — Só duvido que sua noiva possa fazer o que eu faço por você.

— Minha noiva ainda é virgem.

— Foi o que pensei... E sua filha? Como se chama?

— Lucena. É uma linda moça.

— Imagino. Se saiu ao pai, deve ser mesmo muito bonita.

Ele a abraçou e replicou com ternura:

— Bonito, eu? Imagine...

— Pois fique sabendo que eu o acho muito atraente. E sua noiva também deve achar, ou não teria aceitado a sua corte.

Fernão não respondeu. Por mais que puxasse assunto, ele nada dizia sobre a moça, e Giselle não quis pressioná-lo muito. Ele deu por encerrado o assunto e começou a acariciá-la novamente. Giselle estava cansada. Não sentia a mínima vontade de fazer sexo com ele mais uma vez. Contudo, era preciso fingir e se submeter. Precisava acabar com aquele caso o mais rápido possível. Quanto antes ele revelasse a heresia da moça, mais cedo ela se livraria dele. Dom Fernão não era um homem feio, mas ela não sentia a menor atração por ele. Seu único desejo era fazer com que ele confessasse. Nada mais.

Giselle, a amante do inquisidor

Capítulo 7

Nada do que Ramon fizesse poderia convencer Lucena a adiar o casamento. Ela estava decidida, não podia mais esperar. Além disso, já estava passando da hora, e ela acabaria se tornando uma solteirona ranzinza. Não. Decididamente, o momento era aquele. O pai os estava pressionando, e Ramon também não encontrava mais desculpas para dar.

Sentados lado a lado no imenso jardim da casa de dom Fernão, Lucena, com o bordado no colo, ia dizendo:

— Hoje teremos visita para o jantar. Papai, finalmente, decidiu-se a nos apresentar sua noiva.

— É mesmo? O que o fez mudar de ideia?

— Nós.

— Nós? Não entendi.

— Ele quer que nos casemos para se casar logo em seguida. Por isso, vai trazer a moça hoje.

Ramon guardou silêncio. Não tinha mesmo como adiar aquele casamento. Dom Fernão parecia decidido, e Lucena, mais decidida ainda. O jeito era rezar para que o futuro sogro não descobrisse nada sobre sua real situação financeira. Se isso acontecesse, Ramon se sentiria extremamente humilhado e teria que enfrentar a repulsa de dom Fernão e de toda a sociedade espanhola.

Os dois estavam sozinhos no jardim, e nuvens cinzentas começaram a se formar no céu. De vez em quando, um raio caía à distância, e trovões estouravam enfraquecidos.

— Acho que vai chover — observou Lucena displicente.

Sem prestar atenção a suas palavras, Ramon tentou nova investida. Não havia nenhum empregado olhando, e o momento era propício. Já não aguentava mais. Lucena sempre o evitava, o que o deixava louco. Quanto mais ela o repelia, mais ele a desejava. Com gestos delicados, segurou a sua mão e beijou-a com gentileza, fitando-a com um ar proposital de adoração.

— Lucena — começou a dizer com voz açucarada —, sabe o quanto a amo, não sabe?

Ela retirou a mão e respondeu, as faces coradas:

— Não recomece, Ramon.

— Mas Lucena, não entendo você. Seu pai quer que nos casemos logo. Por que não posso tocá-la?

— Por que não podemos esperar até a noite de núpcias?

— Porque você me enlouquece.

— Não diga essas coisas. Você sabe que não gosto de atrevimentos.

— Não é atrevimento. É amor. Eu a amo, Lucena. Deixe-me provar isso.

Tornou a beijar sua mão, olhando para os lados para ver se havia alguém olhando. Levantou-se e puxou-a vagarosamente, e puseram-se a caminhar de braços dados pelas

Giselle, a amante do inquisidor

alamedas do jardim. Lucena sabia aonde ele a estava levando, mas não disse nada. Pensou em contestar e exigir que voltassem, mas desistiu. Que mal faria? Iriam apenas conversar. Se Ramon pensava que iria conseguir alguma coisa, estava muito enganado.

Mais um pouco e alcançariam o caramanchão. Foi quando começou a chover. Era verão, e grossos pingos despencaram do céu, obrigando-os a correr para se abrigarem. Entraram ofegantes no caramanchão, Lucena toda encharcada, o peito arfante, quase sem conseguir respirar. Vendo-a parada, toda molhada, o vestido colado ao corpo, a mão suavemente pousada sobre o seio, que se insinuava alvo sob o decote, Ramon não conseguiu se conter. Arrebatou-a com furor e beijou-a com paixão.

Assustada, Lucena tentou lutar. Dava-lhe tapas e tentava empurrá-lo, mas Ramon a prendia com força. Já não conseguia mais raciocinar. Deitou-a no chão e pôs-se a acariciá-la, sussurrando-lhe palavras de amor, carregadas de desejo. Aos poucos, Lucena deixou de resistir. O contato de Ramon despertara-lhe sentimentos nunca antes experimentados, e ela foi se entregando. Que mal haveria? Não iam mesmo se casar?

Amaram-se com loucura. Ramon parecia um animal, tamanho o desejo reprimido. Ao final, ele a beijou nas faces, feliz e extasiado, e declarou solenemente:

— Oh! Lucena, não sabe como a amo. Juro que farei de você a mulher mais feliz e realizada do mundo.

Lucena exultou. Entregara-se antes do casamento, mas não estava arrependida. Ramon a amava e se casaria com ela, e tudo ficaria em seu devido lugar. Ninguém precisaria ficar sabendo do que acontecera, e o casamento trataria de colocar uma camada de tinta sobre aquela mácula.

Mais tarde, naquele mesmo dia, Blanca foi apresentada à Lucena e a Ramon. Era uma moça fina e delicada, embora não muito bonita, já perto da casa dos trinta anos. Apesar de não ser mais nenhuma mocinha, parecia perfeita para seu pai. Era prendada, recebera boa educação e se mostrava cordata e gentil com todos, até mesmo com os serviçais. Não tinha mais os pais. Eles haviam falecido havia cerca de dois anos, e Blanca vivia só, em companhia de alguns poucos empregados.

A única coisa que não haviam contado a Lucena fora acerca de sua origem. Dom Fernão temia que a filha não a aceitasse ou ficasse preocupada, e não julgou conveniente revelar a verdade naquele momento. Mais tarde, após o casamento, se Blanca insistisse, ele contaria.

Depois que o jantar terminou, dom Fernão pediu licença para levá-la em casa. Já era tarde, e Blanca não estava acostumada a ficar acordada até altas horas.

— Você também, Ramon — acrescentou. — Não se demore muito. Já está na hora de Lucena se recolher.

— Não se preocupe, papai. Ramon já estava mesmo de saída, não estava?

— Estava sim.

Blanca se despediu dos dois. Simpatizara muito com Lucena, e a moça ficou satisfeita com a futura esposa do pai. Temia que fosse alguma doidivanas ou interesseira, mas Blanca era uma moça fina e educada, o que a agradou bastante. Assim que eles saíram, Lucena virou-se para Ramon e considerou:

— Lembre-se do que papai falou. Já está na hora de me deitar.

Corpo ardendo de desejo, Ramon puxou-a para si e pousou-lhe um delicado beijo nos lábios, que ela correspondeu com frieza. Aos poucos, porém, aquele beijo foi se intensificando, até que Ramon passou a beijá-la com ardor, tentando acariciar seu corpo. Ela, assustada, deu-lhe um empurrão e uma leve bofetada no rosto, dizendo, coberta de horror:

— O que deu em você, Ramon? Enlouqueceu?

— Não, Lucena. O que deu foi em você? Por que agora me repele? Há pouco não concretizamos o nosso amor?

— Já não chega?

Giselle, a amante do inquisidor

— Por quê? Não gostou? Não quer mais?

Confusa e envergonhada, Lucena objetou:

— Aquilo não deve se repetir. Precisamos esquecer o que houve.

— Como posso esquecer o seu corpo, os seus beijos, o seu sexo?

— Não fale assim — retrucou indignada, cheia de pudor. — É pecado.

— Mas que pecado? Eu a amo, vamos nos casar em breve. Que mal há em nos amarmos?

— Podemos esperar.

Ramon abaixou os olhos, contrariado, tentando conter o ímpeto de jogá-la ao chão e possuí-la novamente. A muito custo, refreou o desejo e saiu, dando-lhe um boa-noite carregado de frustração. Do lado de fora dos imensos jardins da mansão, foi caminhando a passos vagarosos, pensando aonde ir. Ouviu o ruído de cascos de cavalo estalando no chão de pedras e parou, meio encoberto pelas sombras. Era a carruagem de dom Fernão. A carruagem freou em frente aos portões mas, ao invés de entrar, o cocheiro deu meia-volta nos cavalos e tornou a descer a rua, passando por Ramon sem notar a sua presença.

Num impulso, Ramon correu atrás da carruagem e agarrou-se a ela, prendendo pés e mãos nas ferragens traseiras. Aonde será que dom Fernão ia àquelas horas? Durante cerca de uma hora, Ramon permaneceu agarrado à traseira da carruagem, as mãos e os pés já dormentes, esforçando-se ao máximo para não cair. Se não chegassem logo ao seu destino, não saberia mais o quanto poderia se segurar.

Quando a carruagem parou em frente à casa de Giselle, Ramon deu um salto de felino e foi para o outro lado. Protegido ainda pelas sombras, abaixou-se o mais que pôde, colocando-se fora das vistas do cocheiro. O homem desceu e abriu a porta para dom Fernão, que saltou apressado.

Fernão caminhou a passos largos para a porta da frente e bateu. Minutos depois, uma negra veio atender e fê-lo entrar. Cada vez mais curioso, Ramon esperou até que o cocheiro cochilasse no assento, para só então sair de onde estava. Vagarosamente, foi caminhando para a casa, na esperança de encontrar alguma janela por onde pudesse espiar. Mas a casa estava às escuras, e não havia janelas abertas no andar de baixo.

Ramon escondeu-se entre os arbustos do pequeno jardim da casa de Giselle. A fama de dom Fernão já era conhecida, e o rapaz estava certo de que ele possuía uma amante secreta. Duvidava muito que aquela Blanca fosse uma mulher despojada. Mais parecia uma freira, assim como Lucena, e Ramon podia entender muito bem o gesto de dom Fernão.

Do lado de dentro, dom Fernão envolvia Giselle num abraço lúbrico, levando-a para a cama sem dizer nada. Precisava desesperadamente de seu corpo. Rasgou sua camisola com fúria e jogou-a na cama, possuindo-a com um quase desespero. Em silêncio, Giselle se submeteu, tentando não pensar na repulsa que aquele homem começava a lhe causar, resfolegando sobre ela feito um animal. Quando ele terminou, ela deu um sorriso e acariciou o seu rosto, empurrando-o gentilmente de cima de seu corpo.

— O que foi que houve? — indagou ela, tentando parecer interessada e carinhosa. — Por que não avisou que vinha?

— Não pude. Nem eu sabia. Deixei Blanca em casa e senti o desejo a me consumir. Por isso, resolvi vir vê-la.

— Blanca?

— Minha noiva...

Sorrindo intimamente, ela fingiu-se compreensiva e tornou com doçura:

— Não lhe disse que ela não pode dar o que lhe dou?

— É verdade, Giselle. Ninguém ama feito você. Mas também, você há de convir que, aos olhos de Deus, é um erro entregar-se antes do casamento.

— Sua noiva é muito religiosa? — ele não respondeu. — Deve ser. Mulheres beatas só pensam em Deus e acham que sexo é pecado.

— O que não é o seu caso, não é mesmo?

Ela riu e considerou:

— É claro que sou temente a Deus, como todo mundo. Mas se ele me reservou esse destino, o que fazer? Melhor aproveitar os atributos que ele me deu, não acha?

Ele sorriu e a beijou. Gostava de Giselle. Além de excelente amante, ela era inteligente e tinha senso de humor.

— Você vai à igreja? — perguntou ele, só agora lembrando-se da doação que tinha que levar para monsenhor Navarro.

— Às vezes. Vou escondida. As pessoas não gostam muito de mulheres como eu, você sabe.

— Ainda assim, você conheceu monsenhor Navarro.

— Conheci. Ele me salvou. Há alguns meses, estive muito doente, e foi graças a suas orações que me curei. Monsenhor Navarro me encontrou sozinha na igreja e me ofereceu ajuda. Foi a sua fé que me salvou e, por isso, eu lhe serei eternamente grata.

— Grata ao ponto de lhe oferecer uma pequena doação...

— Que você ainda não levou para ele, não é mesmo? — Giselle riu e continuou: — Daqui a pouco, ele vai começar a desconfiar.

— É verdade. Foi até bom nos lembrarmos. Não saio hoje daqui sem a sua doação.

Giselle se levantou e foi apanhar uma bolsinha com algumas moedas de ouro, que colocou nas mãos de dom Fernão.

— Aqui está. Há muito reservei essa quantia para a igreja. Não se esqueça de levá-la.

Fernão apanhou a bolsinha, experimentou-lhe o peso e foi amarrá-la na cinta de sua calça. Voltou para a cama em seguida e beijou Giselle novamente, e a moça observou:

— Apesar de tudo, sou muito grata a Deus. Posso não ser um exemplo de virtude feito a sua Blanca, mas sou uma mulher de fé.

— Blanca é uma moça muito virtuosa, é verdade. E tem muita fé, embora...

Parou de falar abruptamente, já arrependido de ter começado. Mas Giselle, atenta a todas as suas palavras, viu ali a oportunidade que há tanto esperava.

— Embora o quê? — redarguiu com fingida inocência. — Não vá me dizer que ela pensa em ir para algum convento e deixá-lo!

— Não... não... Ela... bem... Blanca é uma boa cristã agora...

Calou-se. Não sabia se podia confiar em Giselle e temia pela vida de Blanca. Giselle, por sua vez, não queria pressioná-lo muito. Ele era inteligente e acabaria suspeitando de algo. Pensou em insistir para que ele continuasse a frase, mas sentiu o seu ar de desconfiança.

— Isso não importa — arrematou Giselle, dando-lhe um beijo na boca. — O que importa somos nós.

Fernão suspirou aliviado. Não lhe agradava muito ver o nome de sua noiva nos lábios de uma meretriz. Depois do beijo, levantou-se e aprontou-se para sair, e Giselle foi levá-lo até a porta.

Do lado de fora, Ramon se impacientava. O cocheiro agora dormia a sono solto, e ele perdera a conta do tempo em que ficara ali esperando. Finalmente, depois de quase duas horas, a porta tornou a se abrir, e Ramon encolheu-se todo atrás dos arbustos. Dessa vez, porém, não foi a escrava que abriu, mas uma moça linda, envolta apenas numa manta de lã que lhe deixava à mostra os ombros morenos e bem torneados. Ramon fixou o seu rosto e ficou impressionado com a sorte de dom Fernão. Como conseguira uma amante daquela? Na certa, dava-lhe muito dinheiro.

Rapidamente, Fernão voltou para a carruagem e acordou o cocheiro, dando-lhe ordens para ir para casa. Giselle ficou vendo a carruagem se afastar e só então fechou a porta, nem percebendo que havia alguém a espreitá-la. Ramon voltou para casa com os pensamentos voltados para ela. Quem seria?

Provavelmente, alguma meretriz de luxo que dom Fernão descobrira. Sentiu-se tomado de imensa curiosidade e não conseguiu dormir o resto da noite. A imagem de Giselle não lhe saía do pensamento e, no dia seguinte, bem cedo, partiu de novo para a casa dela.

Parou do outro lado da rua e ficou à espreita. Viu quando as janelas se abriram e as escravas começaram a limpar a casa. Uma das moças saiu para fazer compras, e ele pensou em abordá-la quando voltava. Mas o que iria lhe dizer? Que vira sua senhora na noite anterior e queria saber se ela era amante de dom Fernão? Até porque, isso parecia óbvio.

Giselle só saiu de casa depois do meio-dia, e Ramon foi atrás dela. Viu quando ela entrou na taverna e entrou atrás. O lugar não lhe causou muito boa impressão. Não era o tipo de lugar que Ramon costumasse frequentar. Apesar de tudo, era um nobre. Podia estar falido, mas tinha berço e não estava acostumado a tavernas feito aquela.

Ainda assim, procurou uma mesa e sentou, acompanhando Giselle com o olhar. Ela sumiu por uma porta atrás do balcão, e ele pediu vinho e um assado. Ainda não havia se alimentado e estava com fome. Pouco depois, Giselle reapareceu. Vinha passando por entre as mesas, falando com um ou outro frequentador, até que deu de cara com Ramon, que a fitava pelo canto do olho.

A figura de Ramon não passou despercebida a Giselle, e ela deteve o olhar nele por uns instantes. De onde surgira aquele rapaz tão bonito e distinto? Bem se via que não era dali. Talvez fosse algum viajante. Já estava se encaminhando para sua mesa quando sentiu que alguém a segurava pelo braço.

— Ei, Giselle! — era um dos homens. — Dance um pouco para nós.

— Agora não — respondeu ela, sem tirar os olhos de Ramon.

— Ora vamos — pediu outro. — Estamos esperando.

— É isso mesmo — concordou um terceiro. — Por que acha que vimos aqui?

O homem a puxou, enquanto outros limparam a mesa do centro do salão e a ergueram, colocando-a gentilmente sobre a mesa. Giselle não contestou. Seria até bom exibir-se para o desconhecido. Ergueu as mãos acima da cabeça, preparando-se para começar, e lançou-lhe um olhar penetrante. Ramon sentiu um arrepio e se empertigou todo na cadeira, agora vidrado na figura esguia de Giselle.

Começou a movimentar os dedos com agilidade e destreza, estalando-os com graciosidade e ritmo. Giselle, com movimentos cadenciados e sensuais, pôs-se a executar sua dança. Dançava especialmente para ele, deixando propositalmente a saia levantar e deixar à mostra seus tornozelos e joelhos. De vez em quando, olhava em sua direção, para se certificar de que ele acompanhava os seus passos. Quando terminou, explodiram palmas ao seu redor, e os homens começaram a bater nas mesas, elogiando com entusiasmo:

— Muito bem!

— Foi perfeita!

— Caprichou dessa vez, hein?

Sim, Giselle havia caprichado. Mais do que o habitual. Desceu da mesa e, sob os aplausos dos fregueses, caminhou em direção à mesa de Ramon. Parou em frente a ele e, depois que os homens silenciaram e voltaram suas atenções para a bebida, curvou o corpo e indagou com voz sonora:

— Você é novo por aqui? — ele assentiu. — Está de passagem?

Ramon não respondeu. Seu olhar não se desviava de Giselle, e ele chegou a sentir uma pontinha de inveja de dom Fernão. Notou os seus seios subindo e descendo sob o vestido, o peito ainda arfante dos movimentos que executara. Em sua testa, algumas gotículas de suor emprestavam à sua pele um brilho especial, e os olhos verdes e profundos pareciam penetrar até o fundo de sua alma.

— O que há com você? — tornou ela. — Por acaso é mudo?

Ramon sacudiu a cabeça e sorriu, levantando-se e puxando a cadeira a seu lado, ao mesmo tempo em que dizia:

Giselle, a amante do inquisidor

73

— Perdoe-me a indelicadeza, senhorita. A indignação diante de tão linda dama tirou-me os gestos e a educação e, por instantes, só o que pude foi admirar a sua beleza.

Pela primeira vez em sua vida, Giselle corou. Ninguém nunca havia lhe dito palavras tão doces. Aquilo a encantou, e ela se sentou na cadeira que ele lhe oferecia.

— Muito bem, senhor...

— Ramon de Toledo, sem o senhor.

Giselle riu, encantada com o seu charme natural, e retrucou:

— Muito bem, Ramon, pode-se saber de onde é que veio?

— De onde vim? Na verdade, daqui mesmo.

— É de Sevilha?

— Sou.

— E o que faz por estas bandas? Na certa, não mora por aqui.

— Não. Estou apenas de passagem.

— Entendo...

— E você é Giselle...

Ela deu um sorriso encantador e completou:

— Giselle Mackinley — ante o seu ar de espanto, ela esclareceu: — Meu pai era escocês.

Ramon e Giselle ficaram toda a tarde na taverna, conversando. A curiosidade do rapaz logo cedeu lugar ao encantamento, e ele percebeu que relutava em deixá-la. Pensou em Lucena e sentiu uma pontada de remorso. Sua noiva, tão pura, esperando-o em casa para salvar-lhe a honra maculada. E ele ali, preso ao magnetismo daquele mulher vivida e experiente. Já não estava mais curioso para saber sobre a relação de Giselle com dom Fernão. Pensava mesmo em tê-la em seus braços. Ao menos uma vez. Depois, satisfeito o desejo primitivo, voltaria para Lucena.

Capítulo 8

O Tribunal do Santo Ofício realizava outro auto de fé, encerrando mais um dos muitos processos de heresia. O acusado não ousava levantar os olhos para seus inquisidores. Já quase não tinha mais consciência de si mesmo, tamanho o estado de flagelo em que foram colocados seu corpo e sua mente. A morte, naquele momento, seria para ele uma bênção.

O processo havia transcorrido rapidamente. Alinhados à pesada mesa que formava a tribuna, os padres escutaram as acusações contra o réu. Era um homem ignorante, iletrado e nem sabia por que estava ali. Porque olhara de forma comprometedora para uma freira. A religiosa, sentindo-se ofendida com os seus olhares lúbricos, tratara de denunciá-lo às Mesas Inquisitoriais, e logo o processo fora aberto por padre Miguez, que cuidara pessoalmente do interrogatório do acusado.

— Senhor Julião Ortiz — começara então padre Miguez —, não é verdade que o senhor, possuído pelo demônio, ousou conspurcar a imagem imaculada de irmã Maria? — o homem não respondera. — Pois foi isso mesmo o que aconteceu. Como podem ver, tenho aqui um documento assinado pelo acusado, reconhecendo-se presa de espíritos infernais, que dele se utilizaram para tentar violar a castidade de irmã Maria, uma freira cuja vida sempre foi dedicada a Nosso Senhor Jesus Cristo.

Exibira o papel aos outros padres, que o leram atenciosamente, passando-o de mão em mão. Efetivamente, o acusado havia confessado o seu crime, e a heresia estava mais do que provada. As marcas em seu corpo davam provas da eficácia do interrogatório a que fora submetido, e a sentença fora prolatada sem qualquer tipo de controvérsia. O homem havia sido condenado a morrer queimado na fogueira, e agora, o público que assistia ao auto de fé era levado ao delírio.

Imediatamente, o homem foi levado para o lugar da execução. Ele começou a chorar, sentindo a iminência da morte, embora ainda sem entender o que havia feito para merecer tão duro castigo. Foi amarrado ao poste, e os carrascos, com as tochas na mão, atearam fogo à palha cuidadosamente disposta a seus pés. Na mesma hora, as chamas o consumiram, e ouviram-se os gritos agudos e desesperados do homem.

O inquisidor-geral estava muito satisfeito, e Padre Miguez foi parabenizado pelo excelente trabalho que realizara. Obtivera a confissão do homem após longas sessões de tortura. Terminada a execução, os padres começaram a se retirar, e o auto de fé foi dissolvido. Os espectadores retornaram a seus lares, felizes com o espetáculo macabro que haviam acabado de presenciar.

Esteban desceu da tribuna e foi juntar-se a Miguez, que recebia os cumprimentos dos demais padres. Um pouco mais atrás, Juan o seguia, atento a todos os seus gestos.

— Está de parabéns, como sempre, Miguez — elogiou Esteban. — Em breve será sagrado bispo.

— Acha mesmo?

— Ouvi algo a respeito. O arcebispo tem andado muito impressionado com a sua atuação.

Miguez sorriu intimamente, orgulhoso de si mesmo. Apanhou o braço de Esteban e foi caminhando com ele em direção à abadia, seguidos por Juan, que vinha em silêncio mais atrás.

— E você, meu caro Esteban? Como vai indo o caso de dom Fernão?

— Por enquanto, não temos nada. Giselle ainda não conseguiu apurar nada.

— Acha mesmo necessário utilizar Giselle? Nós poderíamos mandar prendê-lo e fazer uma acusação formal.

— Como? Ninguém o denunciou, não há testemunhas. Com que elementos poderei instaurar a denúncia?

— Você é muito meticuloso. Eu, no seu lugar, não me preocuparia tanto com isso.

— Você sabe que não gosto de cometer injustiças.

— Mas afinal, quem lhe contou que dom Fernão anda metido com uma moura?

— Ninguém me contou. Fui eu que, ao acaso, o vi saindo furtivamente da casa de uma moça, que eu não conhecia. Indagando aqui e ali, descobri que ela se chamava Blanca Vadez e que os pais morreram há cerca de dois anos. Aquele nome ficou ressoando na minha cabeça, e fiquei tentando lembrar onde é que já o havia escutado. Foi quando me lembrei que dom Fernão tinha negócios com um comerciante em Granada, que lhe vendia peças de seda trazidas do Oriente.

Giselle, a amante do inquisidor

77

— E daí?

— E daí que ele era muçulmano. Ele e a mulher morreram quando a Espanha reconquistou o Reino de Granada, há pouco mais de dois anos.

— E o que isso tem a ver com Blanca?

— Desconfio que esse homem era seu pai. Chamava-se Hamed Kamal e era casado com uma espanhola, de nome Engrácia Vadez. Os dois eram muito ricos, e o avô de Engrácia foi um grande comprador de indulgências. Mas Kamal era muçulmano e não pôde salvar-se, nem a esposa, quando o exército espanhol retomou Granada.

— Como foi que conseguiu descobrir tudo isso?

— Tenho amigos em Granada. Contaram-me que Hamed e Engrácia possuíam uma filha, embora desconhecessem o seu paradeiro. E, por coincidência, pouco depois da morte de ambos, Blanca apareceu por aqui...

— Tem certeza de que ela veio de Granada?

— Não. A não ser pelo nome, nada sei a seu respeito. Ela é muito reservada, quase não sai de casa. E, à exceção de dom Fernão, ninguém vai visitá-la. Não é estranho?

— Deveras...

— A moça, provavelmente com medo de ser descoberta, adotou o nome da mãe e passou a chamar-se Blanca Vades, em lugar de Blanca Kamal. Creio que isso tudo foi ideia de dom Fernão. A essa altura, já apaixonado por ela, deu um jeito de tirá-la de Granada e trazê-la incógnita para cá.

— Você tem certeza disso? Pode ser mera coincidência.

— É por isso que preciso reunir elementos.

— E acha que pode conseguir esses elementos através de Giselle?

— Ora vamos, Miguez, sei que não gosta de Giselle, mas tem que concordar que ela é eficiente.

— Ela é uma meretriz, isso sim.

— E daí? Desde quando você se importa com isso? Você não é o primeiro a se deitar com qualquer moça?

— Com qualquer moça, não. Só gosto das jovens virgens. Não ousaria macular o meu corpo santo no leito de uma meretriz.

— Está bem, não falemos mais nisso. E depois, não sou o único.

— Sei que não é. Mas é que não gosto de Giselle. Não confio nela.

— Você não tem motivo nenhum para não gostar dela. Ou será que a cobiçou também?

— Eu?! Já lhe disse, meu amigo, que não me interesso por meretrizes.

— No entanto, Giselle veio a mim quando era jovem...

— Giselle veio a qualquer um. Por acaso, foi você quem a atendeu. Mas poderia ter sido eu, ou Valentim, ou Pedro, ou Donário. Qualquer um.

— Está certo, Miguez, perdoe-me. Não quis ofendê-lo. Sei que você é meu amigo e não sentiria ciúmes de Giselle. Mas é que essa sua antipatia por ela me deixa inquieto.

— Não. Sou eu que devo lhe pedir perdão. Não tenho nada com a sua vida e não tenho o direito de me intrometer em seus assuntos pessoais.

— Você é meu amigo, e eu sempre respeitei muito a sua opinião. Mas está enganado sobre Giselle. Ela me ama, fui eu quem cuidou dela praticamente a vida inteira. Desde que ela chegou aqui, com pouco mais de dezesseis anos, tenho sido a única pessoa a cuidar dela. Sou seu amante e um pouco seu pai também.

— Giselle não precisa mais de pai. Já está com trinta e dois anos.

— Mas é uma mulher solitária. Conhece muitas pessoas, mas amigos mesmo, não tem nenhum.

Giselle, a amante do inquisidor

Alcançaram os aposentos pessoais de Esteban, e Juan abriu-lhes a porta. Os dois padres entraram e foram para o gabinete, onde se sentaram, um defronte do outro. Juan correu a servir-lhes vinho e foi sentar-se numa poltrona perto da porta, permanecendo o mais quieto possível.

— Miguez — começou Esteban —, está enganado sobre Giselle. Ela é uma mulher muito eficiente.

— Não digo o contrário. Mas tanta eficiência, dá para desconfiar.

— Por que diz isso? Com que direito a acusa?

— Com o mesmo direito que você acusa Blanca Vadez. Veja bem. Não quero defender ou acusar Blanca. Se ela é culpada, tem que pagar. Assim como Giselle. Não é porque é sua amante que vamos fechar os olhos ao que ela faz.

— Mas o que ela faz, além de me servir? Giselle me é fiel. Você é que anda cismado com ela.

Miguez preferiu não dizer nada. Nem ele saberia explicar por que não simpatizava com Giselle. Não se sentia atraído por ela, nunca se sentira. Desde que ela aparecera nas Mesas Inquisitoriais pela primeira vez, não gostara dela. Não era ciúme ou despeito. Giselle poderia aparecer nua para ele, que ele não se interessaria. Ela era ordinária, vulgar, sem classe. Muito diferente das moças a que estava acostumado.

Miguez procurou mudar o rumo da conversa, e Esteban deu graças a Deus por não precisar mais falar de Giselle. Apenas Juan não parava de pensar no que ouvira. Será que padre Miguez tinha razão, e Giselle andava metida com heresias? Se assim fosse, seria muito perigoso. Monsenhor Navarro gostava dela e parecia querer protegê-la. Mas o que faria se ela fosse presa e acusada?

No dia seguinte, logo após servir o desjejum de Esteban, Juan selou um cavalo e foi sozinho ter com Giselle. Precisava alertá-la. Bateu à sua porta e esperou. Belita, uma das escravas, veio abrir e se surpreendeu imensamente com a presença de Juan. Era a primeira vez que o via desacompanhado de monsenhor Navarro.

— O que deseja? — indagou desconfiada.

— Sua senhora está? Tenho urgência em falar-lhe.

Belita chegou para o lado, dando-lhe passagem. Mandou que ele se sentasse e foi ao quarto de Giselle, que ainda não havia despertado. Bateu à porta gentilmente, e ela abriu os olhos, piscando-o diversas vezes para espantar o sono e entender o que estava acontecendo.

— Senhora Giselle! Senhora Giselle! — chamava Belita do lado de fora.

— Hum... — ela espreguiçou-se. — Pode entrar.

Belita abriu a porta vagarosamente e entrou. Giselle, nua sob os lençóis, a fitava sonolenta, com Ramon a seu lado, dormindo a sono solto.

— Senhora Giselle — falou Belita em tom de desculpa —, Juan está aí e pede para falar-lhe. Disse que é urgente.

Mais que depressa, Giselle se levantou. Se Esteban mandara Juan até ali, era porque o assunto deveria ser muito grave. Vestiu-se às pressas, lavou-se correndo na bacia e, enquanto penteava os cabelos, disse para Belita:

— Não deixe que o senhor Ramon desça. Juan não pode vê-lo aqui.

A escrava assentiu e sentou-se em uma poltrona, em frente a ele, e Giselle saiu. Juan estava sentado na sala, olhos fechados, parecendo adormecido. Ela chegou vagarosamente e o tocou de leve nos ombros.

— Juan...

Ele abriu os olhos lentamente, fixando-os nos dela por alguns instantes. Sentiu o coração disparar e teve um estremecimento, ainda sentindo as mãos de Giselle sobre os seus ombros.

Giselle, a amante do inquisidor

— Senhorita Giselle — falou meio sem jeito —, perdoe-me a intromissão a essas horas. Sei que a senhorita trabalha até tarde, mas precisava falar-lhe.

— Algum recado de Esteban?

Ele pareceu engasgar e respondeu hesitante:

— Não... monsenhor Navarro nem sabe que estou aqui.

Giselle ergueu as sobrancelhas e sentou-se a seu lado.

— Não? Por que foi então que você veio?

Pouco à vontade, Juan remexeu-se na poltrona, pigarreou e, olhos pregados no chão, começou a dizer:

— Não quero que pense que sou atrevido, mas é que ontem ouvi uma conversa...

Calou-se, temendo a sua reação. Tinha medo de que ela se zangasse e o expulsasse dali sem nem lhe dar chance de contar o que havia acontecido.

— Que conversa? — tornou Giselle, já demonstrando impaciência.

— Uma conversa entre monsenhor Navarro e padre Miguez.

— Padre Miguez não gosta de mim. Não é segredo nenhum.

— Por isso mesmo. Padre Miguez pode causar-lhe algum tipo de... embaraço.

— Como assim? Seja mais claro, Juan, não estou entendendo aonde quer chegar.

Embora envergonhado, Juan narrou-lhe toda a conversa que ouvira entre os dois padres, culminando com as desconfianças de padre Miguez. Giselle ouviu tudo atentamente. Se ele descobrisse as suas magias, não hesitaria em denunciá-la.

— Padre Miguez é perigoso — completou Juan. — Pode prejudicá-la seriamente, e tenho medo de que monsenhor Navarro não faça nada para impedir.

— Por que está me contando isso? — o rosto de Juan se avermelhou, e ele sentiu as faces em fogo. — Por acaso você não é fiel a Esteban?

— Sim, senhorita — respondeu ele com voz sumida. — Mas é que lhe sou fiel também.

Giselle riu intimamente. O tolo do rapaz estava apaixonado por ela. Não podia descartar-se dele. Viviam em um mundo perigoso, os tempos eram difíceis e ninguém era digno de confiança. Ainda mais com aquele Miguez sempre a acusá-la. Por isso, precisava de Juan. O rapaz seria seu informante e a manteria a par de tudo o que acontecesse na abadia e no Tribunal.

— Juan — sussurrou ela com voz doce e melosa —, você foi muito corajoso, vindo aqui para contar-me isso. Nem sei como poderei retribuir esse favor.

Apanhou a sua mão e colocou-a sobre o seio, e o rapaz, rosto ardendo de desejo e vergonha, puxou-a apressadamente, com medo até dos pensamentos que o assaltavam naquele momento.

— Senhorita, eu... — balbuciou.

Giselle colocou os dedos sobre seus lábios, chegou mais para perto dele e ciciou em seu ouvido:

— Você pode me chamar de Giselle. De hoje em diante, seremos amigos.

Deu-lhe um beijo na ponta da orelha, e ele se arrepiou todo, levantando-se apressado e aproximando-se da parede.

— Giselle... eu... não sei o que dizer... Estou confuso... perdoe-me...

Ela se levantou e acercou-se dele, segurando novamente sua mão e levando-a aos lábios. Juan sentiu que o corpo todo tremia e foi acometido de um desejo louco de arrebatá-la em seus braços e beijá-la, mas conseguiu se conter.

— Não precisa ficar confuso — tornou ela com voz sensual. — Não vou lhe fazer nenhum mal.

— Não... sei que não... Como poderia? Uma moça tão linda...

— Gosta de mim, não é, Juan? — ele assentiu. — Também gosto de você.

Giselle, a amante do inquisidor

— Você gosta?

— É claro. Você é um rapaz bonito, inteligente, corajoso. E demonstrou ser meu amigo. Por isso, quero ser sua amiga também.

— Jura?

— Será que preciso jurar? Você não vê? — ele assentiu novamente. — Ótimo. E como amigos, você tem que me prometer que vai me manter informada de tudo o que acontecer naquela abadia. Absolutamente tudo o que me disser respeito. Você promete?

— É claro. Não gosto que padre Miguez fale aquelas coisas de você. Não são verdades, são?

Ela sorriu sedutoramente, tornou a beijar suas mãos e retorquiu:

— E se fossem? Também me acusaria por isso?

Juan abriu a boca, estupefato, e asseverou:

— Nunca! Sei que você não está envolvida com nada de bruxaria mas, se estivesse, eu não a acusaria.

— Ficaria do meu lado?

— Sempre.

Com um sorriso vitorioso, Giselle pousou de leve os seus lábios sobre os de Juan, e o rapaz recebeu o beijo entre atônito e extasiado, sem conseguir articular nenhum som ou esboçar qualquer reação. Depois disso, Juan se despediu. Não podia se demorar muito, ou Esteban acabaria desconfiando de algo. Giselle abriu-lhe a porta e apertou a sua mão.

— Adeus, Juan, e obrigada. Venha quando quiser.

Juan sorriu meio sem jeito, virou-lhe as costas e foi apanhar seu cavalo, certo de que havia percebido em seu olhar uma sombra de reconhecimento e paixão.

— O que foi que houve? — quis saber Ramon, assim que ela voltou para o quarto.

Desde aquele dia em que ele a seguira até a taverna, haviam se tornado amantes, e o que deveria ter sido apenas uma aventura passageira logo passou à paixão, daí à afinidade e, pouco depois, ao amor verdadeiro. Aos pouquinhos, o sentimento de Ramon para com Giselle foi se intensificando, e Lucena passou a ser uma sombra em seu coração. Agora reconhecia que nunca a havia amado. Impressionara-se com a sua beleza, a sua juventude, a sua elegância. Deixara-se levar pelo desejo, mas não a amava.

Ramon e Giselle tinham muitas afinidades. Companheiros de outras vidas, suas almas logo se reconheceram e se aproximaram. Agora encarnados em sexos diferentes, podiam dar vazão a um sentimento antigo, que tanto os atormentara em existências passadas. Ramon e Giselle há muito se conheciam e se amavam, mas jamais haviam conseguido manter uma relação considerada normal para os padrões da época. Ou eram ambos homens, ou ambos mulheres, e um encontro sexual entre os dois jamais foi permitido. Por essa razão, muitas vezes amaram-se platônica ou secretamente, remoendo no íntimo a autocensura e o remorso.

Por isso agora, reconhecendo-se livres das amarras do medo e do preconceito, aproximaram-se naturalmente, ansiosos por poderem viver tudo aquilo que lhes fora anteriormente vedado. Consideravam-se isentos de quaisquer compromissos, pois suas mentes estreitas, naquele momento, somente conseguiam enxergar a anterior barreira do sexo, esquecendo-se da série de equívocos e desenganos com os quais haviam se comprometido em suas sucessivas encarnações.

Giselle despediu a escrava e sentou-se ao lado dele na cama. Precisava contar-lhe tudo sobre sua vida, inclusive sobre Esteban e até sobre dom Fernão. Inspirou profundamente e começou a dizer:

— Sabe, Ramon, não sou exatamente como você pensa que sou.

— Como assim? Você não me ama?

— Amo. E talvez seja essa a única coisa verdadeira em mim.

— Não estou entendendo, Giselle. Aonde quer chegar?

Ela tornou a suspirar e continuou:

— Você sabe que sou uma mulher livre, não sabe? — ele fez que sim. — Pois é. Há muitos anos, quando cheguei a Sevilha, conheci monsenhor Navarro, cardeal do Santo Ofício...

— Sei quem é monsenhor Navarro.

— Pois é. Monsenhor Navarro e eu somos... bem... amantes...

Ele a fitou deveras espantado. Julgava-a amante de dom Fernão, e não de monsenhor Navarro.

— Amantes? — tornou perplexo. — Mas eu pensei...

— O que você pensou?

— Pensei que você fosse... que você fosse... amante de dom Fernão.

Giselle recuou, cheia de horror e indignação.

— Como é que sabe de dom Fernão?

Lembrando-se da noite em que o seguira, Ramon contou tudo a Giselle, sem omitir nenhum detalhe. Ela o escutou em silêncio, espantada demais para falar.

— Por que não me disse antes? — indagou amuada.

— Tive medo de que você me repelisse. Afinal, sou noivo da filha de dom Fernão.

— Noivo...

Era a primeira vez que Giselle sentia ciúmes de alguém. Não que não sentisse ciúmes de Esteban. Mas ele era um cardeal e nunca tivera outras amantes além dela. O que

Ramon lhe dizia era diferente. Outra mulher o tocara, outra mulher o beijara. Sentiu a fragilidade que a acometia. Se Ramon a deixasse, seria bem capaz de se matar. Já o amava com todas as suas forças e sabia que não poderia viver sem ele.

— Ramon — choramingou —, você não pode se casar. Amo você. Não posso mais viver sem você.

— Eu sei, Giselle. Também não penso mais em me casar.

— Verdade?

— Sim. Pensei um dia que amasse Lucena. Mas hoje sei que jamais poderei ser feliz ao lado de outra mulher.

— Mesmo que sua noiva seja uma moça jovem, fresca e pura?

— Amor nada tem a ver com juventude, frescor e pureza. Amamos aqueles por quem bate o nosso coração. E hoje posso lhe assegurar que o meu bate apenas por você.

Ela o fitou emocionada, cada vez mais envolvida pelo seu romantismo e pelas palavras doces que dizia. Com os olhos úmidos, indagou apaixonada:

— Está dizendo a verdade? Não diz isso só para me agradar?

— Por que faria isso? Será que não percebe o quanto já a amo? Também eu não poderia viver sem você.

— Tem certeza?

— Tenho. Você vai ver. Hoje mesmo, vou terminar tudo com Lucena e vou me casar com você.

— Não posso me casar.

— Por quê? Já é casada? — recordando de dom Fernão, mudou o tom de voz e observou com ironia: — Ou será que não quer perder a boa vida que seus amantes lhe dão? Sim, porque, pelo visto, você é amante de muita gente...

Giselle o fitou magoada e retrucou com voz sentida:

— Você está sendo injusto. Por que não me deixa falar sobre a minha vida?

Giselle contou tudo. Falou de seu pai, de sua mãe, de seu padrasto. Contou-lhe de quando chegara a Sevilha e de

Giselle, a amante do inquisidor

como granjeara a confiança e a proteção de monsenhor Navarro. Contou-lhe dos serviços que lhe prestava e de como dom Fernão passara a ser alvo das desconfianças de Esteban. Contou-lhe que só se tornara sua amante para poder denunciá-lo. Contou-lhe até de suas bruxarias. Ao final, havia lágrimas em seus olhos e, com voz cansada, argumentou:

— Percebe por que não posso me casar? Estou presa a Esteban e creio que ele jamais permitiria.

Ramon balançou a cabeça, pensativo. Não podia esconder a decepção. Esperava que se casassem e fossem felizes juntos. Nem ligava mais para o dinheiro e sua posição social. Estava disposto a abrir mão de tudo só para poder ficar com ela. Passaria por cima de qualquer coisa, até da repulsa que lhe causava aquele *ofício*.

— Sei que não tenho o direito de lhe pedir isso — prosseguiu Giselle. — Mas gostaria que entendesse e aceitasse.

— Eu entendo. Quanto a aceitar, não tenho outra alternativa.

Ela o beijou apaixonadamente e, após alguns minutos, tornou a perguntar:

— Você não sabe nada sobre a noiva de dom Fernão? Afinal, é noivo de sua filha.

— Não. Ele nos apresentou a moça outro dia, mas nada disse sobre sua vida. E depois, se você não se importa, preferia não me envolver nesse assunto. Causa-me calafrios.

Ela silenciou. Em seguida, levantou-se da cama e fez sinal para que ele a seguisse:

— Venha comigo.

De mãos dadas, desceram as escadas e foram até o porão. Giselle empurrou a porta e Ramon passou, impressionado com a quantidade de coisas que havia ali.

— É aqui que faz suas magias? — indagou curioso.

— Sim — ela seguiu direto até uma outra porta, na parede oposta, e a abriu, desvendando uma escada estreita e escura, ao final da qual havia outra pesada porta. — Por aqui.

Saíram para a floresta. Ainda de mãos dadas, foram seguindo por uma trilha, até que alcançaram a rua, um pouco mais abaixo.

— Onde estamos? — tornou ele, olhando ao redor.

— Na rua onde moro. Como pôde perceber, não há muitas casas por aqui. A vizinhança é escassa e ninguém vem muito por essas bandas. Basta você entrar na floresta e pegar a trilha que lhe mostrei, e ela o conduzirá direto a minha casa. Entendeu?

— Entendi.

— Então vamos voltar.

Fizeram o caminho de volta e tornaram a entrar pela pesada porta. Desceram a escada e alcançaram o porão.

— A partir de agora, você deve sempre entrar e sair por essa porta. Não quero correr o risco de você se encontrar com Esteban ou dom Fernão.

Naquele mesmo dia, Ramon rompeu seu noivado com Lucena. Chegou a sua casa logo depois do almoço, quando sabia que dom Fernão não estaria, levou-a para o jardim e terminou tudo, sem dar maiores explicações. Lucena ficou indignada a princípio. Mas depois, sentiu-se dominada por uma raiva imensurável.

— Você tem outra mulher? — perguntou furiosa. — É isso, Ramon? Existe outra mulher em sua vida?

— Lucena, por favor, não se trata disso.

— Trata-se de quê, então? Você me usou, abusou de mim e agora me joga no lixo? É isso o que sou para você? Lixo?

— Não dificulte as coisas. Nosso casamento jamais daria certo.

— Por quê? Porque você já conseguiu o que queria? Já se deitou comigo, e agora não sirvo mais? É isso?

— Sinto muito se a deflorei...

— Sente muito? Você me desonrou. Como espera que eu me case daqui para a frente? Que homem acha que irá me querer?

— Sei que isso é difícil, mas eu também não planejei nada. Simplesmente aconteceu.

— Aconteceu o quê? Você me desonrou e depois perdeu o interesse por mim? Por quê? Quem foi a meretriz que o atraiu?

— Não há meretriz alguma. Não há outra mulher.

— Não acredito! Seu verme! Bastardo! Cretino!

Ela estava descontrolada. Partiu para cima dele com fúria e pôs-se a arranhá-lo. Ramon defendeu-se o melhor que pôde. Podia ser um canalha, mas não era covarde e não pretendia bater em uma mulher. Segurou-a pelos punhos com força e, olhando fundo em seus olhos, disparou:

— Perdoe-me pelo que lhe fiz, Lucena. Pensei que a amasse, mas estava enganado. Não posso me casar, você não é a mulher da minha vida.

Soltou os seus pulsos e rodou nos calcanhares. Lucena sentiu vontade de matá-lo. Tivesse uma arma ao seu alcance, teria atirado nele. Não conseguia chorar. A raiva era tanta que lhe toldava a visão. Em silêncio, ficou vendo-o se afastar, remoendo seu ódio, pensando num jeito de fazer com que ele lhe pagasse a vergonha e a humilhação que a fizera passar.

Quando Fernão chegou à casa naquela noite, encontrou Lucena envolta numa aura negra de raiva e despeito.

— O que foi que houve, minha filha? — perguntou alarmado.

— Ramon. Rompeu o noivado.

— Como assim? Já não havíamos marcado a data do casamento?

— Parece que isso o intimidou. Ele veio aqui e terminou tudo.

— Mas por quê?

— É o que gostaria de saber. Desconfio de outra mulher.

— Outra mulher?

— Sim. Alguém deve estar lhe dando certas facilidades que comigo não obtém.

— Isso não é motivo para romper com você. Meretrizes, há muitas por aí, mas ninguém desfaz um noivado por causa disso. Deve ter havido alguma coisa.

— Não houve nada, já disse.

— Mas nenhum cavalheiro pode voltar assim com a palavra empenhada. Ramon se comprometeu.

— Ramon é um canalha. Só eu que não consegui ver isso.

— Ah! mas isso não vai ficar assim. Vou apurar essa história direitinho. Seja o que for que tenha acontecido, Ramon vai me pagar. Ninguém descarta a filha de Fernão Lopes de Queiroz e sai impune para contar vitória. Vou descobrir o que aconteceu, minha filha, não se preocupe. E Ramon vai ter que pagar por toda a humilhação que a está fazendo passar.

Lucena estava com tanta raiva que nem conseguia chorar. Tinha como certo que a causa daquele rompimento fora outra mulher. Mas aquilo não ficaria assim. Seu pai era um homem extremamente influente e daria um jeito de se vingar. Só que Lucena nem de longe imaginava que o pai estava sendo investigado justamente pela mulher que lhe arrebatara o homem amado...

Giselle, a amante do inquisidor

91

Capítulo 9

Ao final da missa de domingo, Juan estava calado e pensativo, o que chamou a atenção de Esteban. Fazia já alguns dias que o rapaz andava estranho, cabisbaixo, sempre com olhar perdido. Até mesmo os outros padres já haviam notado, e muitos chegaram a indagar a razão daquele ar taciturno.

— Não é nada — respondeu Juan, tentando mudar de postura. — Ando um pouco cansado.

— Não está doente, está? — tornou Esteban, com visível preocupação, o que encheu Juan de remorso.

— Não, senhor. É apenas cansaço mesmo.

— Olhe lá, hein, rapaz? Não me vá ficar doente. Se estiver sentindo alguma coisa, fale.

— Não se preocupe, monsenhor, não é nada. Passa logo.

A afeição de Esteban por Juan era legítima. Afinal, reco-lhera o rapaz ainda em tenra idade e, desde então, passara a ser a única família que possuía. Juan também gostava dele. Navarro sempre o tratara bem e cuidara para que nada lhe faltasse. Tinha-o em conta de verdadeiro filho.

No começo, Juan não simpatizara muito com Giselle. Ela era uma moça arrogante e não gostava de crianças. Não que o tratasse mal. Mas nunca lhe fizera um afago ou lhe dirigira uma palavra de carinho. À medida que ele foi cres-cendo, Giselle começou a dispensar-lhe um pouco mais de atenção, o que foi despertando no menino uma paixão muda e cada vez mais intensa. Ela era linda, e ele não podia deixar de pensar nela. Ainda mais agora, que ela lhe acenava com a possibilidade de um romance. Na cabeça de Juan, Giselle estava interessada nele, e ele nem de longe imaginava que o único interesse que ela possuía era nas informações que ele poderia lhe dar.

Àquela hora da manhã, Giselle, provavelmente, ainda estaria dormindo. Pensou em fazer-lhe uma surpresa.

— Aonde vai? — indagou Esteban desconfiado.

— Se não se importa, gostaria de dar uma volta.

O cardeal fitou-o com curiosidade, mas não o questionou. Limitou-se a assentir com a cabeça e concluiu:

— Não, meu filho. Vá.

Juan se despediu com um aceno e saiu. Quando chegou à casa de Giselle, ela ainda estava dormindo, mas ele não quis ir embora sem falar com ela.

— Vou esperar — disse a Belita.

A escrava fitou o noviço com uma certa contrariedade. Sabia que sua ama estava no quarto com o senhor Ramon e não ficaria nada satisfeita em vê-lo ali outra vez. Pediu licença e foi direto ao quarto de Giselle. Bateu de leve algumas vezes,

Giselle, a amante do inquisidor

93

mas ninguém respondeu. Vagarosamente, abriu a porta e entrou. Giselle e Ramon dormiam abraçados, e Belita tocou-a de leve no ombro.

Aos poucos retornando do sono, Giselle esfregou os olhos e piscou várias vezes, encarando Belita como se ela fosse uma assombração. Quando finalmente a reconheceu, ergueu-se na cama e indagou num sussurro:

— Belita! O que há?

— Perdoe-me, senhora, mas está aí novamente aquele moço, o senhor Juan.

— O que ele quer?

— Pede para falar-lhe. Eu disse que a senhora estava dormindo, mas ele não quis ir embora.

— É algum recado de monsenhor Navarro?

— Não sei, senhora. Ele não quis dizer.

— Diga-lhe que já vou.

Depois que Belita saiu, Giselle virou-se para Ramon. Ele dormia despreocupadamente, e ela sentiu o coração disparar. Como ele era bonito! Pela primeira vez olhava para um homem que achava bonito sem pensar em sexo. Pensava em amor. Giselle amava Ramon verdadeiramente. Por mais que dormisse com outros homens, nenhum seria igual a Ramon. Nem Esteban, que fora sua primeira paixão e seu primeiro amor.

Como que sentindo o coração de Giselle, Ramon despertou. Espreguiçou-se gostosamente e sorriu para ela.

— Essa é a melhor visão que um homem pode ter na primeira hora do dia — disse galante.

Giselle puxou o seu rosto e beijou-o de leve nos lábios.

— Preciso descer — retrucou. — Juan está aí novamente.

— Quem é Juan?

— O pupilo de Esteban.

— O que ele quer?

— É o que vou descobrir — levantou-se, lavou o rosto na bacia e vestiu-se. — Por favor, Ramon, não saia daqui.

Atirou-lhe um beijo da porta e desceu as escadas, indo encontrar Juan sentado na sala, dedilhando uma pequena cítara que encontrara a um canto. Giselle aproximou-se em silêncio e postou-se defronte a ele. Na mesma hora, Juan largou o instrumento, levantou-se e pigarreou, desculpando-se meio sem jeito:

— Senhorita Giselle... perdoe-me. É que vi a cítara ali no canto e...

— Não precisa se desculpar, Juan. Gosta de tocar? — ele assentiu. — Quem o ensinou?

— Padre Donário me dá aulas ao órgão. O resto é fácil.

— Sei...

— E você, Giselle? Também toca?

— Não. A cítara era de um antigo trovador, que Esteban já executou faz tempo. Ele a esqueceu em minha taverna. Gostaria de ficar com ela?

— Sério? — ela balançou a cabeça, e ele exclamou radiante: — Muito obrigado. Adorei o presente.

Juan não estava propriamente interessado na cítara. Havia algumas na abadia que ele poderia usar, se quisesse. Embora preferisse o órgão, aquele era um presente de Giselle, e ele tencionava guardá-lo pelo resto de sua vida.

— Muito bem — continuou Giselle, sentando-se a seu lado. — O que o traz aqui no domingo, logo pela manhã? Algum recado de Esteban?

Juan enrubesceu. Não sabia o que dizer. Fora até ali atendendo a um impulso de seu coração, mas agora se sentia um verdadeiro idiota. Rosto ardendo em fogo, ele abaixou os olhos e balbuciou:

— Eu... vim aqui porque... porque precisava lhe dizer uma coisa — fez uma pausa, inspirou profundamente e prosseguiu: — É que há muito... há muito tempo não consigo... parar de pensar em você... Você... você é... Quero dizer, eu...

Giselle, a amante do inquisidor

Não conseguiu concluir. Percebendo o que ele queria dizer, Giselle ficou alguns instantes pensativa. Não tinha interesse no rapaz, mas não podia repeli-lo. Precisava dele para mantê-la informada. Fazendo ar de compreensiva, ela se aproximou e segurou a sua mão, acrescentando num sussurro:

— O que foi, Juan? O que está tentando me dizer?

Cada vez mais vermelho, Juan sentiu vontade de fugir correndo dali. Estava confuso, embaraçado com os gestos despojados de Giselle. A presença dela lhe causava arrepios, e ele só conseguia pensar no seu corpo de encontro ao dele. Horrorizado ante aqueles pensamentos pecaminosos, tentou se levantar, mas Giselle segurou-o pela mão e fê-lo sentar-se novamente, encarando-o com seus olhos verdes penetrantes. Juan não se conteve. Num ímpeto desesperado, atirou-se nos braços de Giselle e buscou a sua boca, beijando-a com sofreguidão.

— Giselle, eu... — sussurrava baixinho, ao mesmo tempo em que lhe beijava a boca e o pescoço — sinto que a amo...

Soltou-a apavorado e saiu correndo. Era tanto o seu desejo que tinha medo até de pensar. Se monsenhor Navarro descobrisse, acabaria com ele. Mas o que poderia fazer? Passara anos vendo Giselle nos braços de monsenhor. Vira-os até mesmo na cama, se amando, embora fingisse nada ver. E ela sempre linda, exuberante, sensual. Era praticamente impossível para alguém não se apaixonar por Giselle.

Quando chegou de volta à abadia, Esteban estava no jardim, cuidando de algumas flores que plantara. Viu quando Juan passou apressado e chamou-o diversas vezes, mas o rapaz não respondeu. Preocupado, largou o que estava fazendo, limpou as mãos e foi atrás dele.

Juan entrou no quarto feito um furacão e se atirou sobre a cama, ardendo de febre e de desejo. Quando Esteban chegou, ele estava deitado de costas, olhos fechados, rosto afogueado e vermelho. Experimentou-lhe a testa. Estava arden-do em febre.

— Juan! — chamou alarmado. — O que você tem?

Como o rapaz não respondesse, saiu a chamar o médico da abadia. Padre Valentim entrou, seguido por padre Miguez, e foi examiná-lo.

— O que foi que aconteceu? — perguntou Miguez espan-tado.

— Não sei, meu amigo. Ele me pediu para sair e voltou nesse estado. Ignoro o que tenha acontecido.

Silenciaram. Padre Valentim o examinava superficial-mente. Abriu os seus olhos para ver-lhe as pupilas, colou o ouvido em seu peito, apalpou sua garganta. Não encontrou nada de anormal.

Mas Juan, ao sentir as mãos de padre Valentim sobre ele, julgando tratar-se das mãos de Giselle, girava a cabeça de um lado para o outro, enquanto murmurava delirante:

— Giselle... Giselle... amo...

Ao ouvir o nome da amante, Esteban e Miguez arregalaram os olhos, ao mesmo tempo em que Valentim, virando-se para eles, falou abruptamente:

— O rapaz está enfeitiçado. Isso é obra dos súcubos.

Esteban levou a mão à boca, aterrado.

— Tem certeza?

— Tenho. Veja como ele está. Balbuciando o nome da-quela mulher blasfema!

Percebendo o mal-estar de Esteban, Miguez tratou de intervir. Podia não gostar de Giselle, mas sua afeição por Navarro era genuína, e pretendia, ele mesmo, resolver aquele assunto sem precisar recorrer ao Santo Ofício.

— Obrigado, padre Valentim, sua ajuda foi muito útil. Pode deixar que cuidaremos dele agora.

Padre Valentim deu de ombros, recolheu o seu material de médico e se foi. Juan, alheio ao que acontecia, continuava

Giselle, a amante do inquisidor

delirando, falando coisas sem nexo, suspirando e gemendo, por vezes chamando o nome de Giselle.

— Acha que ela o seduziu? — perguntou Miguez.

Esteban trincava os dentes. Recusava-se a crer que Giselle fosse capaz de tamanha baixeza.

— Miguez — ciciou em tom de súplica —, peço-lhe, por favor, que não leve esse caso ao conhecimento de ninguém. Deixe que resolverei isso à minha maneira.

— Você sabe que sou seu amigo e que tudo farei para protegê-lo.

— Eu sei.

— Por que é que Giselle tinha que se envolver com Juan? Será que já não tem homens suficientes?

— Não fale assim de Giselle — revidou Esteban, entre zangado e magoado.

— Está certo, perdoe-me. Mas é que me preocupo. Você sabe o quanto é invejado pelos outros padres. Muitos gostariam de estar no seu lugar. Você é um dos melhores inquisidores que o Santo Ofício já teve, e isso causa despeito em muita gente.

— Você tem razão, mas não sei o que fazer. Não posso simplesmente entregar Giselle às Mesas Inquisitoriais.

— Não estou dizendo para fazer isso. Mas você precisa tomar alguma providência. Não pode mais continuar a vê-la.

— Já não a vejo mais com tanta frequência.

— Ela ainda está trabalhando para você, não está?

— Sim. Está investigando dom Fernão.

— Deixe dom Fernão para lá. Suas suspeitas não são do conhecimento de ninguém.

— Mas ele é muito rico... Pense no bem que a sua fortuna faria à Igreja.

Um gemido mais alto de Juan chamou sua atenção, e Esteban aproximou-se dele. Experimentou-lhe a testa novamente e percebeu que a febre ainda não havia cedido.

— Pobre rapaz — lamentou-se. — Eu deveria ter percebido o que estava se passando. Devia ter imaginado que isso acabaria acontecendo algum dia.

— Aquela mulher é um demônio! — esbravejou Miguez, com tanto ódio que Esteban se assustou.

— Não entendo você, Miguez. Por que a odeia tanto?

O padre deu de ombros e balançou a cabeça, declarando desanimado:

— Não sei dizer. Ela não me agrada. A presença dela me faz mal.

— Não pode negar a sua beleza.

— Não consigo vê-la bela. Para mim, ela é e sempre foi uma bruxa. Aposto como tem pacto com as trevas.

Esteban não disse nada. Não pretendia agora expor as habilidades de Giselle com o mundo das sombras. Já bastavam os problemas que tinha no mundo visível.

— Será que dormiram juntos? — retrucou, apontando para Juan.

— É bem possível. Pelo estado em que ele se encontra, algo de muito grave deve ter acontecido — ante o silêncio do outro, Miguez prosseguiu: — Sei que não é agradável, mas será que não está na hora de você considerar a hipótese de padre Valentim? Talvez ele tenha razão.

— Não vá me dizer que você também acha que Giselle está possuída por algum demônio.

— Os súcubos podem se manifestar de diversas formas. Será que não a utilizam para seus propósitos? Giselle tem muitos amantes. Não estaria servindo de instrumento...?

— O diabo não precisa de instrumentos. Íncubos e súcubos agem a seu bel-prazer. Não têm necessidade de se utilizar de ninguém.

— Mas podem fazê-lo, não podem?

— Sim... creio que sim.

— Pois então?

— Não é o caso de Giselle. Você sabe tão bem quanto eu que Giselle só se deita com quem eu ordeno.

— Deita-se até com mulheres, se for necessário. Nem o diabo faz isso, Esteban! Você não vê? Todos os demônios abominam o ato sexual antinatural. Não percebe o quanto é grave o pecado de Giselle? Até os demônios consideram uma vergonha pecar contra a natureza!

— Pare! Não posso acusar Giselle! Será que você é que não consegue perceber?

— Você a ama...!

— Não da forma como você pensa. Sinto-me grato e responsável por ela. Não posso agora me voltar contra quem me serviu fielmente durante tantos anos.

— Não quero que pense que estou contra você. Não estou. Estou do seu lado, sou seu amigo. E é por isso que insisto com Giselle. Ela ainda vai acabar prejudicando você.

— Em nome da nossa amizade é que lhe peço: não faça nada contra Giselle. Deixe-me resolver isso à minha maneira.

— Que maneira?

— Vou encontrar um jeito.

Com um gesto de mãos, Esteban deu por encerrado o assunto e foi postar-se à cabeceira de Juan. O rapaz agora parecia mais calmo, a febre começara a ceder. Ajeitou-lhe as cobertas e foi para a igreja. Precisava rezar, pedindo a Deus forças e inspiração para ajudar Giselle. Para ajudar a si mesmo.

Capítulo 10

Andando de um lado a outro no imenso salão de sua casa, Lucena esbravejava. Desde que Ramon a abandonara, seu humor havia se alterado consideravelmente.

— Como ainda não descobriu nada? Que espécie de pai é você?

— A única coisa que consegui apurar é que Ramon está quase falido.

— Mais um motivo para querer se casar. Você é um homem rico. Poderia ajudá-lo.

— Talvez ele estivesse envergonhado.

— Envergonhado? Ramon? Não acredito. Quero saber o que houve, papai. Exijo que você descubra o nome da sem-vergonha que o tomou de mim!

— O que você quer que eu faça?

— Mande alguém segui-lo! Não deve ser assim tão difícil.

Dom Fernão suspirou desanimado. Desde que descobrira que Ramon perdera todos os seus bens em dívidas, deixara de ter interesse nele. Lucena que o perdoasse, mas ele não poderia permitir que sua filha se casasse com um pobretão. Sua família podia ser tradicional e nobre, mas Ramon estava falido. Aos poucos ia vendendo suas propriedades. Perdia tudo no jogo de dados, gastava fortunas em joias e roupas, e descuidava das terras. Em breve não teria mais nem onde morar.

— Minha filha, pense bem. Ramon está falido. Esqueça-o. Posso arranjar-lhe coisa melhor.

— Quem foi que disse que ainda quero Ramon?

— Não quer? — tornou com genuíno assombro.

— Não. Não quero mais um homem que se suja com meretrizes. Quero vingança. Ramon me usou, tentou abusar de minha pureza. E tudo isso para quê? Para acabar me trocando por uma vagabunda, ordinária!

— Acalme-se, Lucena. Você não sabe se ele tem outra mulher.

— Tem! Tenho certeza de que tem. E você vai descobrir. Vai descobrir e me contar. Eu exijo! Você prometeu!

Dando-se por vencido, dom Fernão saiu, deixando Lucena entregue a seu ódio. Ela não podia se controlar. Ramon a seduzira num dia para, poucos dias depois, terminar tudo com ela. Era um canalha. Dizia-se apaixonado, jurara-lhe eterno amor, prometera torná-la a mulher mais feliz do mundo. Tudo mentira. Só o que queria era enganá-la para seduzi-la. Agora que já conseguira o que queria, ela não tinha mais serventia.

Por que se deixara convencer? Tornara-se, ela também, uma das vagabundas com quem ele se deitava. Ramon lhe dissera que não a amava mais e que, por isso, não podia mais se casar com ela. Mas aquilo não ficaria assim. Vingar-se-ia dos dois. Descobriria quem era a mulher e daria um jeito de vingar-se. Seu pai tinha dinheiro, não lhe seria difícil arranjar alguém que os matasse.

Enquanto isso, dom Fernão seguia em silêncio para a casa de Blanca, mas ela não estava. Precisava se confortar nos braços de alguém e pensou em Giselle. Já não tinha mais motivos para procurá-la, pois entregara a Esteban a doação que ela fizera. Ainda assim, sentiu que só ela poderia confortá-lo naquele momento. Depois de refletir por alguns segundos, deu ordens para que o cocheiro o levasse até a taverna.

Giselle, como sempre, dançava sobre a mesa e sorriu quando ele entrou. Ao final da dança, foi ter com ele.

— Que prazer, dom Fernão! Estava com saudades!

Ele sorriu e sentou-a em seu colo, beijando o seu pescoço.

— Vamos sair daqui.

Ela se levantou e foi puxando-o pela mão. Saíram e tomaram a carruagem e, dentro em pouco, já estavam nus sob os lençóis. Giselle já não aguentava mais aquele porco resfolegando sobre ela, mas tinha uma tarefa a cumprir. Seria a última. Depois diria a Esteban que era hora de parar. Já estava ficando velha demais para aquilo.

Dom Fernão não tocou no assunto da filha. Giselle não tinha nada com aquilo, e ele não fora ali em busca de conselhos. Só o que queria era sexo. O sexo que Blanca ainda não podia lhe dar.

Passando os dedos sobre seu peito, Giselle observou com fingido ressentimento:

— Pensei que não o veria mais...

— Na verdade, não veria mesmo. Afinal, já cumpri a missão que monsenhor Navarro me confiou e não tinha mais motivos para procurá-la.

— Ainda assim, você veio.

Giselle, a amante do inquisidor

— Senti a sua falta.

Ela o acariciou novamente e indagou em tom casual:

— E o casamento? Já marcou a data?

— Ainda não. Mas vai ser para breve.

Giselle suspirou fingida e acrescentou com ar sonhador:

— Vou sentir saudades.

— Virei vê-la vez por outra — mentiu.

— Gostaria de conhecê-la.

— Minha noiva? — ela assentiu. — Isso é impossível.

— Por quê?

— Blanca é uma moça direita. Não vai aos lugares que você frequenta.

Giselle ficou indignada. O cretino ainda a humilhava. Bem merecia a fogueira.

— Sei que Blanca não é como eu — revidou, tentando conter a raiva. — Deve ser uma moça bastante prendada, para conquistar o seu afeto assim dessa maneira.

Percebendo que a havia ofendido, Fernão deu-lhe um beijo na testa e ponderou:

— Não se ofenda, Giselle, não é nada pessoal. Gosto de você, mas é uma mulher da vida.

— Não precisa lembrar-me disso. Sei muito bem o que sou e conheço o meu lugar. Só falei que gostaria de conhecer Blanca por curiosidade, para ver a mulher que arrebatou o seu coração.

Com um sorriso maroto, ele a abraçou e prosseguiu:

— Blanca é uma boa moça, mas não sai muito.

— Já sei. Só sai para ir à igreja. É beata mesmo, não é?

— Mais ou menos — respondeu cauteloso.

Ela fez uma pausa estudada e prosseguiu em tom de confidência:

— Sabe, Fernão, resolvi me afastar da igreja. Não gosto dos olhares que as mulheres me lançam. Só porque não sou feito elas, pensam que são melhores cristãs do que eu.

— Entendo o que quer dizer. É muito ruim ser diferente, não é? Ser incompreendido.

— Isso também acontece com você?

— Mais ou menos. É... pode-se dizer que sim.

— Por quê? O que foi que aconteceu?

— Não aconteceu nada — respondeu cauteloso. — É que Blanca...

— O que tem Blanca?

— Nada... Nada que lhe interesse.

— Por que não se abre comigo? Talvez possa ajudá-lo.

— Não pode.

Não estava funcionando. Giselle precisava mudar de tática. Já estava ficando cansada de se deitar com aquele porco, que só a usava sem nada dizer. Começou a acariciá-lo novamente e foi falando em seu ouvido:

— Posso fazer por você muito mais coisas do que imagina.

Continuou a acariciá-lo e a beijá-lo, deixando-o louco de desejo.

— Você é uma mulher e tanto, Giselle — murmurou ele, quase explodindo de prazer.

— No entanto, você não confia em mim — disse ela com voz sedutora, sem parar de o acariciar.

— Confio...

— Então, por que não me fala de Blanca?

— Por que insiste tanto em falar dela?

— Porque quero conhecer melhor a mulher que vai tirá-lo de mim.

— Ela não vai me tirar de você...

Giselle intensificou seus movimentos, levando-o quase à loucura. Ele, já não aguentando mais, tentou acariciá-la também, mas ela se esquivou e continuou a falar:

— Não é o que parece. Você dorme comigo, mas não confia em mim o suficiente para me contar seus segredos. Será que tudo o que faço não demonstra o quanto gosto de você?

Louco de vontade de acabar com aquela conversa e possuí-la, Fernão não se conteve. A mente toldada pelo desejo, deixou escapar a confissão:

— Blanca é uma moça honesta e pura. Só que é metade moura. É isso, Giselle. Está satisfeita? Blanca é filha de um mouro.

Esforçando-se para não dar a perceber seu ar de satisfação, Giselle continuou a conversa, tentando fazer com que ele lhe contasse tudo.

— Como assim, filha de um mouro? Seus pais não são daqui?

— Sua mãe era espanhola, mas seu pai era mouro. Durante a guerra pela retomada de Granada, que era onde ela vivia, os mouros foram executados ou expulsos. Seus pais foram mortos, mas eu consegui trazê-la para cá.

— Quer dizer que você lhe salvou a vida? — arregalou os olhos, dando mostras de profunda admiração. — Trouxe-a para cá, arriscando-se a ser descoberto e preso? Fernão, você é um herói!

Cheio de si, dom Fernão inflamou o peito e contou-lhe tudo, até o nome dos pais de Blanca. Giselle exultou. Conseguira, finalmente! Aquele porco nojento havia confessado que sua querida Blanca era moura, dando-lhe os elementos com que faria a denúncia contra ambos. Bem-feito. Já não suportava mais vê-lo babando atrás dela. Ele lhe dava nojo, e só o que pensava agora era em sua liberdade. A liberdade que Esteban lhe daria.

Quando dom Fernão chegou a casa naquela noite, Lucena estava sentada na sala, à sua espera, e se levantou apressada, logo que o ouviu entrar.

— Lucena! — exclamou ele assustado, levando a mão ao coração. — Quase me mata de susto!

— Já é tarde, papai. Onde esteve?

— Vai tomar conta da minha vida agora, vai?

— Não se trata disso. Mas o senhor sumiu... Até Blanca estava preocupada.

— Blanca esteve aqui?

— Veio à sua procura.

— O que disse a ela?

— O que poderia dizer? Que não sabia onde estava.

Ele balançou a cabeça e foi caminhando em direção ao corredor. Já passava da meia-noite e, no dia seguinte, precisaria levantar-se cedo.

— Vou me deitar. Boa noite.

— Não vai me dizer onde esteve?

Fernão parou no meio do corredor e olhou para ela com ar enigmático, dizendo com voz de cansaço:

— Estive em reunião com umas pessoas. Negócios...

— Até a essa hora?

— Por que está me vigiando?

— Por causa de sua promessa. Quero saber se já descobriu alguma coisa sobre Ramon.

— Não acha que está sendo muito insistente? Não tive nem tempo de tomar as devidas providências.

— De quanto tempo ainda mais vai precisar? Até que eu morra, consumida pelo ódio?

Fitando-a com ar de espanto, Fernão se aproximou e perguntou perplexo:

— Ódio... é isso que não entendo. Por que todo esse ódio?

— Já não lhe disse?

— Ramon tentou alguma coisa com você?

— Como assim?

Giselle, a amante do inquisidor

107

— Você sabe. Tentou alguma intimidade?

Coberta pelo rubor, Lucena escondeu o rosto entre as mãos e virou-se de costas para ele, sentindo o rosto arder diante da chama que bruxuleava na tocha presa na parede.

— Não, pai... Odeio Ramon porque ele me enganou. Sei que tem outra mulher.

Havia tanto ódio na voz de Lucena que Fernão titubeou. Parecia-lhe mesmo que algo havia acontecido. A transformação da filha fora muito rápida, e Fernão sabia que só um motivo muito poderoso poderia causar tanta mudança. Ele inspirou profundamente, deu-lhe um tapinha no ombro e finalizou:

— Vá dormir, minha filha. Deixe Ramon comigo.

Foi para seu quarto, bocejando, os olhos já pesados de tanto sono. Só muito depois foi que Lucena o seguiu. O dia estava quase amanhecendo quando ela conseguiu pegar no sono. Mal conseguira fechar os olhos quando pesadas batidas na porta a despertaram. Ouviu quando a criada foi abrir, e o ruído de botas batendo no chão irrompeu na casa. Vozes se altearam, vindas da sala, e o pai acordou. Lucena escutou quando ele saiu do quarto e foi para a sala, e ainda pôde ouvir suas palavras de indignação:

— Mas o que é que está acontecendo aqui?

No mesmo instante, foi agarrado por dois homens, que o prendiam com força, enquanto um terceiro desenrolava um pergaminho e começava a ler:

— Por ordem de sua eminência, o cardeal Esteban Navarro, inquisidor do Tribunal do Santo Ofício de Sevilha, fica dom Fernão Lopes de Queiroz, neste dia de 28 de maio de 1495, intimado a comparecer à sua presença no Tribunal, onde será recolhido à masmorra por tempo indeterminado, até que sejam apurados os fatos da mais alta heresia contra ele denunciados...

— O quê... — balbuciava dom Fernão — ... o que está acontecendo? Heresia? Como se atrevem?

Parada na porta da sala, Lucena os fitava sem nada entender, tentando imaginar o que estaria acontecendo. Como é que monsenhor Navarro ousava acusar seu pai de heresia? Pensou em intervir, mas o medo a paralisou. E se a ordem também a alcançasse? Indignada com o que estava acontecendo, ficou olhando sem nada dizer, respiração suspensa, à espera de que o homem desenrolasse outro pergaminho e lesse o seu nome também. Mas isso não aconteceu. A ordem se referia apenas a seu pai, e ele foi sendo levado sob protestos. Em meio ao medo e ao desespero, Lucena ainda conseguiu perguntar:

— Do que acusam meu pai?

— Lamento, senhorita, mas não posso dizer mais nada. Seu pai é acusado da prática de atos heréticos, e isso é só o que sei.

Empurrou-a para o lado e os homens passaram, arrastando dom Fernão, que berrava e esperneava.

— Isso não vai ficar assim! — esbravejava. — Monsenhor Navarro vai me pagar! Soltem-me! Não fiz nada! Soltem-me!

De nada adiantaram suas súplicas. Fernão foi arrastado e levado à força para a masmorra, sem nem saber do que estava sendo acusado. Somente dois dias depois, quando já havia sido submetido a toda sorte de torturas, foi que Esteban apareceu.

— Monsenhor Navarro — suplicou humilde. — Por que estão fazendo isso comigo? O que foi que fiz?

— Dom Fernão — declarou o outro, solene —, está sendo acusado da mais alta heresia por se envolver com uma mulher que adota práticas contrárias aos costumes de fé da Igreja. É de nosso conhecimento que sua noiva, Blanca Vadez, é filha de um mouro nojento, chamado Hamed Kamal. A limpeza de sangue é necessária, e não podemos permitir que a descendência moura continue a espalhar seu sangue profano pela nossa terra santificada...

Giselle, a amante do inquisidor

Apavorado, dom Fernão começou a chorar e a gemer em desespero:

— Onde está Blanca? O que fizeram com ela? Blanca! — pôs-se a gritar. — Blanca! Onde está? Pode me ouvir?

Na mesma hora, sentiu uma dor aguda nos pés e soltou um grito de pavor. O carrasco acabara de queimar a sola de seus pés, causando-lhe imenso sofrimento.

— Não adianta gritar, dom Fernão. Blanca não pode ou-vi-lo de onde está. Por que não confessa logo o seu crime, como Blanca já o fez, e acaba logo com o seu suplício?

— Blanca confessou?

— É claro. Arrependeu-se e quis salvar sua alma. Por que não faz o mesmo?

Embora seu sofrimento fosse imenso, dom Fernão não se deu por vencido. Se confessasse, aí sim é que estaria tudo acabado.

— Não tenho o que confessar. Não fiz nada.

— Não é o que parece. A denúncia contra o senhor foi bastante clara.

— Que denúncia? Quem fez essa denúncia?

— Isso não importa. Seus atos foram testemunhados por alguém que veio às Mesas Inquisitoriais e o denunciou. É o quanto basta.

Tentando imaginar quem teria sido capaz de uma coisa daquelas, dom Fernão pôs-se a pensar. Até que a imagem de Giselle surgiu espontânea em sua mente. Teria sido ela? Seria possível? Na véspera, contara-lhe sobre Blanca, con-fessando que ela era filha de um muçulmano. Giselle teria sido capaz de traí-lo? Mas por quê? Não dizia que o amava? Ou tudo não teria passado de um embuste?

Pensando melhor, fora monsenhor Navarro quem os apro-ximara, mandando-o a sua taverna para buscar a tal doação. E Giselle parecera mesmo muito receptiva, apaixonando-se por ele logo de início. Como é que uma mulher linda feito Giselle, com todos os homens a seus pés, fora se apaixonar logo por ele? Só então compreendia. Quando ela se confessara apaixonada, seu orgulho e sua vaidade não deixaram que percebesse que aquilo não passava de fingimento. Giselle queria iludi-lo para conseguir fazer com que ele lhe desse informações sobre Blanca. E conseguira. Ele, tolamente, contara-lhe tudo. Ela era uma mulher sensual e ardilosa, e não fora difícil arrancar-lhe a confissão sob os lençóis de sua cama. Como fora estúpido!

— Foi Giselle, não foi? — tornou com raiva. — Aquela vagabunda, meretriz, ordinária! Como se atreve a dar ouvidos a uma vadia feito Giselle, em lugar de acreditar na palavra de um nobre honrado feito eu?

— A palavra de um nobre de nada vale se fere as leis de Deus.

— Não devia fazer isso, monsenhor. Sou um homem rico, influente. Giselle... não é nada. É uma vagabunda delatora.

— Qualquer *vagabundo* pode ser testemunha de heresia. E é dever de todo homem ou mulher temente a Deus denunciar os delitos de que tenha conhecimento, sob pena de tornar-se cúmplice do crime.

— Giselle é uma meretriz. Isso não é crime também?

Esteban não respondeu. Com um aceno de cabeça, chamou o carrasco, para dar início a nova sessão de torturas. Dessa vez, participaria, ele mesmo, do processo inquisitorial. Precisava arrancar a confissão daquele herege, para depois purificar sua alma. Era seu dever de ofício.

Em outra masmorra, Blanca era também supliciada. Logo após a prisão de dom Fernão, ela fora presa também e levada ao calabouço, onde fora interrogada e torturada. Ainda não vira monsenhor Navarro, mas sabia que ele apareceria. Haviam lhe dito que Fernão a traíra e a delatara, mas ela não

Giselle, a amante do inquisidor

acreditara. Pois se fora ele mesmo quem a tirara de Granada, por que agora a entregaria aos padres? Não. Fernão nada tinha a ver com aquilo. A não ser pelo fato de que a amava, Blanca não podia ver nele nenhuma ofensa às leis da Igreja.

Capítulo 11

  Giselle sentiu imensa alegria ao ver Esteban descer da carruagem, diante de sua casa. Fazia já algum tempo que não o via e sentia sua falta. Seus sentimentos para com ele eram puros e verdadeiros e, por mais que estivesse apaixonada por Ramon, amava Esteban como se fosse seu pai.

  — Agiu muito bem com dom Fernão, Giselle — elogiou ele, após abraçá-la. — Sua confissão é questão de tempo.

  — E a tal de Blanca? Também já confessou?

  — Não. Blanca parece uma moça ingênua, mas confia no tolo. Se ela soubesse...

  Giselle deu de ombros e foi puxando-o pela mão em direção a seu quarto. Não tinha muito interesse em dom Fernão ou qualquer outro acusado. Executava sua missão sempre da melhor forma possível, mas o destino daqueles a quem delatava não lhe interessava muito.

Esteban deixou-se conduzir passivamente ao quarto da moça, embora não houvesse ido ali para aquilo. Giselle já não lhe despertava tanto desejo. Apesar de bonita e esbelta, não tinha mais o frescor da juventude, e seu corpo também não guardava mais a rigidez da mocidade. Ainda assim, seguiu-a sem dizer nada e aceitou o amor que ela lhe oferecia.

— Por que está tão calado? — indagou ela, logo após se amarem.

Ele a olhou mansamente, tentando encontrar um jeito de lhe dizer o motivo que o levara até ali.

— Estou cansado — deixou escapar num suspiro.

— De mim?

— Da vida.

— Da sua vida ou da minha?

— Da de nós dois.

— Não estou entendendo, Esteban. Pensei que você me amasse.

— Gosto de você, mas acho que já está na hora de pararmos com isso.

— Por quê? — tornou ela, entre decepcionada e contente.

— Já estou ficando velho, e você também já não é mais nenhuma garotinha. Você tem me servido com extrema fidelidade e eficiência durante todos esses anos, mas agora, não preciso mais desses serviços.

— Como assim? Quer dizer que não lhe sou mais útil?

— Não é isso. Mas é que hoje, creio que posso prender os suspeitos de heresia sem o seu concurso.

— Como fez com dom Fernão? — ironizou.

— Dom Fernão foi o último.

Giselle silenciou. Por que estava discutindo com ele? Não era isso mesmo o que queria? Sua liberdade? Encerrar

114   Mônica de Castro pelo espírito Leonel

sua carreira de delatora e meretriz? Não pretendia agora se dedicar exclusivamente a Ramon? Pensando nele, considerou:

— Acho que está certo, Esteban. Também estou ficando cansada.

— E já está rica, não é? Não precisa mais de mim nem do dinheiro que lhe dou. O que juntou durante todos esses anos é o suficiente para levar uma vida tranquila e sem preocupações, não é mesmo?

Algo no tom de voz de Esteban chamou sua atenção. Ele devia saber de alguma coisa que ela não sabia. Cuidadosamente escolhendo as palavras, redarguiu:

— Está acontecendo alguma coisa que eu não saiba?

Ele soltou um profundo suspiro, alisou os seus cabelos e respondeu com fingida displicência:

— Não está acontecendo nada. O que eu quero é evitar que venha a acontecer. Miguez está me pressionando...

— Miguez, Miguez... sempre Miguez. Aquele padre me odeia. Não entendo o que ele tem a ver com isso.

— Nada. Não se impressione. Miguez apenas se preocupa demais. Tem medo dos comentários dos outros padres.

— É só isso?

— O que mais poderia ser?

— Sei que muitos delatores acabaram também sendo delatados. Acha que corro esse risco?

— Você está sob a proteção de Esteban Navarro. Ninguém ousaria tocá-la.

— Tem certeza?

— Absoluta. Nem sequer se cogita uma coisa dessas. O que acontece é que estou preocupado com a minha imagem. Não fica bem para um cardeal ser alvo dos comentários alheios. Sossegue, minha querida, ninguém jamais ousaria associar o seu nome à heresia. Sou um inquisidor influente, talvez o melhor que Sevilha já tenha visto. Ninguém tem tantas condenações como eu, esteja certa. Meu nome goza de

Giselle, a amante do inquisidor

115

prestígio e respeito por toda a Espanha, até mesmo pela Europa. Quem pensaria em me enfrentar?

As meias-verdades de Esteban acabaram por tranquilizá-la. Do jeito como falava, parecia que ele estava acima de qualquer suspeita e jamais acabaria sendo alvo do Santo Ofício. Realmente, seria muito difícil provar algo contra ele. Mas aqueles que o serviam poderiam facilmente ser atingidos. Embora Navarro tivesse esse medo, não deixou transparecer nada a Giselle. Sabia que ela corria grandes riscos, mas não queria alarmá-la. Se tudo corresse bem, ele conseguiria contornar aquela situação e controlar o ódio de Miguez. E ela estaria a salvo. Ao menos, era o que esperava.

— E você? — prosseguiu Giselle. — Não o verei mais?

— Acho que você deve se afastar de Sevilha.

— Ficou louco? Sevilha é o meu lar. Para onde espera que eu vá?

— Estive pensando... Creio mesmo que já chegou a hora de você se casar.

— Casar...? — tornou sonhadora, já antevendo sua felicidade ao lado de Ramon.

— Sim, casar. Será o melhor para você e para mim. Não concorda?

— Concordo... Sim, casar... Um homem maravilhoso, um lar de verdade... O respeito da sociedade...

— Que bom que concorda, porque já escolhi o seu noivo.

— Como assim, *escolhi o seu noivo*? O que quer dizer?

— Exatamente o que você ouviu. Já escolhi um noivo para você.

— Mas Esteban, você não pode... não quero... isto é, eu nem o conheço!

— Mas vai conhecer. Creia-me, ele é o melhor para você nesse momento. É um senhor viúvo, muito rico, que mora em Cádiz. E aceitou desposá-la. Já está ficando velho e ficou feliz em poder ter uma esposa mais jovem.

— Não, Esteban, não quero me casar...

— Você acabou de concordar que seria o melhor.

— Mas não com esse noivo que você escolheu. Posso, eu mesma, escolher o meu marido.

— Sinto, mas já está tudo acertado.

— Tudo acertado? Quer dizer que você tramou isso pelas minhas costas?

— Fiz o que era melhor para você.

— Não vou me casar com esse velho, não vou!

— O nome dele é Solano Díaz e é muito rico...

— Não me interessa! Não vou me casar com ele e pronto!

— Não entendo por que a recusa. Há pouco concordou que o casamento seria uma boa ideia. Pareceu-me mesmo bastante feliz.

— A ideia é excelente, mas quero me casar com o homem que eu escolher.

— Quem poderia ser esse homem? Que eu saiba, você não tem ninguém... ou será que tem?

Ela ficou confusa. E se lhe contasse sobre Ramon? Talvez ele aceitasse. Já que estava tentando arranjar-lhe um marido, não lhe custaria nada casá-la com o homem que ela amava.

— Esteban... — começou a balbuciar — há pouco conheci um homem... ele é maravilhoso... é tudo com que sempre sonhei...

— Um homem...? — tornou desconfiado. — Você conheceu? Onde?

— Na taverna.

— Quem é esse homem?

— Chama-se Ramon de Toledo.

Durante alguns minutos, Esteban permaneceu remoendo aquele nome, tentando se lembrar de onde é que o conhecia. Por fim, deu um sorriso sarcástico e desdenhou:

Giselle, a amante do inquisidor

— Ramon de Toledo é um vagabundo falido.

— Isso não me importa. Eu o amo.

— Ama? Será que foi por isso que trabalhou tão bem com dom Fernão? Queria o caminho livre para você?

— Se está se referindo ao fato de que ele e a filha de dom Fernão foram noivos, saiba que está enganado.

— Será mesmo? Foi o próprio dom Fernão quem me disse que eles iam se casar.

— Iam, mas não se casaram. Ele me ama e, por isso, rompeu o noivado.

— Ramon de Toledo... Quem diria?

— Por favor, Esteban — suplicou Giselle, atirando-se a seus pés —, deixe que me case com Ramon. Prometo que você nunca mais ouvirá falar de mim.

Naquele momento, Esteban sentiu imensa piedade de Giselle. Sentia-se responsável por ela, fora por ele que ela ingressara naquela vida. Que culpa tinha de ser uma mulher bonita e ambiciosa? Quando chegara a Sevilha, Giselle era quase uma menina, pobre e inexperiente, cheia de sonhos e fantasias. Vivera na pobreza durante muitos anos, era natural que almejasse uma vida melhor.

O casamento com Ramon talvez resolvesse seus problemas. Solano era um homem idoso e não saberia satisfazê-la. Quanto tempo decorreria antes que ela arranjasse um amante?

Ele alisou os seus cabelos e ergueu-a pelos ombros. Ela estava chorando, e ele enxugou as suas lágrimas. Apertou o seu queixo e concluiu:

— Está certo, Giselle. Se é o que quer, que seja.

— Oh! Esteban! Nem posso acreditar que seja verdade!

— Aguarde alguns dias até que dom Fernão seja executado. Não quero que a filha dele cause problemas. Depois, eu mesmo providenciarei tudo. Como um presente de casamento.

— Por que não a prende também?

— Não temos nada contra Lucena. Mas não se preocupe com ela. O processo de expropriação de bens não é demorado e logo, logo, ela não será ninguém.

Depois que ele se foi, Giselle pôs-se a berrar pelas escravas. Belinda correu a atender, e Giselle foi logo perguntando:

— O senhor Ramon já chegou?

— Já, senhora. Belita está lá no porão com ele.

— Pois o que está esperando para chamá-lo? Vá, vá!

Aos tropeções, Belinda saiu em busca de Ramon. Quando monsenhor Navarro chegara, Belita, já orientada por Giselle, correra ao porão para esperá-lo. Assim que ele entrou, contou-lhe que o cardeal se encontrava em companhia de sua senhora, e Ramon foi obrigado a esperar. Já estava impaciente quando Belinda entrou.

— Senhor Ramon, a senhora Giselle o chama com urgência.

— Monsenhor Navarro já se foi?

— Já sim.

De um salto, Ramon correu ao quarto de Giselle. Escancarou a porta e, sem lhe dar chance de dizer qualquer coisa, apertou-a de encontro a si e beijou-a sofregamente. Ao saber que Esteban estava com ela, viu-se dominado por louco ciúme, imaginando-a nos braços do outro.

— Tolinho — gracejou Giselle, percebendo o seu ciúme. — Esteban agora é como um pai para mim.

— Pai... sei. Que pai dorme com sua filha?

— Deixe de bobagens e sente-se. Tenho algo importante a lhe contar.

Curioso, Ramon sentou-se na cama, com Giselle a seu lado. Ela tomou a sua mão e acariciou-a, levando-a aos lábios e fitando-o com ar enigmático.

— O que houve? — tornou Ramon. — Por que tanto mistério?

— O que acha de se casar comigo?

— Casar-me com você? Seria a felicidade suprema.

Giselle, a amante do inquisidor

— Pois pode ir se acostumando a essa felicidade. Em breve, estaremos casados.

— Como assim?

Em minúcias, Giselle contou-lhe a conversa que tivera com Esteban, e Ramon exultou. Já estava começando a gostar dele.

— Esteban é um homem maravilhoso — elogiou Giselle. — Só o que quer é o meu bem. Você e eu vamos ser muito felizes, você vai ver.

— Não vai mais dormir com ninguém, vai?

Ela riu gostosamente e apertou suas bochechas.

— Só com você, meu amor. De hoje em diante, serei exclusivamente sua.

Entregaram-se ao amor. Estavam realmente felizes, certos de que poderiam levar uma vida tranquila e sem preocupações. Naquele momento, era o que mais desejavam: viver em paz, um para o outro.

Capítulo 12

Com a chegada do inverno, as ruas de Sevilha começaram a esvaziar, e as pessoas evitavam sair e enfrentar os ventos frios que sopravam com a nova estação. Já passava de meio-dia, e Giselle deixara Ramon em casa, adormecido, partindo apressada para a taverna. Agora, mais do que nunca, precisava cuidar dos negócios. Ramon dissera que iria ajudá-la, mas ficara dormindo em seu primeiro dia de trabalho. Agora viviam juntos. Desde que contara a Esteban sobre seu envolvimento, não tinham mais por que esconder que estavam apaixonados. Esperariam até que dom Fernão fosse executado e se casariam de verdade.

O dia estava escuro, e as nuvens cinza anunciavam que uma tempestade em breve iria desabar. Giselle saltou da carruagem em frente à porta da taverna e, envolta em grosso manto de veludo, pôs-se a caminhar apressada, tentando fugir da ventania. Foi quando algo lhe chamou a atenção. Toda encolhida num canto da parede, uma mulher chorava baixinho. Giselle parou por alguns segundos e olhou para ela. A moça estava de cabeça baixa, mas percebeu que alguém a observava. Ao levantar o rosto, Giselle se surpreendeu. Jamais havia visto uma mulher tão bonita. Sua pele morena parecia de veludo, seus cabelos negros eram como seda, seus olhos escuros brilhavam feito duas contas de ébano. Ficou impressionada. Curiosa para saber o que uma moça tão bonita fazia atirada na calçada, aproximou-se.

A outra encolheu-se toda à sua chegada. Tentou levantar-se e fugir correndo dali, mas Giselle a deteve com um aceno de mãos.

— Por favor, espere — disse em tom cordial. — Não vou lhe fazer mal.

A moça foi se levantando vagarosamente, apoiada à parede, e parou de frente para ela. De perto, era ainda mais bonita.

— O que faz aí? — tornou Giselle interessada. Como a outra não respondesse, prosseguiu: — Está ferida? Alguém lhe fez algum mal? Não pode falar?

A moça balançou a cabeça e respondeu entre soluços:

— Perdoe-me, senhora. É que estava com fome...

Desatou a chorar descontrolada, ameaçando tombar no chão novamente. Foi então que Giselle percebeu o quanto ela devia estar fraca e com frio. Com cuidado, ajudou-a a erguer-se novamente e levou-a para dentro. Fazia muito frio, e a coitada estava quase congelando.

Do lado de dentro da taverna, Giselle levou-a para perto da lareira, já acesa para espantar o frio.

— Sanchez! — gritou para o empregado. — Traga uma caneca de vinho e um bom assado para a moça comer.

Logo a comida e a bebida chegaram, e a moça devorou a perna de cordeiro que Sanchez lhe estendera. Bebeu o vinho a grandes goles e, aos poucos, foi sentindo que recobrava forças. Lambia os dedos de satisfação e virou-se para Giselle, acrescentando com timidez:

— Nem sei como lhe agradecer, senhora.

Giselle sorriu e retrucou:

— Qual é o seu nome?

— Manuela.

— De onde você vem, Manuela?

— De Madri.

— Bem se vê que não é daqui. Tem um jeito de falar diferente.

Manuela deu um sorriso encantador e, já mais refeita, acrescentou:

— E você, como se chama?

— Giselle. Sou a dona deste lugar.

Rapidamente, Manuela passou os olhos pelo interior da taverna e considerou:

— Será que não está precisando de uma ajudante?

— Depende — respondeu Giselle, já imaginando onde gostaria de colocá-la. — O que sabe fazer?

Ela deu de ombros e respondeu timidamente:

— Posso arrumar as mesas.

— Sanches já faz isso.

— Posso ajudar Sanchez.

Giselle balançou a cabeça negativamente e continuou:

— Sabe dançar?

— Sei, sim.

— Poderia dançar para mim?

— Agora?

— Por que não? A taverna está vazia.

Meio sem jeito, Manuela postou-se no meio do salão.

— E a música?

— Sanchez, cante uma canção para a moça dançar.

O empregado soltou uma risada debochada e pôs-se a cantar com sua voz de barítono desafinada, fazendo com que Manuela levasse a mão aos ouvidos e fizesse uma careta.

— Pode deixar que me arranjo sozinha — protestou.

Sanchez deu de ombros e foi lavar as canecas. Quando Manuela começou a dançar, ficaram admirados. Ela dançava tão bem quanto Giselle. Ao final da apresentação, Manuela olhou para Giselle e indagou com um sorriso, já sabendo o efeito que havia causado sobre ambos.

— E então? Gostaram?

Sanchez bateu palmas e assobiou, enquanto Giselle fazia com que ela se sentasse a seu lado.

— Gostei muito, Manuela. O que acha de um emprego de dançarina?

— Fala sério?

— Falo, sim. Quem dança aqui sou eu, mas já estou ficando cansada. Não sou mais nenhuma menininha e quero me dedicar a outras coisas. Quando a vi, fiquei impressionada com a sua beleza e imaginei se não poderia me ajudar. Agora, vendo-a dançar, tive certeza de que você é a pessoa ideal para me substituir. Então? O que acha? Aceita o emprego?

— Se aceito? É claro que aceito!

— Enquanto não estiver dançando, você pode auxiliar Sanchez com as mesas — ela concordou e Giselle prosseguiu: — Tem algum lugar para ficar?

— Não. Acabei de chegar de Madri.

— Vou lhe indicar uma estalagem. Chama-se "O Mascate". É bem perto daqui.

Giselle apanhou uma pena e escreveu o endereço num pequeno pedaço de papel, estendendo-o para Manuela, que o leu e retrucou emocionada:

— Obrigada.

Giselle limitou-se a sorrir e continuou:

— Por que você veio para Sevilha?

Ela abaixou os olhos, olhou de um lado para outro e confessou:

— Tive que fugir. Estava sendo perseguida.

Giselle sobressaltou-se. A última coisa que queria era uma fugitiva da Inquisição.

— Quem a estava perseguindo?

— Andei me metendo com gente importante em Madri. Um jovem conde, muito rico e bonito. Só que era casado...

— E a mulher dele descobriu e quis matar você — completou Giselle, num gracejo.

— Pior. Ela se suicidou, e o pai dela colocou todos os seus homens atrás de mim. O jeito foi fugir.

— E o tal conde?

— Sofreu muito... Ele me amava realmente, sabe?

— E você? Também o amava?

Ela deu de ombros e respondeu com um certo alheamento:

— Não sei. Ele era bom para mim, tratava-me feito uma rainha. Dava-me joias e sedas, que tive que deixar para trás. Não tive nem tempo de apanhar minhas coisas. Ou voltava para buscar minhas joias, ou salvava a pele. Preferi salvar minha vida. Posso começar de novo do nada. Homens, há muitos por aí.

Giselle se calou. Manuela tinha um jeito doce e meigo, mas parecia já haver sofrido bastante na vida. Contudo, sua beleza ser-lhe-ia muito útil naquele momento. Ela precisava descansar e dedicar mais tempo a Ramon. Mas não podia abandonar os negócios. Muitos homens iam ali para vê-la dançar e acabariam se afastando se ela simplesmente parasse. Mas se lhes apresentasse outra moça, linda e mais jovem, sensual e excelente dançarina, tinha certeza de que conseguiria manter a clientela. Afinal, não fora por outro motivo que a tirara do frio.

Realmente, Manuela agradou. No dia seguinte, quando os homens começaram a chegar à taverna, ficaram impressionados com tanta graça e beleza. Ainda gostavam muito de Giselle, mas não foi difícil fazê-los se acostumar a Manuela. Além de dançar muito bem, ela possuía um encanto natural que cativava os homens. Nas horas vagas, auxiliava Sanchez com as mesas, para alegria dos fregueses, que lhe davam palmadinhas e beliscões, sem que ela reclamasse, coisas que jamais ousariam fazer com Giselle.

Até então, Ramon ainda não havia aparecido. Por mais que Giselle insistisse, ele não se animava a ir à taverna.

— Ramon, meu querido — disse ela certa vez. — Não se esqueça de que agora teremos que viver dos meus negócios. A taverna será minha única fonte de renda. E sua também. Você já vendeu tudo o que possuía, não tem mais nada. Não acha que já está na hora de se interessar pelo que é seu também?

Com um profundo suspiro, Ramon a abraçou e acabou concordando:

— Tem razão. É que não estou acostumado a trabalhar.

— Pois trate de ir se acostumando. A taverna até que é divertida. E depois, tem a Manuela. Quero que você a conheça. Vai ver se tenho ou não razão quando digo que ela é linda e que foi a pessoa ideal para me substituir.

No dia seguinte, ao meio-dia, Ramon entrava com Giselle na taverna. Sanchez arrumava as mesas, enquanto Manuela limpava o chão. Ramon cumprimentou Sanchez e foi apresentado a Manuela.

— Tem razão, Giselle — concordou admirado. — Manuela é mesmo uma moça muito bonita.

Ela deu um sorriso brejeiro e continuou a trabalhar, fingindo que não lhe prestava atenção. Ramon a observava atentamente, com olhar embevecido, acompanhando o molejo do seu corpo enquanto esfregava o chão. Essa admiração não passou despercebida a Giselle. Queria apresentar-lhe Manuela para que ele visse como era bonita. Não para que ficasse caído por ela. Ramon, percebendo o seu ciúme, puxou Giselle e sentou-a em seu colo, beijando-a com paixão.

— Não há mulher feito você, Giselle. Por mais linda que sejam as outras, jamais serão como você.

Ela sorriu satisfeita e apertou-se a ele. Entretanto, algo em seu olhar lhe dizia que tomasse cuidado, embora Giselle soubesse que jamais permitiria que Manuela lhe tomasse Ramon. Nem Manuela, nem qualquer outra mulher. Porque Ramon lhe pertencia. Somente a ela.

Capítulo 13

Sentado diante da janela, Juan lia um trecho da bíblia para monsenhor Navarro, sem prestar a menor atenção a suas próprias palavras. Sem que percebesse, Esteban o observava. Desde o dia em que chegara com febre e delirando, chamando o nome de Giselle, não haviam conversado sobre o ocorrido. Juan não se lembrava de nada do que dissera no delírio, e Esteban achou melhor não tocar no assunto.

Juan, em seu mutismo, pensava numa maneira de rever Giselle. Não sabia que Esteban havia terminado tudo com ela e pretendia casá-la com Ramon. O cardeal, não querendo fazê-lo sofrer, nada dissera a respeito, e o noviço alimentava a ilusão de que Giselle também gostava dele e que sentia a sua falta.

— Juan! — chamou Esteban. — Juan! Onde está com a cabeça, menino?

O rapaz havia interrompido a leitura e perdera-se em sua saudade. Precisava ver Giselle o quanto antes ou acabaria adoecendo.

— O quê...? — respondeu ele, em tom apalermado. — Chamou, monsenhor Navarro?

— Por que parou de ler?

Juan olhou para a bíblia pousada sobre seu colo e segurou-a novamente, recomeçando a leitura. Se Juan não prestava atenção no que lia, Esteban também não entendia o que ouvia. Ambos estavam com o pensamento preso na mesma pessoa, embora por motivos diferentes.

Subitamente, alguém bateu à porta. Era um outro noviço, que vinha chamar monsenhor Navarro, dizendo que uma dama estava ali para vê-lo. Seria Giselle? Não, pensou Esteban. Giselle podia ser tudo, menos uma dama. Mandou que Juan continuasse a leitura e foi atender o chamado da tal dama. Ela havia sido introduzida em seu gabinete particular e, assim que ele entrou, correu ao seu encontro e beijou-lhe o anel, fazendo profunda reverência.

— Monsenhor Navarro — disse com voz sonora —, é um imenso prazer conhecê-lo.

Esteban recolheu a mão gentilmente e foi sentar-se em sua poltrona, mandando que ela se sentasse à sua frente.

— Em que posso servi-la, senhorita...

— Lucena... Lucena Lopes de Queiroz.

Ele levou um susto, mas conseguiu se controlar. Conhecia-a apenas de nome; jamais a havia visto pessoalmente. Ela era uma moça muito bonita, o que o deixou surpreso. Ramon trocara uma moça tão linda e fresca por Giselle. Por mais bela que Giselle fosse, já não era mais uma mocinha.

— Muito bem, senhorita Lucena — prosseguiu ele, sem demonstrar surpresa —, o que posso fazer pela senhorita?

— Monsenhor Navarro, não quero que pense que sou atrevida ou desrespeitosa. Mas gostaria de saber o que foi que meu pai fez para ser preso.

A moça tinha coragem, era preciso reconhecer. Ir até ali, correndo o risco de ser acusada também, era realmente um ato de bravura. Esteban se levantou da poltrona e dirigiu-se para a janela, respondendo sem se virar:

— Seu pai é acusado de heresia.

— Isso, eu já entendi. Mas o que foi que ele fez?

Voltou-se para ela abruptamente e respondeu incisivo:

— Andou conspirando contra a Igreja, senhorita Lucena, envolvendo-se com uma mulher moura.

— Refere-se a Blanca Vadez?

— Ela mesma. Não sabia?

— Não, não sabia.

— Pois fique sabendo. E é muita sorte sua não estar ao lado dela no calabouço.

Lucena sentiu um arrepio de terror e quis fugir. Contudo, se saísse dali agora, deixaria a suspeita de que também estava envolvida com os mouros, se é que Blanca fosse moura, como ele dizia.

— Monsenhor Navarro, sou uma moça direita e temente a Deus, vou à igreja todos os domingos, faço minhas orações e comungo regularmente. Que motivos teria o senhor para me atirar no calabouço junto de hereges que não respeitam a palavra de Deus?

Ele a olhou perplexo. Ela era uma moça muito corajosa e atrevida, realmente. Fitando-a com ar ameaçador, revidou austero:

— O que pretende, senhorita Lucena? Libertar seu pai? Ou aquela mulher?

— Vim apenas lhe pedir, ou melhor, implorar pela vida de meu pai. Ele sempre foi um homem digno, não merece esse fim.

— Seu pai foi acusado de heresia.

— Quem o acusou?

— Isso não importa. O fato é que as acusações contra ele são gravíssimas e estão sendo devidamente comprovadas e apuradas. Não há nada que eu ou a senhorita possamos fazer.

Ela começou a chorar e atirou-se ao chão, beijando seus pés.

— Por favor, monsenhor Navarro — suplicou em lágrimas. — Eu lhe imploro. Tenha misericórdia. Meu pai é um homem digno.

— Ele foi denunciado.

— Quem o denunciou só pode ser seu inimigo.

— Engana-se. Ele foi denunciado por pessoa que nada tem contra ele. Ela apenas ouviu a sua confissão e nos contou. Era seu dever, assim como é o seu não se intrometer nos assuntos da Inquisição.

— Por favor, reconsidere. Meu pai é um homem rico, pode recompensar a sua misericórdia.

— Seu pai não é mais rico, senhorita Lucena, e nem você. Seus bens estão sendo confiscados pela Igreja.

— O que foi que disse? — murmurou atônita. — Confiscados? Não pode ser... O senhor... não pode fazer isso. O que será de mim?

— Sinto muito, mas isso não é problema meu. Dê-se por satisfeita de não ter sido acusada também — Lucena chorava descontrolada, e ele aconselhou: — Quer ajudar o seu pai?

— É claro que quero. Diga-me o que é preciso, e eu farei.

— Pois então, aconselhe-o a confessar.

— Isso salvará a sua vida?

— Salvará a sua alma. Sua vida já está condenada, mas sua alma ainda tem salvação.

Rosto ardendo em fogo, Lucena levou a mão aos lábios, sufocando um grito de angústia.

Giselle, a amante do inquisidor

— Monsenhor... — implorou, à beira do desespero — não faça isso, eu lhe suplico. Meu pai é inocente.

— Sou um homem justo, senhorita. Se seu pai não tivesse se envolvido com aquela falsa cristã, eu seria o primeiro a pro-clamar-lhe a inocência.

Lucena silenciou. Não sabia nada sobre Blanca ser moura, mas não queria acabar caindo na armadilha de Navarro. Se ele estivesse tentando usá-la para que entregasse o pai, era preciso ter muito cuidado. Com os olhos vermelhos de tanto chorar, ela engoliu em seco e finalizou:

— Lamento tê-lo incomodado. Vejo que o senhor está ainda bem longe de saber o que realmente signifique justiça.

Virou-lhe as costas abruptamente para sair. Quando ia abrindo a porta, alguém a empurrou pelo lado de fora, e ela levou um tremendo susto quando a porta bateu em sua cabe-ça, fazendo um galo em sua testa.

— Meu Deus! — exclamou Miguez com perplexidade. — Perdoe-me, senhorita. Não sabia que estava do outro lado.

— Não foi nada — contestou Lucena, esfregando a testa, ao mesmo tempo em que se dirigia novamente para a saída.

Passou por ele e saiu para o corredor, caminhando apressada, sem olhar para trás. Ainda atônito com o inci-dente, Miguez fitava Esteban, tentando adivinhar o que ha-via acontecido. Mas a imagem de Lucena ficou martelando em sua cabeça, e ele foi atrás dela sem dizer uma palavra ao amigo.

— Senhorita! — chamou, vendo-a virar à esquerda, no fim do corredor.

Sem lhe prestar atenção, Lucena continuou caminhando a passos cada vez mais largos. Será que aquele homem que-ria prendê-la? Vendo que ela não parava, Miguez disparou a correr atrás dela, alcançando-a já no limiar do portão.

— Senhorita — falou ofegante, puxando-a pelo braço. — Um momento...

Ela foi obrigada a se voltar. Vendo os seus olhos inchados, o nariz vermelho, a testa ferida, Miguez sentiu que seu coração se apertava. Ela era linda e pura, exatamente como ele gostava.

— Perdão, padre — disse ela, entre um soluço e outro. — Preciso sair.

— Por que a pressa? — tornou Miguez, encantado com sua voz doce.

— É que tenho um compromisso...

— Será que não pode esperar?

— Por quê?

— Para que possamos conversar.

— Não tenho mais nada para conversar. Monsenhor Navarro disse tudo...

— Não sou monsenhor Navarro. Talvez possa ajudá-la. Por que não me conta o que a aflige?

Lucena podia sentir o seu olhar lúbrico e pensou que talvez ele pudesse ser de alguma valia. Imediatamente, mudou de postura. Fez um beicinho gracioso e pôs-se a chorar de mansinho, agarrada à sua mão.

— Oh! padre, não sei mais o que fazer! Estou desesperada!

Com os braços ao redor de seus ombros, Miguez foi conduzindo-a para o seu gabinete.

— Venha comigo, criança, e abra o seu coração. Deixe-me ser seu confessor.

Ela se deixou conduzir com passividade, a mente já tramando o que deveria fazer. Entrou no gabinete de Miguez de cabeça baixa, agarrada ao braço que ele lhe estendera, sentou-se na poltrona e ficou olhando para ele com ar de súplica. Aquilo quase o levou à loucura. Seria ela virgem? Só podia ser.

— Muito bem, minha filha, agora que estamos sós, por que não me conta o que a está perturbando?

— Padre... nem sei o seu nome.

— Miguez. Miguez Ortega, a seu dispor.

Giselle, a amante do inquisidor

— Padre Miguez, meu pai foi preso e atirado ao calabouço, mas sei que é inocente.
— Quem é seu pai?
— Dom Fernão Lopes de Queiroz.

Com ar compreensivo, Miguez fez com que ela lhe contasse tudo. Sabia que seria impossível salvá-lo, nem ele queria se indispor com Esteban, mas precisava conquistar a sua confiança. Pousou a cabeça de Lucena sobre o seu colo e, acariciando seus cabelos, redarguiu em tom paternal:

— Não se preocupe, criança. Verei o que posso fazer por você.

— Vai me ajudar? — ele assentiu. — Promete?

— Prometo tentar. E agora vamos, pare de chorar.

Com o lenço, enxugou as lágrimas de Lucena e apertou o seu queixo, forçando-a a um sorriso. Ela sorriu meio sem jeito e sussurrou:

— Obrigada.

— Deixe tudo por minha conta — levantou-se e abriu a porta. Era perigoso demais investir contra ela ali, em seu gabinete, e àquela hora. — Agora, vá para casa e aguarde meu chamado. Quando voltar, terei notícias para lhe dar.

Mais animada, Lucena se foi. Sabia que impressionara o padre e estava disposta a usá-lo e a deixar que ele a usasse para conseguir o que queria. Pretendia salvar o pai e, se possível, Blanca também. E queria saber o nome de quem o havia delatado. Era o mínimo que poderia fazer para vingar o suplício a que estava sendo submetido e a espoliação que ela mesma estava na iminência de sofrer.

Quando Esteban chegou de volta a seus aposentos, Juan já não estava mais lá. A bíblia, pousada sobre a poltrona, continuava aberta na página onde haviam interrompido a leitura.

Logo depois que Navarro saiu, Juan tomou uma decisão. Precisava ver Giselle o quanto antes. Saiu sem ser percebido e foi à casa da moça. Foi informado por Belinda que ela não estava, que já havia partido para a taverna, e ele foi ao seu encontro.

Na taverna, procurou Giselle por todos os cantos. Ela não estava dançando, e havia outra moça ajudando a servir as mesas. Ele se sentou a um canto, acabrunhado, e Manuela veio servi-lo.

— Ora, ora, ora — exprimiu em tom maroto. — Não é um noviço que temos aqui?

— Quero falar com a senhorita Giselle — anunciou Juan apressadamente, desviando o rosto das mãos de Manuela, que tentava beliscar-lhe as bochechas.

Com um sorriso irônico, Manuela se afastou. Será que Giselle andava seduzindo até noviços imberbes? Deu de ombros e foi para o quarto atrás da taverna, que também servia de escritório, onde Giselle fazia algumas contas em companhia de Ramon.

— O que é, Manuela? — indagou, logo que a viu despontar na porta.

— Está aí um padreco querendo falar-lhe.

— Quem? — interveio Ramon, com medo de que se tratasse de monsenhor Navarro.

— Um noviço. Não sei o nome.

— Deve ser Juan — esclareceu Giselle. — O que será que quer dessa vez?

Ela se levantou, e Ramon foi atrás dela. Saíram abraçados e foram em direção à mesa a que Juan estava sentado. Vendo-os juntos, o rapaz sentiu uma opressão no peito. Na mesma hora, o ciúme o corroeu, e ele pensou que fosse pular no pescoço de Ramon. Como aquele homem se atrevia a tocar o corpo de Giselle?

— O que faz aqui, Juan? — perguntou Giselle, tentando disfarçar a má vontade. — Algum recado de monsenhor Navarro?

Encarando Ramon com raiva, Juan replicou entredentes:

— Nenhum recado. Passei aqui apenas para buscar a cítara que a senhorita me deu e que, na pressa, deixei em sua casa naquele dia.

Era verdade. Juan ficara tão confuso com a proximidade de Giselle que fora embora, deixando a pequena cítara que ela lhe dera caída no chão. Fora esse o pretexto que arranjara para procurá-la novamente.

— Se é só isso, podemos ir buscá-la agora — declarou Ramon.

— Não precisa se incomodar, senhor. Voltarei outro dia.

Levantou-se apressado para sair, e Giselle foi atrás dele. Não podia perdê-lo. Contava com ele para mantê-la informada sobre os passos de Miguez.

— Juan — chamou-o, já na rua.

Reconhecendo a sua voz, o rapaz parou abruptamente.

— Giselle... — suspirou embaraçado. — Desculpe-me...

— Não precisa se desculpar. Você não fez nada de errado.

— Não devia ter vindo aqui.

— Não devia mesmo. Isso não é lugar para você. Se Esteban descobre que esteve aqui sem a sua ordem, vai ficar zangado.

— Eu... vim aqui porque... queria vê-la...

Calou-se ruborizado, e Giselle tornou com ar sedutor:

— Está tudo bem, não precisa se explicar.

— É que naquele dia, saí correndo e...

— Eu compreendo. Você se assustou.

Juan se aproximou dela e segurou a sua mão, levando-a aos lábios e beijando-a com paixão.

— Aquele moço lá dentro... — balbuciou — ... é seu amante?

— Por que quer saber?

— Porque eu o odeio.

— Deixe isso para lá, Juan. Você é apenas um garoto.

— Eu a amo, Giselle. Não consigo mais parar de pensar em você. Lembro-me daquele dia, do seu beijo, do seu corpo quente de encontro ao meu. Penso que vou enlouquecer.

— Pare com isso. Você é apenas um menino.

— Não me importo. Eu a amo, Giselle!

— Se me ama de verdade, então tem que me prometer que não fará mais isso. Pode acabar me comprometendo. Se alguém descobrir que você vem a minha taverna, posso ser acusada de estar aliciando um jovem noviço e acabarei sendo presa. É isso o que você quer?

— Meu Deus, é claro que não!

— Pois então, não venha mais aqui. Pode ser perigoso para mim e para você.

— Está bem.

— E preste atenção a tudo o que acontece naquela abadia. Padre Miguez quer a minha caveira.

— Não se preocupe. Se depender de mim, nada acontecerá a você.

Giselle beijou-o de leve nos lábios e o despachou. Podia ser que não precisasse dele, mas era bom não facilitar. Do jeito que Esteban falava, padre Miguez continuava instigando-o contra ela. Aquele padre era um demônio, e ela precisava de alguém que lhe desse notícias, caso algo acontecesse.

Quando voltou para a taverna, Manuela estava sentada à mesa com Ramon, ambos às gargalhadas. Sentiu uma pontinha de ciúme, que procurou disfarçar, e foi em direção a eles.

— Posso saber o que é tão engraçado? — perguntou, tentando parecer natural.

— Ah! Giselle — fez ele, olhos lacrimejantes de tanto rir. — Manuela estava me contando alguns casos. Não sabia que era tão engraçada.

Giselle forçou o riso e sentou-se no colo de Ramon, beijando-o com ardor.

— Agora chega de conversa — murmurou em seu ouvido. — Vamos para casa.

Sem responder, Ramon se levantou e foi embora com ela. Já era noite, e o movimento na taverna havia aumentado. Ainda assim eles se foram.

Em casa, Giselle explodiu:

— O que deu em você, Ramon? Pensa que sou cega ou idiota?

Fazendo ar de espanto, Ramon contestou com ingenuidade:

— Nossa, Giselle, por que está tão zangada?

— Então não sabe?

— Não.

— Você e Manuela, contando historinhas engraçadas!

— Então é isso? — contestou Ramon num gracejo. — Está com ciúmes de Manuela? Ora, mas que tolice. Então já não lhe disse que você é a única que me interessa?

— Seu cínico. Eu bem percebi os seus olhares para ela.

— E o que tem? Manuela é uma mulher bonita, e eu seria um louco se negasse. Nem você acreditaria em mim. Mas isso não quer dizer que eu esteja interessado nela.

— Não está?

— Não — aproximou-se dela e tomou-a nos braços, beijando-a com paixão. — Quando é que você vai compreender que eu jamais poderei amar outra mulher além de você?

As palavras e as carícias de Ramon a convenceram. Realmente, Ramon não poderia amar mais ninguém. Manuela o impressionava pela beleza, sensualidade e graça. Mas, até então, não havia nada que o fizesse trair Giselle. Seu amor por ela era forte e verdadeiro, e ele lhe garantiu que ela não tinha motivos para sentir ciúmes.

Manuela, contudo, não pensava assim. Não que estivesse apaixonada por Ramon, mas estava acostumada a seduzir.

Sua própria mãe lhe ensinara. Filha de uma meretriz, acostumara-se a ter todos os homens que desejava, e a indiferença de Ramon a incomodava. Por mais que ela se insinuasse, Ramon não a queria. Só pensava em Giselle, só tinha olhos para Giselle. Por mais que Manuela fosse grata a Giselle, não conseguia parar de pensar em Ramon. Ao menos enquanto não conseguisse seduzi-lo.

Capítulo 19

  Estava ficando cada vez mais difícil para dom Fernão resistir às torturas que lhe eram impingidas. A dor, a humilhação, o medo faziam-no enfraquecer a cada dia. Mas ele não confessava. Seu corpo já estava todo flagelado, ossos esmagados, costelas partidas. Já nem conseguia mais falar direito. Contudo, ainda resistia. Apenas duas coisas o faziam resistir: o amor por Blanca e o ódio por Giselle. Monsenhor Navarro não falara claramente, mas dera a entender que fora realmente ela a responsável por sua prisão. Estava tão certo de sua condenação que nem se preocupava com uma possível vingança. Mas ele sabia que se vingaria. Fosse vivo ou morto, vingar-se-ia de Giselle com todas as forças de seu ódio.

Enclausurado entre as frias paredes de pedras da masmorra, não sabia se era dia ou noite. Podia supor quando anoitecia, porque o movimento de torturadores diminuía bastante, e os guardas cochilavam em seus postos. Ele também sentia as pálpebras pesarem. Naquele dia, o corpo todo lhe doía, após intensa sessão no balcão de estiramento, ao qual permanecia ainda amarrado, braços e pernas dormentes.

Após breve cochilo, foi despertado pelo ranger da porta de ferro, que se abriu vagarosamente. Com extrema dificuldade, viu quando dois vultos cobertos de negro entraram. Um deles permaneceu parado perto da porta, enquanto o outro se acercou do balcão. Na mesma hora, lágrimas começaram a escapar de seus olhos. Será que iriam iniciar uma nova sessão de torturas?

O vulto vestido de negro se aproximou, e Fernão sentiu duas mãos macias apertarem a sua, presa às correntes que a atavam ao balcão. O vulto se curvou sobre ele e beijou de leve o seu rosto, e o capuz que lhe encobria as faces deslizou por seus ombros, revelando o rosto de Lucena, lívido e coberto de lágrimas.

— Lu... Lu... Lucena... — foi somente o que conseguiu balbuciar, o pranto dominando o seu peito.

— Oh! papai! — gemeu ela baixinho, tomada pela dor. — O que foi que lhe fizeram?

Dom Fernão não conseguia falar. A emoção, as lágrimas, o desalento haviam embargado a sua voz de tal forma, que só o que podia era chorar. Somente depois de muito tempo, em que ele permaneceu chorando, com Lucena a seu lado, a chorar junto com ele, foi que conseguiu dizer:

— E... e... Blanca...?

— Ainda não pude vê-la. Quis primeiro vir até você.

Fernão fechou os olhos e soltou diversos soluços doloridos, fazendo com que Lucena também chorasse ainda mais.

Giselle, a amante do inquisidor

— Salve... por favor... salve-a...

— Não posso. Se pudesse, salvaria você.

Juntando ao máximo as forças, dom Fernão conseguiu retrucar com uma certa clareza:

— Minha filha... já estou... estou perdido... Sei que vou... morrer...

— Não diga isso!

— É verdade... Ninguém poderá me tirar daqui... Mas Blanca... faça o que for necessário... Salve-a...

— Vou tentar.

— E Giselle...

— Quem é Giselle?

— A mulher... que me colocou aqui...

— Que mulher é essa?

— Giselle...Mac... Mackinley... Tem uma taverna... do outro lado da cidade... a Dama... da Noite... Foi ela... ela me traiu... me denunciou...

— Por quê? Como? O que fazia o senhor com essa Giselle?

— Isso... não importa... Mas você... você deve prometer... que irá vingar a minha morte... Você tem que me prometer... Salvar Blanca... vingar-me... destruir Giselle...

Os olhos de dom Fernão começaram a revirar nas órbitas e sua boca começou a espumar, enquanto ele balbuciava coisas sem sentido. Lucena afastou-se horrorizada. Sentiu que uma mão a tocava no ombro, mas não conseguiu tirar os olhos do pai.

— Venha, Lucena — disse Miguez com piedade. — Ele está delirando.

Coberta de pavor, Lucena levou a mão aos lábios e sufocou o grito, enquanto Miguez a puxava para fora. Amparando-a, foi com ela para seus aposentos. Era alta madrugada, e não havia ninguém nos corredores. Não corriam o risco de ser surpreendidos. Rapidamente, Miguez abriu a porta de seu quarto e empurrou-a gentilmente para dentro. Lucena desabou sobre a cama e chorou por quase meia hora, sem que Miguez ousasse interrompê-la. Ao final, indagou em desespero:

— Por que não o deixam logo morrer?

— Não podemos. Há um médico que acompanha as sessões de tortura, para assegurar que ele viva. O suplício é que está depurando a sua alma.

Totalmente transtornada, Lucena enxugou os olhos, encarou Miguez e disse com ódio:

— Quero encontrar essa tal Giselle Mackinley e destruí-la. Quero fazê-la sofrer tudo o que meu pai está sofrendo nesse momento.

Miguez exultou. Tudo o que mais queria era uma aliada. O ódio de Lucena bem poderia ajudá-lo a acabar com Giselle.

— Minha querida — tornou ele com ternura —, Giselle é uma mulher difícil de se apanhar. É protegida de monsenhor Navarro.

— Protegida? Como assim?

— Bem — prosseguiu ele, aproximando-se dela na cama e acariciando a sua mão —, ela é, ou melhor, ela foi amiga íntima de nosso bom cardeal, se é que me entende.

— E daí? Quando foi que ela conheceu meu pai?

— Seu pai e ela eram amantes.

— Amantes!? Mas papai estava noivo de Blanca Vadez... Iam se casar!

— Seu pai ia se casar com Blanca, mas dormia com Giselle. Isso não é nada de mais, minha querida. Giselle é uma meretriz, é para isso que serve.

— Mas como foi que papai foi se envolver com uma mulher dessas? Espere... ele falou numa taverna. Como era mesmo o nome?

— "Dama da Noite".

— Isso, "Dama da Noite". Você conhece? Pode me levar até lá?

— O que você poderia fazer indo até lá?

— Vou matá-la.

— Quer ser presa? Quer juntar-se a seu pai e a Blanca? — ela não respondeu, mordendo os lábios, de ódio. — É claro que não quer, não é mesmo? Quer vingança mas, para se vingar, deve ter paciência e esperar. O tempo irá nos ajudar.

— *Nos ajudar?* O que quer dizer?

— Vou ajudá-la, minha querida. Sozinha, será praticamente impossível conseguir atingi-la. Navarro a apanharia antes disso. Mas com a minha ajuda, tudo será mais fácil. Vou ajudá-la a se vingar de Giselle de tal forma que você se sentirá, não apenas vingada, mas compensada de todos os seus sofrimentos. Giselle é uma vagabunda e não merece viver. Nem morrer. Merece sofrer, agonizar...

— O que você tem contra ela?

— Eu? Particularmente, nada. É que não gosto de ordinárias. Gosto de moças puras e castas feito você.

Com a respiração ofegante, Miguez aproximou o rosto do de Lucena, quase roçando seus lábios, mas ela se levantou apressada, suando frio e sentindo falta de ar. Levou a mão ao peito e, sem coragem de encará-lo, disse com voz miúda:

— Padre Miguez, por favor...

Ele não a seguiu. Permaneceu sentado onde estava, olhando para ela com ar de paixão. O corpo todo ardia de desejo, e ele mal podia esperar a hora de tocá-la, de beijá-la, de possuí-la. Quanto mais pensava em seu corpo virgem tremendo sob o seu, mais o desejo o consumia. Contudo, tinha que admitir que ela era diferente das outras. As moças com quem se deitava eram acusadas de heresia, e ele apenas cumpria a sua função de verificar se eram virgens ou não. Jamais mantivera qualquer conversa com nenhuma delas. Deitava-se com elas por uma noite e enviava-as de volta para as masmorras, onde os carrascos cuidariam delas.

Mas seu interesse por Lucena ia além disso. Chegou mesmo a pensar se já não estava na hora de ter sua amante particular, como muitos outros inquisidores faziam. Lucena seria uma excelente concubina. Pura, prendada, culta, sozinha no mundo. E grata. Muito grata a ele pelo apoio que lhe estava dando para enfrentar a prisão do pai.

Lucena, por sua vez, sabia no que ele estava pensando. Ele era como todos os outros, que só pensavam em sexo. O fato de ser padre não o eximia daquele desejo imundo. Entretanto, precisava dele e faria o que ele quisesse. Ao contrário do que Miguez pensava, ela não era nem pura, nem casta. Só que ele não sabia. Não sabia nada de seu envolvimento com Ramon. Pensava que ela era virgem, e ela saberia muito bem se aproveitar daquela situação.

— Perdoe-me, Lucena — redarguiu ele em tom de desculpa. — Não foi minha intenção ofendê-la. Sei que você é pura, e eu não deveria ter feito isso. Não quero que esse infeliz episódio estrague a nossa amizade.

Suspirando aliviada, Lucena retorquiu:

— Não se preocupe, padre. Sua amizade já é para mim de grande valia.

Deu-lhe um sorriso sedutor, e ele quase saltou sobre ela, mas conseguiu se conter. Precisava ter cuidado ou estragaria tudo. Lucena era uma dama e não estava acostumada a ser tratada como uma ordinária feito Giselle.

— Sente-se aqui a meu lado — chamou ele, disfarçando os pensamentos lúbricos.

Lucena se aproximou e sentou-se, mantendo cautelosa distância. Olhos pregados no chão, implorou sentida:

— Não há meios de salvá-lo?

— Infelizmente, minha querida, não há nada que eu possa fazer. Se houvesse, creia-me, eu o faria sem titubear.

Lucena engoliu os soluços e continuou:

— E Blanca?

— Ela é a causa dessa situação. Não se esqueça de que seu pai só foi preso por se envolver com uma moura.

— Mas quem disse que ela é moura? De onde foi que surgiu essa história?

Miguez suspirou e contou-lhe tudo o que sabia sobre a procedência de Blanca, o que deixou Lucena deveras impressionada. Sabia que seu pai tinha negócios em Granada e até já ouvira falar num tal de Hamed Kamal. Mas jamais poderia suspeitar que ele tivesse uma filha, que essa filha fosse Blanca e que seu pai estivesse apaixonado por ela. Ainda assim, não via motivos para fazerem o que fizeram a ambos. Não eram criminosos, e só porque Blanca provinha de uma linhagem oriental não significava que fosse ruim ou herege.

— Não é possível salvá-la? — indagou com fraca esperança. — Ao menos ela?

— Minha querida, se Blanca confessar, será a primeira a morrer. Não só porque descende de mouros, mas também porque aliciou seu pai para que traísse a verdadeira fé católica. Por isso, esqueça Blanca. Ela não tem salvação.

— Mas prometi a meu pai...

— Concentre-se em Giselle. É através dela que poderá vingar os dois. E estará cumprindo a sua promessa, de um jeito ou de outro.

— E os meus bens? Monsenhor Navarro está confiscando todas as minhas propriedades. Em breve, estarei na miséria.

— Não se preocupe com isso. Verei o que posso recuperar. E depois, Giselle é uma mulher rica.

— E daí?

— Ao longo de todos esses anos, vem prestando valorosos serviços a monsenhor Navarro, dividindo com ele o patrimônio dos condenados.

— E tudo poderá ser meu! — um brilho estranho perpassou os olhos de Lucena, e ela se levantou excitada. — Depois que Giselle for presa, sob a sua orientação, você poderá dar um jeito de transferir-me tudo o que lhe pertence.

— É o que quer?

— É claro. Quero tudo o que é dela. Inclusive sua alma.

— Você a terá. Farei o possível e o impossível para conseguir-lhe isso.

— E monsenhor Navarro? Não disse que ela é sua protegida?

— Monsenhor Navarro nada poderá contra as irrefutáveis provas de heresia que apresentarei contra ela. Nem ele se atreverá a defendê-la diante de tanto sacrilégio.

— Em que está pensando?

— Sei que Giselle anda metida com bruxarias...

— Meu Deus, que horror!

— Sim, é um horror, mas vai nos ajudar. Quando descobrir onde é que ela faz os seus trabalhinhos de magia, tratarei de prendê-la. Não vai ser difícil, você vai ver.

— Oh! padre, nem sei como lhe agradecer!

Olhos brilhando de sensualidade, Miguez finalizou com voz vibrante de desejo:

— Volte amanhã, minha querida. À mesma hora.

Quando Lucena saiu dos aposentos de padre Miguez, o dia já estava quase amanhecendo e, em breve, toda a abadia já estaria desperta. Ele se despediu dela a contragosto e foi se deitar, pensando em dormir ainda por algumas poucas horas. Mas não conseguiu conciliar o sono, de tanto pensar em Lucena. Subitamente, percebeu que não ansiava só pelo seu corpo. Gostava de estar junto dela apenas para poder desfrutar de sua companhia. Aquilo era novo para ele. Miguez jamais havia sentido a falta de nenhuma mulher. Mas então, por que pensava tanto em Lucena? A resposta deixou-o estarrecido. Não queria apenas dormir com ela. Queria para

Giselle, a amante do inquisidor

147

sempre estar a seu lado. Porque a amava. Pela primeira vez em sua vida, Miguez sentiu que amava uma mulher.

⚬⚬⚬⚬⚬

O sol já ia alto quando Miguez escutou fortes batidas invadindo seu quarto. O som vinha à distância, e ele pensou que ainda estava sonhando. Aos poucos, porém, as batidas foram se intensificando, e ele percebeu que havia alguém à porta. Abriu os olhos lentamente e olhou para a janela. Apesar de fechada, podia ver o sol se insinuando pelas frestas. Pigarreou diversas vezes, coçou a barba por fazer e ergueu-se com dificuldade, caminhando para a porta a passos vagarosos.

— Já vou, já vou! — esbravejou, ante as batidas cada vez mais insistentes.

Abriu a porta de chofre e deu de cara com Juan, que o olhava espantado.

— Padre Miguez, perdoe-me. É que monsenhor está preocupado. O senhor não apareceu ao desjejum, e ele mandou-me para ver se está tudo bem. Está tudo bem?

Juan tentava olhar por cima de seus ombros, para ver se havia alguma mocinha ali com ele. Mas Miguez se colocou na sua frente, impedindo-lhe a visão, e retrucou de mau humor:

— Diga a monsenhor Navarro que já irei ter com ele.

Fechou a porta na cara de Juan e voltou para dentro. Já eram quase nove horas, tarde demais para a abadia. Precisava arranjar uma desculpa para seu atraso. Arrumou-se às pressas e foi ter com Esteban, que já o aguardava para irem juntos ao Tribunal.

— Miguez! — exclamou o outro, com genuína preocupação ao ver as profundas olheiras que lhe sulcavam a face. — O que foi que houve, meu amigo?

Miguez sentiu uma pontada de remorso. Esteban gostava muito dele e era realmente seu amigo. Sua aflição era sincera, e ele quase desistiu de seu plano de apanhar Giselle. Mas logo se recuperou. A visão de Lucena e a certeza de que faria um bem ao outro lhe deram ânimo, e ele tornou, ainda com uma certa sonolência:

— Perdoe-me, Esteban, dormi demais. É que não passei bem à noite. Acho que foi algo que comi.

— Sente-se melhor agora?

— Sim... não foi nada, já passou. Apenas um leve mal-estar, uma indisposição. Nem consegui comer nada ao desjejum.

— Não se esqueça de que hoje teremos outro auto de fé. Será que conseguirá comparecer?

— É verdade... Havia mesmo me esquecido.

— Hoje serão quatro executados. Três homens e uma mulher. Todos de padre Valentim. O processo inquisitório foi um sucesso, e os quatro confessaram...

Miguez já não ouvia mais o que ele dizia. Seu estômago doía, mas de fome, e ele teve que fingir que não sentia nada. Precisava sustentar sua mentira. Além disso, pensava em Lucena. Ela era linda e pura, e ele se reconhecia apaixonado.

Enquanto conversavam, Juan não perdia uma palavra do que diziam. Padre Miguez estava muito esquisito, alheio, sonhador. Tinha certeza de que ele passara a noite com uma mulher. Mal-estar, pois sim! Podia apostar que padre Miguez estivera com alguém. Não vira nem ouvira nada, mas sua intuição lhe dizia que havia algo errado naquela história.

Durante todo o dia, não voltaram a tocar no assunto. Era domingo, dia de execução, e todos estavam por demais ocupados, principalmente Esteban. Recebera a incumbência de substituir o inquisidor-geral, ausente em mais uma de suas muitas viagens a Madri. Ao final do auto de fé, Miguez pediu licença para se retirar. Estava muito cansado e precisava de repouso. Dormiu o resto da tarde e não apareceu para o jantar.

Giselle, a amante do inquisidor

— Quer que vá chamá-lo, monsenhor? — indagou Juan, todo solícito.

— Não, Juan, deixe-o descansar. Ou melhor, prepare uma bandeja e leve a seus aposentos. Deve estar com fome.

Depois que terminou de comer, Juan fez como Esteban lhe ordenara. Preparou a bandeja e foi levá-la a padre Miguez. Como de manhã, teve que bater diversas vezes até que ele viesse atender. Miguez abriu a porta com brusquidão e já ia dar uma bronca em Juan, que tratou logo de se justificar:

— Perdoe-me, padre, mas foi o monsenhor quem me mandou aqui. Pensou que talvez estivesse com fome.

Estendeu-lhe a bandeja, e Miguez chegou para o lado, mandando-o entrar. Juan pousou a bandeja sobre a mesinha, fez uma reverência e saiu. Miguez estava com fome. Por causa de sua mentira, fora obrigado a passar o dia praticamente em jejum. Nem sabia por que Esteban lhe mandara aquela comida, mas sentiu-se confortado e comeu tudo.

Como o dia fora particularmente exaustivo, Esteban apareceu mais tarde, apenas para ver como ele estava passando. Ficou alguns minutos e foi para seus aposentos. Também queria descansar. Por volta das dez horas, a abadia já estava em silêncio. Juan esperou até ouvir os roncos de Esteban, que dormia no quarto contíguo, levantou-se e foi espiar. O cardeal dormia a sono solto.

Pé ante pé, abriu a porta e meteu a cabeça para o lado de fora. Olhou de um lado para outro no corredor às escuras. Nem sabia por que estava fazendo aquilo, mas algo lhe dizia que alguma coisa iria acontecer. Os espíritos a serviço de Giselle o estavam intuindo e direcionando. Giselle precisava saber da nova amizade entre Lucena e Miguez, e Juan era o único que poderia descobrir.

Com a porta entreaberta, Juan sentou-se no chão e pôs-se a esperar, cochilando de vez em quando. Já era quase meia-noite quando sentiu, mais do que ouviu, alguém chegar pelo corredor. Ergueu-se parcialmente e espiou. Viu quando um vulto negro se aproximou do quarto de padre Miguez, e a porta logo se abriu. Juan esperou alguns minutos e foi até lá, sem fazer qualquer ruído. Ouvido colado à porta, escutou vozes no interior. Não conseguia perceber o que diziam, mas sabia que a outra voz era de uma mulher. De vez em quando, as vozes se elevavam, e ele ouvia algumas palavras soltas: *meu pai... vingança... Giselle...*

Ao ouvir o nome de Giselle, Juan apurou ainda mais os ouvidos. Teria sido mesmo o nome de sua amada que ouvira dos lábios de outra mulher? Mas quem seria aquela mulher e por que falava em Giselle? Seria mesmo a *sua* Giselle ou uma outra? Cada vez mais curioso, tentou espiar pelo buraco da fechadura mas, à meia-luz, era-lhe difícil identificar a mulher.

Depois de algum tempo, as vozes se aproximaram da porta, e Juan fez menção de fugir. Se padre Miguez o surpreendesse ali, seria o seu fim. Os espíritos a seu lado, porém, cuidaram para que ele permanecesse, enchendo-o de coragem e determinação, ao mesmo tempo em que trataram de levar Miguez e Lucena para perto da porta, sem que ele a abrisse.

Agora mais confiante, Juan encostou novamente o ouvido à porta. As vozes soaram mais nítidas, e o noviço escutou claramente o que diziam:

— Você prometeu ajudar!

— É o que estou fazendo.

— Não está! Não o bastante. Meu pai continua preso naquela masmorra infecta, enquanto Giselle anda por aí, espalhando sua luxúria para destruir homens de bem!

— Tenha calma, Lucena.

Do lado de fora, Juan afastou-se aterrado, abafando um grito de horror. Lucena!? Então aquela era a filha de dom Fernão e parecia estar de caso com padre Miguez! Aquilo era extremamente perigoso. Aquela moça, pelo visto, já descobrira

quem delatara o pai e tinha fortes motivos para odiar Giselle. E fora se aliar justo a padre Miguez, que vivia à espera de uma oportunidade para destruí-la. Precisava se apressar e contar tudo a Giselle.

Somente na noite seguinte foi que Juan conseguiu despistar Esteban e ir à casa de Giselle. Mas já era tarde, e ele foi informado por Belinda que Giselle estava na taverna e só voltaria ao amanhecer. Não tinha remédio. Precisava ir ao seu encontro na taverna mesmo. Envergou um manto negro e partiu apressado.

Quando entrou, Manuela dançava sobre a mesa, tendo a seus pés diversos homens, que gritavam e aplaudiam. Não viu Giselle e sentou-se para esperar. Sanchez foi caminhando em sua direção, mas Manuela já havia parado de dançar e descera da mesa, alcançando-o primeiro.

— Olá, rapazinho — cumprimentou ela, apertando-lhe o queixo. — O que faz aqui a uma hora dessas? Não devia estar na cama?

Juan afastou a mão dela com irritação e indagou exasperado:

— Onde está a senhorita Giselle?

Encarando-o com uma certa ternura, Manuela respondeu com ar materno:

— Sabe, mocinho, não tenho nada com sua vida, mas vou lhe dar um conselho: esqueça Giselle. Ela não é mulher para você.

Juan sentiu o rosto arder, e a raiva foi tomando conta de seu peito. Encarou Manuela com ódio e disparou:

— O que você tem com isso? Não tem nada com a minha vida nem com a de Giselle. Você tem é inveja dela.

Manuela ergueu o corpo e deu de ombros, acrescentando com frieza:

— Pense como quiser. Mas depois, não diga que não avisei. Giselle só tem olhos para Ramon...

— É mentira!

Nesse momento, Giselle e Ramon vinham vindo lá de dentro. Percebendo o ar exaltado de Juan, a moça fez sinal para Ramon, que se afastou, sob o olhar hostil do noviço. Manuela, por sua vez, deu de ombros novamente e foi servir as mesas do outro lado.

— Muito bem, Juan — falou Giselle sedutora. — O que o traz aqui dessa vez?

Juan procurou Ramon com os olhos, mas não o encontrou e respondeu taciturno:

— Aquele é Ramon?

— É sim. Por quê? Quem foi que lhe contou?

— Sua nova dançarina. A intrometida.

— É mesmo? — tornou Giselle irritada. — O que mais ela lhe disse?

— Disse que você só tem olhos para Ramon.

— Ela deve estar com ciúmes. Afinal, você é um rapaz bonito...

Sentou-se a seu lado e pousou a mão sobre o seu joelho, fazendo-lhe uma carícia discreta. Juan enrubesceu e quase caiu da cadeira, enquanto Giselle o fixava com um olhar cada vez mais sedutor.

— Giselle, eu... eu...

— Não precisa ficar nervoso. Agora diga-me. Tem alguma novidade para me contar?

Rosto coberto de rubor, Juan aquiesceu, o que causou um certo sobressalto em Giselle. Embora mantivesse o noviço sob seu controle, confiava na palavra de Esteban de que nada lhe aconteceria. Em silêncio, apanhou a sua mão e puxou-o para dentro, indo com ele para o quarto que ficava nos fundos da taverna. Acomodou-o numa cadeira e sentou-se na mesa, balançando as pernas diante dele e fazendo com que o vestido se levantasse propositalmente até a altura dos joelhos.

Giselle, a amante do inquisidor

Juan não conseguia despregar os olhos das pernas de Giselle. Por mais que tentasse, havia nela um magnetismo que o atraía cada vez mais.

— Muito bem, Juan. Agora conte-me o que aconteceu.

Prolongando-se o mais que pôde, Juan lhe contou sobre a visita da mulher a padre Miguez, que descobrira ser Lucena, filha de dom Fernão. Giselle ficou alarmada. Todos os seus sentidos se aguçaram, e ela teve certeza de que aquela amizade seria extremamente perigosa, não só para ela, mas também para Ramon. Se Lucena soubesse que Ramon a deixara por ela, seu ódio seria ainda maior.

— Por favor — implorou Juan —, não diga nada a monsenhor Navarro. Se ele descobrir que fiquei escutando, vai me castigar.

— Não se preocupe, não pretendo dizer nada. E agora vá. Preciso pensar no que fazer.

Juan se levantou timidamente e ficou parado diante dela, pensando no que lhe dizer.

— Senhorita Giselle... — balbuciou.

— O que foi?

— Sabe o quanto gosto de você, não sabe?

— Sei sim.

— E você disse que também gostava de mim...

— Ah! mas eu gosto.

— Não está apenas me usando?

— Eu? Imagine, Juan. Gosto de você. Só que não quero prejudicá-lo.

— Então, afaste-se desse tal de Ramon.

Aquele era um terreno perigoso. Juan morria de ciúmes de Ramon e, se descobrisse quem ele era, poderia traí-la e colocá-los em sério risco. Precisava fazer alguma coisa. Ao invés de responder, desceu da mesa e aproximou-se dele. No mesmo instante, o coração de Juan disparou. Calmamente, Giselle apanhou a sua mão e levou-a aos lábios, puxando-o para si com ar de paixão. Beijou-o com ardor, e Juan tentou fugir. Mas Giselle não permitiu. Com mãos hábeis, pôs-se a acariciar o seu corpo todo, até que ele não pôde mais resistir. Juan agarrou-a com volúpia e deitou-a no chão, desajeitadamente deitando-se sobre ela. Auxiliado por Giselle, Juan teve sua primeira noite de amor. Se antes já estava apaixonado por ela, agora então, sentia que não poderia mais prescindir de seu corpo.

— Agora volte para a abadia — falou Giselle, ao mesmo tempo em que o beijava. — Não queremos que Esteban dê pela sua falta, não é?

— Não... — calou-se envergonhado. — Posso vir vê-la amanhã?

— É perigoso.

— Darei um jeito.

— Não sei se seria prudente.

— Por que não quer que eu venha?

— Não é isso...

— É por causa de Ramon?

— Esqueça Ramon. Ele é apenas um amigo.

— De onde foi que surgiu esse amigo tão repentino?

— Não interessa. Ramon é meu amigo e pronto. Não é como você.

— Como eu?!

— Você é o meu menino, meu amor. Mas agora deve ir.

A muito custo conseguiu convencê-lo. Apesar de contrariado, Juan se foi, morto de ciúmes. Vendo-o se afastar no fim da rua, Ramon voltou para a taverna. Ficara do lado de fora, à espera de que o rapaz saísse, para não lhe despertar ainda mais ciúmes.

— Puxa! — exclamou, fechando a porta do pequeno gabinete onde Giselle se encontrava. — Pensei que ele não fosse mais embora!

Giselle, a amante do inquisidor

Percebendo a cara de preocupação de Giselle, Ramon estacou alarmado.

— Você nem pode imaginar o que aconteceu.

— O que foi?

Ao saber que sua ex-noiva estava se encontrando com padre Miguez e que pretendia se vingar de Giselle, Ramon sentiu um frio na espinha. Sabia que Lucena não era mais virgem, e tornar-se amante de Miguez era apenas questão de tempo. Quando ela descobrisse a verdade, não hesitaria em liquidá-los.

— Esteban está do nosso lado — procurou tranquilizar. — Eu acho...

— Então, sugiro que vá falar com ele.

— Farei isso.

Ainda que Juan lhe pedisse que não contasse nada a Esteban, ela não podia permitir que Miguez tramasse a sua destruição junto com aquela Lucena, que ela sequer conhecia. Precisava agir antes deles. Padre Miguez era influente, mas Esteban era muito mais. Encontraria um jeito de protegê-la.

Capítulo 15

  Esteban conversava animadamente com um rapaz recém-chegado. Alto, moreno claro, olhos castanhos suaves, tipo galante e sedutor. Tratava-se de seu sobrinho, Diego Morales, que acabara de chegar de Madri. Diego era filho de sua única irmã, Marieta, que o mandara para Sevilha devido a complicações financeiras. O rapaz tinha um temperamento estouvado e vivia se metendo em encrencas. Marieta, uma respeitável senhora viúva, já não sabia mais o que fazer com ele, e uma viagem a Sevilha, aos cuidados do tio cardeal, pareceu uma boa saída para seus problemas.

  — Então, Diego — dizia Esteban, segurando nas mãos a carta que a irmã lhe enviara —, continua fazendo das suas, hein, meu rapaz?

— Pois é, tio. Para o senhor ver.

— Quando é que vai tomar juízo? Sua mãe já não sabe mais o que fazer com você.

— Na verdade, tio Esteban, mamãe se preocupa demais. Não fiz nada.

— Não é o que ela conta aqui na carta. Sua mãe diz que você leva uma vida desregrada e está se enchendo de dívidas. O que espera da vida, meu filho?

— Minha mãe exagera. Eu apenas gosto de gozar a vida, e não há motivos para alarme. Meu pai nos deixou muito bem, embora minha mãe controle todo o nosso patrimônio.

— Tem se ausentado muito. Sua mãe se preocupa...

— Pois não devia. Ambos sabem aonde vou.

Esteban balançou a cabeça, contrariado. Aquele rapaz não tinha juízo algum. Já estava beirando os trinta anos e não se emendava. Bem fizera o pai quando constituíra aquele *usus et fructus*[1] em favor da esposa. Não fosse assim, Diego, na certa, já teria dilapidado todo o patrimônio da família. Ao menos com o gravame, ele só poderia livremente dispor dos bens após a morte da mãe.

— Você não se emenda, rapaz — repreendeu Esteban severamente.

Diego já ia retrucar quando bateram à porta e Juan entrou, a cara mais branca do que nunca.

— O que é, Juan? Por que nos interrompe assim?

Sem que tivesse tempo de responder, Giselle empurrou-o para o lado e entrou apressada, postando-se diante de Esteban. Sem nem se dar conta do ar embasbacado de Diego, foi falando em tom nervoso:

— Preciso falar-lhe, Esteban. É urgente!

— Giselle! — tornou Esteban aparvalhado, com medo do que o sobrinho pudesse pensar. — Como se atreve?

_____
[1] *Usus et fructus*: do latim, usufruto.

Só então Giselle se apercebeu da presença do rapaz. Estacou abruptamente e olhou para ele. Na mesma hora, Diego se empertigou todo e foi logo dizendo:

— Não se preocupe comigo, meu tio. Já estava mesmo de saída. Vou dar uma volta por aí com Juan e depois conversaremos. Mas antes, por que não me apresenta a beldade?

Confuso, Esteban se levantou e apanhou Giselle pelo braço, conduzindo-a para a porta.

— Monsenhor! — suplicou ela. — Espere! Não faça isso! Preciso falar-lhe! É urgente!

— Ora, ora, meu tio, mas o que é isso? — ironizou Diego. — Isso não é jeito de tratar uma dama. Deixe que me apresente, senhorita. Chamo-me Diego Morales, a seu dispor.

Fez uma reverência galante, que Giselle teria até apreciado em outros tempos. Contudo, dada a gravidade da situação, não podia se dar ao luxo de reparar naqueles gracejos.

— Por favor, monsenhor — tornou ela, sem responder à apresentação de Diego.

— Ora, vamos, meu tio, fale com a moça. Como é mesmo o seu nome?

— Giselle — respondeu ela, timidamente.

— Giselle... Soa como nome de princesa. Lindo, tal qual a dona.

— Diego, por favor, pode nos deixar a sós? — tornou Esteban com voz grave. — Creio que a senhorita Giselle deva ter algo importante a me dizer.

— Pois não, meu tio. Seria mesmo muita indelicadeza de sua parte não atender ao apelo de tão formosa dama.

Fez nova mesura e saiu, passando por Juan, que permanecia parado no mesmo lugar, sem dizer nada.

— E você, Juan? — continuou Esteban, mal contendo o nervosismo. — O que está esperando?

Juan ainda lançou um último olhar para Giselle, que não passou despercebido por Esteban. Desde aquela noite em

Giselle, a amante do inquisidor

159

que ele delirara, Navarro estava certo de seus sentimentos para com sua ex-amante. Será que os dois andavam se encontrando? Mas Giselle lhe dissera que estava apaixonada por Ramon de Toledo. O que estaria acontecendo?

Depois que Juan e Diego se foram, Esteban soltou o braço de Giselle e indagou com extrema contrariedade e irritação:

— O que deu em você? Já não disse que não viesse mais aqui? Não quero que os padres comentem...

— Foi por isso mesmo que vim. Por causa de um padre. De padre Miguez!

— O que quer dizer?

— Não sei se você sabe, mas padre Miguez está se encontrando com Lucena Lopes de Queiroz, filha de dom Fernão.

Esteban abriu a boca, indignado, e retrucou sem acreditar:

— O que está dizendo, mulher? Por acaso você enlouqueceu?

— Não enlouqueci, não. Juan escutou tudo...

— Juan?

— Sim. Ele viu quando Lucena foi ao quarto de padre Miguez e ouviu os dois tramando contra mim.

— Tramando contra você? Mas como?

— Ela me odeia, Esteban. Já deve saber que fui que delatei o seu querido paizinho. E está de caso com Miguez. Ele me odeia também. Já pensou no que os dois podem fazer contra mim, ainda mais se descobrirem sobre meu envolvimento com Ramon?

Esteban silenciou. Fazia sentido. No dia em que Lucena fora procurá-lo, implorando para que salvasse a vida de seu pai, Miguez quase a derrubara com a porta. Depois que ela se foi, ele saiu às pressas, provavelmente atrás dela. Navarro conhecia muito bem a fraqueza de Miguez. Lucena era uma jovem linda e fresca, provavelmente virgem, e era bem provável que Miguez estivesse louco para se deitar com ela.

160   Mônica de Castro pelo espírito Leonel

Pensando nisso, levou as mãos à cabeça e desabou sobre a poltrona, fitando Giselle com um misto de medo e piedade. Naquele momento, foi acometido de estranha sensação. Sentiu um aperto no coração, um estrangulamento na garganta, e foi como se previsse o seu fim. Giselle estava condenada, ele sabia, embora relutasse em aceitar.

— Tem certeza disso? — tornou ele, após o susto do primeiro impacto.

— Tenho. Foi o próprio Juan quem me contou.

— Por que ele fez isso? Por que Juan foi até você? — como ela permanecesse calada, ele mesmo respondeu: — Porque o tolo está apaixonado, e você sabe se aproveitar disso, não é?

— Não é bem assim...

— Fique longe de Juan, Giselle, eu lhe imploro. O rapaz é inexperiente, pensa que está apaixonado.

— Mas eu não estou.

— Por isso mesmo. Por que enganá-lo? Ele sabe que você pretende se casar com Ramon?

— Não.

— Tampouco desconfia que Ramon foi noivo de Lucena, não é?

— Não.

— Só eu sei disso. Vocês dois correm sério perigo. É bom que se separem.

— Não posso fazer isso! Você prometeu, Esteban. Prometeu que eu me casaria com ele.

— O que você prefere? Casar-se com Ramon ou continuar viva? — ela abaixou os olhos e começou a chorar. — Deixe tudo por minha conta e faça exatamente como eu mandar.

— O que vai fazer?

— O que já deveria ter feito há muito tempo. Arranjar o seu casamento com dom Solano Díaz o quanto antes. Ele é um homem acima de qualquer suspeita.

Giselle, a amante do inquisidor

— Por favor, Esteban, não faça isso. Não posso me casar com outro homem que não seja Ramon.

— Será que você não entende? Está claro que Miguez e Lucena estão tramando alguma coisa. Se eles descobrirem sobre você e Ramon, farão de tudo para destruí-la. E se Miguez começar a investigar e acabar descobrindo o seu pequeno porão, será o seu fim. Nem eu, com toda a minha influência, poderei ajudá-la.

Giselle desatou a chorar descontrolada. Não queria se casar com aquele Solano Díaz, mas também não queria morrer. Precisava salvar-se e salvar Ramon.

— Está certo, Esteban — concordou em lágrimas. — Confio em você e sei que fará o melhor por mim.

— Ótimo! Agora vá para casa e aguarde até que eu mande chamá-la. E diga a Ramon para desaparecer.

— Mas...

— Se você o ama, faça isso. Diga-lhe para sumir e nunca mais tornar a vê-la. Caso contrário, ambos estarão perdidos.

Com o coração pequenininho, Giselle voltou para casa. Ramon ainda estava dormindo, e ela deitou-se a seu lado, completamente arrasada. Sentindo o calor de seu corpo, Ramon despertou e abraçou-se a ela, tentando fazer com que se deitasse ao seu lado.

— Por favor, Ramon...

Ele esfregou os olhos e empertigou-se na cama, indagando entre bocejos:

— O que foi que houve? Você está toda arrumada. Vai sair? Vai ver monsenhor Navarro?

— Já fui.

— Falou com ele?

— Falei sim.

Minuciosamente, Giselle contou-lhe a conversa que tivera com Esteban. Apesar de não ficar nada satisfeito com o casamento, Ramon acabou concordando que, naquele momento, seria a melhor solução.

— Como pode dizer isso? Vamos nos separar.

— Nada poderá nos separar. Vamos continuar nos encontrando, só que às escondidas.

— Amantes, você quer dizer?

— E por que não? Não vá me dizer que adquiriu escrúpulos, de uma hora para outra.

— Mas não foi isso o que planejamos!

— Também não estava nos nossos planos esse casinho entre Lucena e o tal padre — fez uma pausa e continuou em tom sério: — Muito menos planejamos morrer.

— O que faremos?

— Você se casa com esse Solano, e eu continuo tomando conta da taverna com Manuela...

— Isso não! Vou despedir Manuela. Não quero deixá-la a sós com você.

— Não seja ciumenta. Sem você e sem Manuela, por que acha que os homens continuariam indo à taverna? Para me ver?

— Manuela está interessada em você, e sei o quanto você também a admira. Sem mim por perto, não sei o que poderá acontecer.

— Deixe de tolices. A taverna é uma excelente fonte de renda. Não gostaria de perdê-la.

— Não precisaremos mais dela. Meu futuro marido é um homem rico...

— E daí? É rico, mas o dinheiro é dele, não meu.

— Poderá ser seu um dia.

— Não vejo como... — calou-se, espantado com seus próprios pensamentos. — Pensando bem, homens ricos deixam viúvas ricas, minha querida. Não é verdade?

Uma nuvem de desconfiança passou pela cabeça de Giselle, e ela rebateu curiosa:

Giselle, a amante do inquisidor

163

— No que é que está pensando, Ramon?

— Tudo a seu tempo, meu bem. Por ora, case-se com Solano e deixe-me com a taverna. Mais tarde, depois que tudo se acalmar, daremos um jeito nele.

Daquele dia em diante, Ramon nunca mais apareceu na taverna. Ia a casa de Giselle pela floresta e entrava pelo porão sem ser visto. Seria assim até o casamento e depois dele. Não podiam mais ser vistos juntos e não pretendiam se deixar apanhar. Giselle estava esperançosa, confiante em Esteban. Mais um pouco e conheceria seu futuro marido, com quem se casaria e de quem, algum tempo mais tarde, se tornaria a infeliz viúva.

∽∾∾∾∾∽

Com tantas coisas acontecendo, Giselle não poderia permanecer inerte, à espera de que fosse presa ou surpreendida. Com cuidado, aprontou tudo de que precisava. Faria um poderoso trabalho de bruxaria, invocando os espíritos das trevas para que cuidassem de tudo. Levava-lhes sete carneiros, que imolaria em seu novo altar, montado em um lugar ainda mais afastado da floresta, onde a mata se tornava mais densa e a lua mal penetrava.

Chamou Belinda e Belita e mandou que segurassem os cordeiros. Colocou em uma bolsa vários objetos, como raízes, dentes de animais e até de pessoas, além de alguns ossos e uma caveira, que guardava para ocasiões especiais. Pena que não conseguira nada de uso pessoal de Miguez e de Lucena, para trabalhar bem com suas próprias energias. Mas não fazia mal. O resultado seria o mesmo.

As escravas a serviam sem dizer nada. Em sua terra, já haviam visto muitos feitiços e conheciam bem aqueles procedimentos. Como das outras vezes, Giselle sacrificou os animais e chamou os espíritos das sombras, que já estavam a postos, prontos para sugar o sangue dos cordeiros. Giselle matou seis carneiros e ajeitou-os em círculo, com as bacias na frente, colocando no meio a caveira com os demais objetos. Em seguida, tornou a evocar os espíritos, proferindo os nomes de Miguez e Lucena várias vezes. Já quase em transe, apanhou o sétimo carneiro e, auxiliada pelas escravas, sacrificou-o sobre a caveira e os ossos e, enquanto o sangue escorria, apanhou um pedaço de papel e nele escreveu, com o sangue do animal, os nomes completos de Miguez e Lucena. Depois, retirou de uma sacola dois bonecos de pano e colocou-os, sobre cada um dos nomes que havia escrito, lambuzando-os de sangue também.

Os espíritos ao redor exultavam. A matança instigara-lhes os instintos mais primitivos, e eles pareciam embriagados de tanto prazer. Giselle serviu-lhes rum também, e eles puseram-se a sugar a essência da bebida, juntamente com a do sangue. Quem pudesse ver o mundo astral pensaria estar diante de tenebrosa orgia. Alguns espíritos se entregavam mesmo a práticas lascivas, esfregando corpos, acariciando-se com euforia, fazendo sexo sobre o sangue derramado dos cordeiros.

Giselle podia sentir a poderosa energia que afluía para o ambiente e permanecia parada diante do altar macabro, proferindo estranhas palavras em uma língua desconhecida. Belita e Belinda, embora nada dissessem, estavam apavoradas, sentindo que uma força maligna tomava conta da floresta. Olharam para Giselle e perceberam que ela estava em transe, fazendo gestos vibrantes e obscenos.

Em dado momento, Giselle tombou ofegante, o corpo todo sacudido pelas últimas vibrações dos espíritos que para ali acorreram. Lembrava-se vagamente do que acontecera porque, nessas ocasiões, sentia a mente tomada por estranha força e parecia perder o domínio sobre si mesma. Mas sabia que a oferenda havia sido bem aceita. Podia sentir a satisfação dos espíritos das sombras.

— Se vocês fizerem o que pedi — fremiu Giselle, a voz vibrante de ódio e excitação —, prometo-lhes muito mais! Prometo arranjar-lhes o sangue daqueles dois! De Miguez e de Lucena!

Belita e Belinda sentiram um calafrio e se encolheram, sem coragem para dizer nada. Esperaram até que Giselle terminasse a sua magia e as chamasse, e as três partiram para casa em silêncio. Durante todo o caminho de volta, Giselle sentia que alguém a observava. De vez em quando, parava e olhava para trás, pensando surpreender algum bandido ou malfeitor. Mas ninguém apareceu, e ela chegou à casa assustada, presa de estranha sensação. As escravas pareciam não haver notado nada, porque não esboçaram nenhuma reação, e Giselle achou melhor se calar. Devia ser impressão.

Foi para seu quarto, deitou-se e logo adormeceu. No mesmo instante, seu perispírito se desprendeu do corpo, e ela se surpreendeu com a presença do pai ali a seu lado. Envergonhada, não se aproximou, tentando retornar ao corpo e despertar.

— Por que faz isso, Giselle? — indagou ele com profunda tristeza. — Por que não utiliza os seus conhecimentos na prática do bem?

Coberta de vergonha, ela parou perto da cama e se voltou para ele bruscamente, os olhos rasos d'água.

— Mas que bem é esse de que fala, pai? Desde quando o mundo trabalha para o bem?

— Desde que existam pessoas amorosas e de boa-vontade.

— Isso não existe. O mundo é cruel, mesquinho, perverso. Você sabe disso.

— Não é verdade. O mundo nada mais é do que um reflexo dos espíritos que o habitam. No momento em que os homens modificarem suas atitudes, o mundo também se modificará.

— O que você fala é muito bonito. Mas acontece que ninguém é desse jeito. Até hoje, só conheci pessoas más e egoístas.

— Será mesmo, minha filha? Será que eu também sou assim?

— Você não é mais ninguém. É apenas uma sombra.

— Sou um espírito eterno, assim como você.

— Você não habita mais este mundo.

— Assim como você, em breve, também não mais habitará.

— Está blefando! Nada vai me acontecer. Fiz um trato com os espíritos das trevas.

— Os espíritos das trevas nada podem contra a poderosa força da vida e a escolha da morte.

— Não quero morrer, pai.

— No momento em que se envolveu com toda essa magia, você selou a hora de sua morte. Embora você não saiba, sua alma já está cansada de tanta podridão.

— No fundo, você tem razão. Estou mesmo cansada de tudo isso. Queria viver em paz com Ramon, mas aqueles dois cretinos não permitiram.

— Ninguém pode viver em paz não tendo paz na consciência.

— Minha consciência não me acusa de nada.

— Não? E os muitos que você levou à morte?

— Não fui eu. Não matei ninguém.

— Será que os que morreram também pensam assim?

— Isso não me interessa.

— Eles estão por aí, Giselle. A maioria desses espíritos continua presa ao mundo corpóreo, sem conseguir perdoar, em busca de vingança. E sabe o que vai acontecer quando você desencarnar? Você vai sintonizar com eles e ser arrastada para o astral inferior, sem nem perceber os espíritos de luz à sua volta. É isso o que deseja?

— Não me importo. Deve ser melhor do que o *céu* onde você se encontra.

— Diz isso porque ainda não experimentou a verdadeira dor. Nada do que acontece nesse mundo pode se comparar às torturas que os espíritos inferiores são capazes de infligir. E sabe por quê? Porque eles não têm limites. No mundo invisível não há o limite da carne ou da morte, e por mais que se faça a um espírito, ele nunca poderá morrer e se libertar. Mesmo que se desintegre enquanto ser humano, mesmo que perca as formas e se transforme numa massa disforme e sem consciência, ainda assim estará em sofrimento, porque continuará vivo.

— Tenho amigos nas trevas, pai. Eles não permitirão que isso me aconteça.

— Ninguém tem amigos nas trevas. A amizade pressupõe nobreza de sentimentos, e os que assim sentem já estão prontos para deixar o astral inferior. O que há nas trevas são interesses. Os espíritos se ligam por afinidade de propósitos, por interesse, mas não pelo sentimento de amizade.

— Ainda assim. Posso mantê-los presos aos meus interesses.

— Até quando? Até o momento em que não tiver mais como satisfazê-los?

— Isso não acontecerá.

— Isso já está para acontecer.

— Pare com isso! Você não sabe o que diz.

— Ouça o que estou lhe dizendo, Giselle. No momento em que parar de satisfazer os seus amigos das trevas, eles vão se voltar contra você...

— Deixe disso, pai. Você não me impressiona.

— Não quero impressioná-la. Quero que você sinta o meu amor e desperte o amor que há dentro de você. O meu amor não toca o seu coração?

Giselle começou a chorar descontrolada. Encarou o pai e pensou em abraçá-lo, mas havia tanta luz emanando de seu corpo fluídico que ela se sentiu ofuscada e recuou.

Mônica de Castro pelo espírito Leonel

— Você foi a única pessoa no mundo que me amou de verdade. Por que teve que me abandonar? Se estivesse ao meu lado, talvez nada disso tivesse acontecido.

— Não tente fugir a suas responsabilidades. Não fui eu que a obriguei a enveredar pelo espinhoso caminho do mal.

— Nem eu. Foi o destino...

— O destino, minha filha, somos nós que fazemos, de acordo com aquilo que desejamos e em que acreditamos. E você pode mudar o seu.

— Não posso — retrucou ela em lágrimas, começando a lhe dar razão. — Já estou condenada.

— Quem a condenou? — ela não respondeu. — Você mesma. É você mesma quem está se condenando, porque sua alma tem consciência da gravidade de seus atos. Mas não precisa ser assim. Você pode endireitar a sua vida e deixar de lado essas práticas nefastas.

— Não, pai. Estou por demais comprometida com as trevas para almejar a luz.

— Não tem que ser assim, Giselle, acredite. Ninguém se compromete a esse ponto com as trevas. Se você demonstrar um arrependimento sincero e se voltar para Deus com o seu coração, as trevas não terão forças contra você.

— Deus... Não quero nada com Deus, nem ele comigo.

— Não fale assim. Deus nos ama a todos com igualdade.

— Duvido. Deus jamais amaria uma criatura sórdida feito eu.

— Se já tem consciência de sua sordidez, por que não se propõe a mudar? Renuncie a essa vida de prazeres e abra o seu coração para as verdades do espírito.

— Não posso. Não quero. Se mudar significa renunciar, muito obrigada. Estou feliz do jeito que estou, e esteja certo de que os espíritos que me auxiliam não permitirão que nenhum mal me aconteça, ao contrário de você e do seu Deus, que nunca estão presentes quando preciso!

Giselle, a amante do inquisidor

Virou-lhe as costas furiosa e retornou ao corpo, que estremeceu levemente no sono, e Giselle despertou suando frio. Coração descompassado, levantou-se e foi beber água. Ainda podia sentir a presença do pai a olhá-la entristecido. Giselle apanhou a água e bebeu sofregamente. De repente, fixou os olhos num pequeno ponto luminoso perto de sua cama e deixou o copo cair ao chão, nem sentindo a ponta dos cacos que voavam sobre seus pés.

Do outro lado do quarto, uma claridade foi se formando, e Giselle viu nitidamente a figura paterna. Semblante triste, envolto num halo de luz, Ian balançou a cabeça e voltou-lhe as costas, sumindo pela parede. Atrás dele, um rastro de luminosidade foi se esvanecendo no ar.

Aturdida, Giselle correu em sua direção. Tarde demais. A imagem já havia sumido por completo, e apenas o que restou foi a parede fria de pedra. Aos prantos, Giselle fechou as mãos e começou a dar murros na parede, ao mesmo tempo em que desabafava sentida:

— Pai! Pai! Não me deixe! Por favor, pai, perdoe-me! Perdoe-me!

A voz foi morrendo na garganta, e Giselle deslizou até o chão, corpo sacudido pelos soluços, até novamente adormecer, encostada na parede, e esquecer o sonho e a oportunidade que o pai, tão amorosamente, lhe oferecera.

Capítulo 16

Quando Lucena chegou à abadia naquela noite, encontrou Miguez acabrunhado e triste, mal conseguindo levantar os olhos para encará-la.

— O que foi que houve? — indagou ela preocupada.

Após alguns breves minutos de silêncio, Miguez fitou-a com profunda tristeza e deixou escapar num desabafo:

— É o seu pai...

— Está morto?

— Ainda não. Mas não tarda.

— Meu Deus, padre, o que foi que aconteceu?

— Foi difícil obter-lhe a confissão. Mas Esteban, finalmente, conseguiu. Seu pai já nem raciocina mais direito, fala coisas sem nexo. Acho que sua mente já não funciona direito, após sucessivas sessões de *tortura da gota*[1].

Lucena começou a chorar descontrolada, atirando-se nos braços de Miguez. Naquele momento, a compaixão do padre foi genuína, e ele afagou os seus cabelos, sentindo--se inebriado pelo seu perfume. Como a desejava! Mais do que isso, sentia que já a amava e, pensando melhor, talvez a morte de dom Fernão fosse até providencial. Sozinha no mundo e sem dinheiro, Lucena precisaria de um protetor, e ele poderia então tomá-la livremente por amante.

— Oh! padre, padre! Preciso vê-lo.

— Você não deve. Ele está condenado. Sua morte é questão de horas.

— Por quê? O que foi feito dele? Onde está?

Com imenso pesar, Miguez abaixou o tom de voz e sus-surrou com uma certa vergonha:

— Esteban o colocou na *Virgem*[2]. Seu pai está fraco de-mais para comparecer ao auto de fé e acabaria morto antes da hora, o que poderia estragar o espetáculo e provocar uma comoção na turba sedenta de sangue.

Lucena levou as mãos aos ouvidos, tentando não escutar aquelas atrocidades. Podia imaginar o suplício de seu pai no interior daquela máquina, o que lhe causou um pranto sofrido e angustiado.

— Padre Miguez, por favor, preciso vê-lo — suplicou em lágrimas.

— Não, Lucena. Poupe-se desse sofrimento.

— Mas ele é meu pai! Preciso vê-lo ao menos uma vez antes de sua morte.

---

[1] Tortura da gota: espécie de caixa d'água, sob a qual se prendiam as vítimas, e de onde caíam gotas d'água que acertavam sempre o mesmo ponto da nuca.
[2] Virgem de Nuremberg: espécie de sarcófago, cujo interior era repleto de lâ-minas que perfuravam partes não vitais do corpo da vítima, levando-a à morte lenta por hemorragia e infecção.

— Não há meios de vê-lo. Ele está enclausurado dentro da *Virgem*. E, mesmo que isso fosse possível, provavelmente, ele não poderá mais reconhecê-la.

— Mesmo assim. Por favor, padre, não me negue isso. Farei o que você quiser, mas por favor, leve-me até meu pai.

Miguez suspirou profundamente. Apanhou a capa e saiu com Lucena pelo corredor às escuras, em direção às masmorras, que ficavam no prédio do Tribunal, contíguo à abadia. O ar era extremamente pesado e fétido, e Lucena sentiu-se mal. Parecia-lhe pior do que da outra vez que ali estivera.

A um sinal de Miguez, o carcereiro abriu a pesada porta da masmorra, e eles entraram. Passaram entre os vários supliciados, presos aos mais variados instrumentos de tortura, até que alcançaram a *Virgem*. Ao ver o estranho sarcófago, Lucena engoliu em seco. Não havia nenhuma fenda por onde pudesse ver o seu interior, mas ela notou o filete de sangue que escorria pelas frestas abaixo. Mal contendo o pranto, aproximou-se do sarcófago e ajoelhou-se diante dele, tocando-o de leve com as mãos.

— Pai... — sussurrou num soluço angustiado.

Não conseguiu dizer mais nada. O pranto a consumiu totalmente, e Lucena pensou que fosse desmaiar. Por cerca de dez minutos permaneceu ali, agarrada ao sarcófago macabro, até que escutou uma tênue voz vinda de seu interior. Não era propriamente uma voz, mas um gemido agonizante, um murmúrio de lágrimas, e ela percebeu que o pai chorava. Ainda vivia mas, pela fraqueza daqueles soluços, tinha certeza de que não por muito tempo.

— Pai — continuou Lucena, a voz vibrante de ódio e revolta — eu juro, pai, vou vingar a sua morte. Sei quem é Giselle. Ela não escapará. Nem ela, nem monsenhor Navarro. Vou vingá-lo, pai, a você e a Blanca.

Dom Fernão, em seus derradeiros momentos de vida, conseguiu escutar as últimas palavras de Lucena que, poucos instantes depois, ouviu o seu estertor de morte. Em seguida, silêncio. Lucena bateu de leve no sarcófago, mas nenhum som veio de seu interior. Ainda agarrada a ele, redobrou o pranto, até que foi amparada por Miguez, que, a muito custo, conseguiu arrancá-la dali.

— Venha, Lucena — chamou ele com piedade —, vamos embora daqui. Ele já não pode mais ouvi-la.

Quase desfalecida, Lucena saiu apoiada nos braços de Miguez. O padre chamou uma carruagem e levou-a para casa. Entregou-a aos cuidados de Consuelo e voltou para a abadia. Na mesma hora, ela adormeceu. Havia sido tomada por profunda exaustão e por imenso desgaste emocional em razão dos últimos acontecimentos.

No dia seguinte, acordou com Consuelo a seu lado, chorando e gesticulando sem parar. Aos poucos retornando do sono, Lucena ergueu-se na cama e indagou o que estava acontecendo.

— Oh! senhorita — respondeu a criada, completamente transtornada. — Estão aí uns homens de monsenhor Navarro. Querem tomar a casa.

— Tomar a casa? Como assim?

— Disseram que a senhorita tem vinte e quatro horas para sair, levando apenas os seus pertences pessoais. Tem que deixar os móveis, a louça, a prataria...

Rapidamente, Lucena levantou-se e jogou uma capa sobre os ombros, saindo para a sala.

— Mas o que é que está acontecendo aqui? — perguntou furiosa. — Como ousam?

— Senhorita — falou um dos soldados —, são ordens de monsenhor Navarro. A senhorita tem vinte e quatro horas para desocupar a casa, levando apenas seus pertences pessoais, ou então seremos obrigados a despejá-la.

— Despejar-me? Como? Para onde é que irei?

O soldado deu de ombros e entregou-lhe um pergaminho, que ela desenrolou e pôs-se a ler avidamente. Por aquele documento, todas as propriedades de dom Fernão passavam agora ao poder da Igreja, inclusive a casa em que ela sempre vivera. O homem aguardou até que ela terminasse de ler tudo, certificando-se de que compreendera bem, fez sinal para os demais e, com gestos bruscos, virou-lhe as costas e se foi.

— Oh! senhorita! — lamuriou-se Consuelo. — O que faremos agora?

Lucena nem ouvia o que a outra dizia. Voltou para o quarto e vestiu-se apressada, saindo em desabalada carreira para a abadia. Foi informada de que padre Miguez estava no Tribunal, em uma de suas sessões de tortura, e ela partiu para lá às pressas. Atravessou os corredores sem se importar com as pessoas, muitas das quais tentavam impedi-la, e foi direto para a masmorra, cujo caminho já conhecia muito bem.

À entrada, um soldado a deteve, falando-lhe rudemente:

— Aonde pensa que vai, senhorita? Não pode entrar sem autorização.

— Deixe-me passar! Preciso falar com padre Miguez! Exijo vê-lo agora!

O homem segurava-a pelo braço e estava mesmo disposto a expulsá-la dali, mas Miguez apareceu subitamente. Assim que o viu, ela começou a esbravejar:

— Miserável! Cretino! Pensei que fosse meu amigo!

O soldado fez menção de que ia lhe bater mas, a um gesto de Miguez, encolheu a mão e soltou o seu braço. Sem alterar as feições, Miguez passou por ela e chamou baixinho:

— Venha.

Lucena seguiu-o em silêncio, até que alcançaram seu gabinete particular.

— Sente-se — ordenou ele.

Giselle, a amante do inquisidor

A contragosto, Lucena acomodou-se na cadeira que ele lhe indicara. Sentado defronte a ela, Miguez cruzou as mãos sobre a boca e ficou a olhá-la, esperando que ela falasse algo.

— Padre Miguez — começou ela, lutando para conter a raiva —, pensei que quisesse me ajudar...

— E quero.

— No entanto, hoje fui despejada de minha casa. Monsenhor Navarro me deu um prazo de vinte e quatro horas para sair. Pensei que você fosse impedir isso.

— Minha cara — lamentou-se o padre com profundo suspiro —, se pudesse, creia-me, eu o teria feito de muito bom grado. Mas não tive como intervir na decisão de Esteban. O máximo que consegui foi uma prorrogação do prazo.

— Uma prorrogação do prazo? Como assim?

— Esteban queria colocá-la para fora na mesma hora, apenas com a roupa do corpo. Consegui, não só que ele lhe desse vinte e quatro horas, como também que lhe permitisse levar os seus pertences pessoais. Pode levar consigo roupas, joias, perfumes. O resto, deve deixar.

Lucena abaixou os olhos e começou a chorar, não sabia se de desespero ou de gratidão.

— O que farei, padre Miguez? Para onde é que irei? Não tenho mais ninguém no mundo.

Após um longo silêncio de tortura, Miguez retomou a palavra:

— Vou ajudá-la, criança, não se preocupe. Tenho uma propriedade aqui mesmo, nos arredores de Sevilha, num pequeno vilarejo chamado San Martín. Conhece? — ela meneou a cabeça, e ele prosseguiu: — Não faz mal. De qualquer sorte, é uma quinta grande e confortável, e lá você terá tudo de que necessita.

— Poderei levar minha criada, Consuelo?

— É claro que sim. Vá para casa, junte suas coisas e aguarde. Mandarei uma carruagem apanhá-las ainda hoje, no final da tarde.

— Obrigada, padre — disse ela, beijando-lhe o anel sacerdotal.

Tudo estava caminhando conforme o desejado. Dom Fernão morrera e Lucena acabara mesmo caindo em suas mãos, tornando-se inteiramente dependente dele. Tinha certeza de que, em breve, tornar-se-iam amantes e planejariam juntos o fim de Giselle.

Apenas uma coisa não lhe agradava: o ódio da moça por Esteban. O cardeal era seu amigo e apenas cumpria seu dever de ofício. Não agia movido por sentimentos pessoais contra quem quer que fosse. Ao contrário, orava com fervor, pedindo a Deus que livrasse as almas supliciadas da danação eterna. E conseguia. Cada vez que obtinha uma confissão, seguida da execução do condenado, Esteban tinha certeza de estar salvando a alma do infeliz. Não importava que enriquecesse com as expropriações. Fazia parte do processo e eram apenas um detalhe dentro da grandeza que significava a salvação das almas dos pecadores.

Miguez não podia permitir que Lucena voltasse sua vingança contra o amigo. Teria que convencê-la de que Esteban não fora responsável pela morte de seu pai, como não o seria pela de Blanca, cuja execução era apenas questão de dias. A culpada de tudo fora Giselle. Para todos os efeitos, fora ela que seduzira dom Fernão, com o único propósito de traí-lo e delatá-lo nas Mesas Inquisitoriais.

Não seria difícil convencer Lucena. Miguez trataria de estimular nela o ódio pela meretriz. E tinha certeza de que os dois juntos conseguiriam ótimos resultados.

~∞∞∞∞~

Tudo correu conforme o planejado. Lucena mudou-se para a quinta de Miguez em San Martín e, na noite seguinte, o padre apareceu para ver como as coisas iam passando.

Giselle, a amante do inquisidor

— E então, Lucena, como se sente?

— Melhor, padre, graças ao senhor.

Os dois estavam sozinhos na sala, e Miguez aproveitou-se da ocasião para tentar se aproximar. Envolveu-a num abraço delicado e pousou-lhe discreto beijo na testa. Na mesma hora, ela ruborizou e abaixou os olhos, observando com aparente resignação:

— Veio cobrar a promessa que lhe fiz?

— Que promessa? — rebateu Miguez, surpreso.

— Eu não disse que faria o que você quisesse se me levasse até meu pai?

Ele se levantou indignado, as faces ardendo. Nem se lembrava mais do que ela havia dito e espantara-se com aquela pergunta.

— Assim você me ofende, Lucena. Não foi por outro motivo que a ajudei, senão por uma sincera afeição. Contudo, se me julga vil ao ponto de aproveitar-me de sua dor para conseguir levá-la para o leito, não tenho mais nada que fazer aqui. Peço que me perdoe.

Voltou-lhe as costas, coberto de genuína perplexidade. Estava realmente gostando de Lucena e somente queria possuí-la com o seu consentimento. Queria que ela o desejasse também, não que se entregasse a ele por um dever de gratidão.

— Padre Miguez — chamou ela, antes que ele alcançasse a porta. — Sou eu quem deve lhe pedir perdão. Não queria ofendê-lo. Mas o senhor há de convir que, diante de tantos acontecimentos funestos em minha vida, estou confusa e perdida. Não sei o que pensar.

Começou a chorar de mansinho, e Miguez correu em sua direção, abraçando-a com paixão. Buscou a sua boca com furor e deu-lhe ardoroso beijo, que ela correspondeu receosa. Estranhamente, aquele beijo lhe causou prazer, e ela se sobressaltou ante seus próprios sentimentos.

— Padre... — tornou em tom de desculpa. — Sinto muito. Não posso...

Levou a mão aos lábios, assustada, e afastou-se dele rapidamente.

— Perdoe-me novamente, minha criança — disse Miguez com compreensão. — Sei o quanto deve estar sofrendo, e seria muito egoísmo de minha parte pensar em amá-la depois de tudo. Demais disso, sei que é pura, e o momento não é o mais adequado para despojá-la de tanta inocência.

Cada vez mais envergonhada, Lucena não ousava encará-lo. Tinha medo de que seu olhar denunciasse que já não era mais virgem e o padre se desinteressasse dela. Precisava ocultar-lhe a verdade o máximo possível e, com voz de desgosto e sofrimento, acabou por concluir:

— Dê-me um pouco de tempo, padre...

— Não precisa mais me chamar de padre. De hoje em diante, para você, sou apenas Miguez.

Com um sorriso forçado, Lucena se despediu, e padre Miguez entrou na carruagem, tomado de profundo pesar. Lamentava imensamente o sofrimento de Lucena. Doía-lhe vê-la triste e desesperada, arrasada com a morte do pai. Contudo, algo de bom lhe sobrara de tudo aquilo. Ela ia ser dele. Agora, mais do que nunca, tinha certeza de que Lucena acabaria por lhe pertencer. Quanto mais pensava nela, mais seu coração se comprimia. Miguez estava certo de que a amava. Não apenas a desejava, mas amava-a cada dia mais e, por ela, seria capaz das maiores loucuras.

Menos trair seu amigo cardeal. Ele e Esteban eram amigos há muitos anos, e sua afeição por ele era também genuína. Esteban era como seu irmão, e ele jamais poderia trair um irmão. Tampouco poderia permitir que Lucena o fizesse. Daria um jeito de desviar-lhe a atenção de Esteban, concentrando-a em Giselle. Ela fora a única culpada. Esteban cumpria apenas

Giselle, a amante do inquisidor

o seu dever clerical, ao passo que Giselle era uma meretriz interesseira e sem escrúpulos.

Quando chegou à abadia, já era tarde e todos dormiam. Apenas um pequeno lume se deixava entrever pela porta do quarto de Esteban. Seguindo um impulso de seu coração, Miguez se aproximou e bateu. Poucos segundos depois, o próprio Esteban veio atender.

— Miguez! — exclamou surpreso. — O que faz aqui a essa hora?

Miguez passou por ele e foi sentar-se em sua cama, fitando-o com uma certa angústia.

— Como está Blanca?

— Por que o interesse?

— Gostaria de saber como está passando.

— Está quase confessando também. Creio que conseguiremos levá-la ao auto de fé.

Padre Miguez inspirou profundamente e tornou em tom de confissão, sem prestar muita atenção às palavras do outro:

— Estou apaixonado por Lucena Lopes de Queiroz...

— Você o quê?

— Você ouviu. Apaixonei-me irremediavelmente pela filha de dom Fernão.

— Você é um tolo, Miguez. Eu devia ter imaginado, quando você veio a mim, interceder por ela. Mas pensei que seu interesse fosse apenas porque ela é ainda jovem e virgem.

— Também pensei que fosse, mas hoje tive certeza de que não. Estou mesmo apaixonado por Lucena e gostaria de lhe pedir que não a incomodasse.

— Não estou interessado nela, se é o que quer saber. Não tenho nada contra ela. Temo apenas que ela o esteja enganando.

— Enganando-me? Por que ela faria isso?

— Vingança. As pessoas são muito rancorosas.

Miguez silenciou, lembrando-se das palavras de Lucena. Sabia que ela queria se vingar, mas não acreditava que houvesse se ligado a ele apenas por esse motivo. Quando a beijara, ela parecera gostar e dera mostras de confusão.

— Não se preocupe com Lucena — considerou Miguez. — Não permitirei que ela faça nada contra você.

— Não me preocupo. Lucena agora é apenas uma pobre moça abandonada, que nada pode contra ninguém. A não ser, é claro, que você esteja por trás de tudo...

Miguez sentiu um calor subindo-lhe pelo rosto e, fitando o amigo profundamente, respondeu cheio de sinceridade:

— Nem de longe diga uma coisa dessas. Sou seu amigo, e nada nem ninguém poderá me colocar contra você.

— Diz isso porque ainda não experimentou as artimanhas de uma mulher. Depois que se vir completamente envolvido por Lucena, veremos se não será capaz de tudo para satisfazê-la.

— Engana-se, Esteban, e vou provar isso. Lucena o odeia, é verdade. Que pessoa não odiaria o responsável pela morte de seu pai?

— Dom Fernão era um herege!

— Mas era pai dela. É difícil para qualquer um aceitar isso. Contudo, com o tempo, Lucena deixará de odiá-lo, assim como passará a me amar. Eu estarei a seu lado e farei com que ela acabe por compreendê-lo. Jamais permitirei que ela ou qualquer outra pessoa erga a mão contra você.

A sinceridade na voz de Miguez o emocionou, e Esteban abraçou o amigo.

— Perdoe-me, eu não devia ter dito essas coisas. Foi apenas uma reação normal ante a revelação que você me fez. Dom Fernão foi um caso difícil, e Giselle... — parou de falar abruptamente, fitando o amigo com uma certa desconfiança. — Vocês não estão tramando nada contra Giselle, estão?

— Contra Giselle? — repetiu Miguez, tentando parecer natural. — Por quê?

— Porque você não gosta dela, e Lucena tem todos os motivos para odiá-la também.

Giselle, a amante do inquisidor

— É verdade... Sabemos o que Giselle fez, não é, meu amigo?

— Deixe Giselle em paz. Sei que você não gosta dela, mas ela nunca lhe fez nada. E depois, vou afastá-la de tudo isso.

— Posso saber como?

— Casando-a com dom Solano Díaz.

— Muito conveniente. Solano Díaz é um velho e não trará problemas, não é mesmo?

— O que importa isso? Quero afastar Giselle disso tudo e de mim. Ela faz muitas bobagens, não pensa aonde vai parar.

— Se é assim, por que não deixa que eu cuide dela à minha maneira?

— Não posso. Giselle é como uma filha...

— Ela sempre foi sua amante. Como pode agora dizer que ela é como sua filha?

— Você não entende. Durante muitos anos, Giselle foi minha única amante, e tenho para com ela um sentimento especial. Quero o seu bem.

— Ela sabe demais, Esteban, é perigosa.

— Não é. Giselle é confiável.

— Até quando? Até se envolver com o primeiro vagabundo e começar a sair por aí, falando de você.

— Ainda que fizesse isso... O que importa? Quem lhe dará ouvidos?

Esteban não podia permitir que Giselle fosse apanhada. Faria o possível para mantê-la longe daquilo tudo. Ele sabia que Miguez a odiava, e agora, com o ódio de Lucena, os dois poderiam tramar alguma coisa contra ela. Se descobrissem então que Giselle e Ramon de Toledo estavam apaixonados, não queria nem pensar. O ódio de Lucena redobraria, e Miguez faria de tudo para facilitar a sua vingança.

— Miguez — tornou Esteban em tom de quase súplica —, se você é meu amigo como diz, escute o que lhe peço. Não faça nada contra Giselle, assim como eu nada farei contra Lucena. É uma troca. Ela vai se casar e vai para Cádiz. Nunca mais iremos vê-la. Por favor...

O outro apenas balançou a cabeça. Cádiz era muito perto para se considerar que nunca mais a veriam. No fundo, sentia pena de Esteban. Mas algo dentro dele fazia com que odiasse Giselle cada vez mais. Não sabia o que fazer. Se, por um lado, seu ódio por ela era imenso, sua afeição pelo amigo também era sincera. E ainda havia Lucena. Mas Esteban não tinha nada contra ela, ao passo que Giselle...

— Não pense mais nisso, Esteban — finalizou Miguez. — Farei o que for melhor para todos.

A resposta de Miguez não o satisfez, mas Esteban não tinha mais o que dizer. Em seu íntimo, sabia que Giselle corria perigo, assim como sabia que, se ela fosse presa e acusada, não haveria nada que ele pudesse fazer. Só o que lhe restava agora era rezar.

Capítulo 17

O casamento de Giselle e dom Solano Díaz realizou-se dali a um mês. Foi uma cerimônia discreta e íntima, e contou com a presença de pouquíssimas pessoas, dentre as quais, Esteban e seu sobrinho Diego. Giselle não parecia nada satisfeita. Solano era muito franzino e mais velho do que pensava. Esforçava-se para ser gentil e sorrir para os poucos convidados. Notou que Diego não tirava os olhos dela, sorrindo com ironia.

Em dado momento, aproximou-se dele e falou entredentes:

— Posso saber o que é tão engraçado?

— Nada — respondeu de um jeito mordaz. — É que vocês formam um lindo casal. O velho decrépito e a meretriz do inquisidor...

Indignada, Giselle ergueu a mão para esbofeteá-lo, mas Diego a segurou no ar e, olhos nos olhos, falou sem alterar o tom de voz:

— Não faça isso, querida. Posso gostar e querer me tornar um de seus amantes também.

Ela puxou o braço, cada vez mais indignada. Jamais havia visto homem mais atrevido e arrogante. Mas Solano chegou, e ela não pôde responder-lhe nada. No dia seguinte, partiriam para Cádiz, onde importantes negócios aguardavam seu marido.

A noite de núpcias, para Solano, foi coroada de êxito e paixão, ao passo que, para Giselle, foi aborrecida e até mesmo indigesta. Com gestos maquinais, cumpriu seu papel de esposa e esperou até que ele acabasse de se satisfazer, dando graças a Deus quando ele adormeceu ao seu lado. Giselle virou o rosto para a parede, tentando ocultar a cara de nojo, e pensou em Ramon. Como lhe doía aquela separação!

Tudo fora acertado. Ramon e Manuela ficariam tomando conta da taverna e, de vez em quando, ele iria a Cádiz, onde ela daria um jeito de se encontrar com ele. Sabia que seu marido era um poderoso navegador, dono de invejável frota que empreendia intensa atividade comercial na costa africana. Essa profissão lhe demandava bastante tempo, pois eram muitos os navios e contratos que tinha que administrar, o que acabara por torná-lo um homem incrivelmente rico.

No dia seguinte, quando Giselle despertou, Solano já não estava mais a seu lado. Já passava das nove horas quando ela se levantou e chamou Belinda, que a ajudou a se aprontar para a viagem. Levara uma das escravas, ficando a outra para tomar conta da casa e de Ramon.

Assim que desceu as escadas, encontrou o marido, que lhe deu um beijo na bochecha e falou gentil:

— Apresse-se, minha querida. O sol já vai alto, e não quero pegar muito calor na estrada.

Giselle, a amante do inquisidor

Com um sorriso forçado, Giselle terminou de beber um copo de leite, apanhou um pedaço de pão de centeio e saiu apressada, dirigindo-se para a carruagem. Entrou esbaforida, desacostumada daquelas roupas luxuosas, e sentou-se no banco, de frente para Solano. Foi só então que percebeu alguém a seu lado, rindo para ela com ar debochado.

— Diego! — exclamou aturdida. — O que faz aqui?

— Perdoe-me, querida — apressou-se Solano em dizer. — Convidei Diego para passar uns dias em nossa casa, se não se importa.

— Não sabia que vocês eram amigos — tornou acabrunhada.

— O tio de Diego e eu somos amigos de longa data. Vi Diego nascer, não é meu rapaz? — ele assentiu, sem tirar os olhos debochados de Giselle. — E depois, creio que lhes fará bem. Preciso fazer algumas viagens, e um homem em casa será bom para defendê-las.

— Defendê-las, quem?

— A você e a Rúbia, minha filha.

— Não sabia que tinha uma filha.

— Tenho. Vai gostar de Rúbia. É uma boa moça.

Quando chegaram ao castelo de dom Solano, Giselle ficou deveras impressionada com o seu tamanho. Quando a carruagem entrou no pátio principal, uma moça já os aguardava, sorridente, e ela imaginou que seria a tal de Rúbia. Solano desceu na frente, seguido por Giselle e Diego. A moça abraçou o pai e o rapaz, a quem já parecia conhecer de longa data, e depois voltou-se para ela.

— E você deve ser Giselle — disse com um sorriso encantador, estendendo a mão para ela.

Giselle apertou-lhe a mão e sorriu de volta, e uma natural simpatia fluiu entre elas.

— Muito prazer — respondeu Giselle.

— Espero que goste daqui. Sei que é diferente de Sevilha, ainda mais porque vivemos num castelo afastado, mas é divertido. Você vai ver.

— Rúbia toca harpa como ninguém — elogiou Diego.

— Diego está exagerando.

— Não está, não — concordou Solano. — Nunca vi mãos mais doces.

Solano beijou-lhe as mãos, e Giselle percebeu o quanto pai e filha se gostavam. Entraram no castelo. Era uma beleza, e Giselle ficou cada vez mais impressionada. Solano chamou os criados e deu-lhes ordens para que levassem os baús de Giselle para seus aposentos, e ela ficou ainda mais deslumbrada. Teria um quarto só para ela, perto do de Rúbia, o que a deixou satisfeita.

O castelo era muito diferente de sua casa. Embora vivesse numa mansão confortável, não tinha o luxo e a beleza que havia ali. Ainda assim, sentiu saudades do lar. Esperava que Belita cuidasse bem de tudo e que Ramon não levasse ninguém para lá.

Dali a dois dias, Solano partiu em viagem pela costa africana, e Giselle até que se sentiu satisfeita. Ao menos não precisaria mais dormir com aquele velho. Pensou em mandar um recado para Ramon ir vê-la, mas achou que não seria prudente. Eles haviam combinado esperar um mês até tornarem a se encontrar.

A vida no castelo mostrou-se pacata demais para Giselle, acostumada ao barulho e à agitação da taverna em Sevilha. Além disso, era obrigada a ouvir os gracejos de Diego e suas observações infames, o que lhe causava indisfarçável desdém. Rúbia, contudo, parecia gostar do rapaz, e Giselle pôde perceber uma certa cumplicidade entre eles, o que a fez pensar se não seriam amantes.

— Você e Diego são muito amigos, não é Rúbia? — indagou Giselle displicentemente, enquanto passeavam a cavalo pela campina perto do castelo.

Rúbia levantou os olhos para ela e sorriu, ao mesmo tempo em que respondia com graça:

Giselle, a amante do inquisidor

187

— Muito amigos. Diego vem nos visitar constantemente.

— Confesso que fiquei surpresa com essa amizade.

— Monsenhor Navarro nunca lhe disse nada? — sentindo o seu constrangimento, Rúbia tranquilizou: — Não se preocupe. Entre mim e meu pai não existem segredos. Sei muito bem por que se casou com ele.

Giselle corou e abaixou a cabeça, surpresa com as palavras de Rúbia.

— Não se importa? — tornou em tom hesitante.

— Por que deveria? Meu pai é muito grato a monsenhor Navarro. Deve-lhe muitos favores.

— Isso não a incomoda? Esse jogo de interesses?

— O que é a vida, senão um eterno jogo de interesses? As coisas são assim mesmo, Giselle. Um dia eu lhe sirvo, no outro, é você que me serve.

Giselle limitou-se a acenar com a cabeça e virou-se para o outro lado, enquanto os cavalos marchavam lentamente, lado a lado. Em dado momento, voltou a encarar Rúbia e prosseguiu:

— Você desconversou e acabou não me falando sobre Diego.

— O que quer saber?

— Nada, exatamente. Como disse, fiquei surpresa com tanta amizade.

— Pois não devia. Meu pai é amigo da família Navarro há muitos anos — abafou um risinho e continuou: — Queria até se casar com Marieta, irmã de monsenhor.

— Não diga! E por que não se casou?

— Naquela época, meu pai não tinha nada. Era um jovem pobretão, e os pais dela não permitiram o casamento. Ainda assim, foram muito apaixonados e chegaram a manter um romance. Quando o pai dela descobriu, obrigou-a a se casar com outro.

— Sério? É por isso que Diego é tão seu amigo?

— Diego é meu irmão.

Giselle puxou a rédea do cavalo, fazendo-o estacar bruscamente.

— Diego é seu irmão? — repetiu atônita.

— Por que o espanto?

— Meu Deus! Jamais poderia imaginar uma coisa dessas.

— Para você ver. Meu pai e a mãe dele tiveram uma única noite de amor, e foi quando conceberam Diego.

— E o marido de Marieta? Sabia?

— Saber, não sabia. Ninguém nunca soube de verdade. A não ser meu pai, é claro, que revelou suas dúvidas a monsenhor Navarro. Monsenhor foi ter com a irmã, e ela acabou confessando tudo.

— Mas que história interessante!

— É sim. Depois do casamento de Marieta, meu pai jurou que iria se tornar um homem rico. Ingressou na guerra pela reconquista da Espanha e lutou por terras e dinheiro. Ajudou a expulsar os muçulmanos de nosso reino, o que lhe valeu muito ouro e um título. Quando achou que já possuía bastante, voltou para casa. Mas Marieta, agora casada com outro, não podia mais ser dele. Assim, acabou casando-se com minha mãe, e eu nasci, quando Diego já contava oito anos.

— E sua mãe, Rúbia? Morreu há muito tempo?

— Há pouco mais de três anos.

— Por que seu pai não se casou com Marieta depois?

— O marido de Marieta morreu no ano passado.

— E Diego? O que diz disso tudo?

— Diego soube da verdade logo depois que minha mãe morreu. Ele nunca se deu bem com o pai, marido de Marieta. Talvez ele desconfiasse da verdade e, por isso, não se incomodava com os longos períodos que Diego passava aqui. Através de monsenhor Navarro, Diego foi introduzido em nossa família assim que eu nasci, a fim de que meu pai também

Giselle, a amante do inquisidor

pudesse acompanhar o seu crescimento. Esse envolvimento foi se acentuando, mas meu pai nunca disse nada a Diego, até minha mãe morrer. Creio que não queria magoá-la.

— Por isso Diego é tão sarcástico...

— Seu pai, antes de morrer, pôs um gravame nos bens, e Diego só poderá dispor deles quando a mãe morrer. Ele ficou furioso.

Chegaram de volta ao castelo, e o cavalariço veio apanhar os cavalos. Diego estava adormecido no terraço, tendo ao lado uma taça e uma garrafa de vinho vazia. Giselle ficou olhando-o. Efetivamente, era um homem bonito. Se ela não estivesse tão apaixonada por Ramon, talvez se interessasse por ele. Mas não. Não trairia Ramon por nada no mundo.

Capítulo 18

Desde que Giselle partira, a vida de Ramon parecia haver perdido o sentido. Passava os dias na taverna, fazendo contas e cuidando das despesas e dos fornecedores, depois ia para casa, altas horas da madrugada, e só reaparecia por volta do meio-dia. Aquela rotina já o estava cansando, e ele mal via a hora de ter Giselle em seus braços novamente.

Havia Manuela. Ela era uma moça alegre e cativante, além de extremamente linda. Ramon pensou que seria muito fácil amar Manuela, se já não estivesse tão apaixonado por Giselle. Manuela tinha consciência de sua beleza e sabia que chamava a sua atenção. Por isso, vivia a insinuar-se para ele, tentando levá-lo para a cama. Mas Ramon não cedia. Por mais que se sentisse tentado, a lembrança de Giselle dissipava qualquer desejo que pudesse sentir por outra mulher.

Ele estava sentado a um canto, calmamente bebericando uma caneca de vinho, enquanto Manuela dançava sobre uma mesa colocada no centro do salão. A seu redor, os homens aplaudiam e deliravam, alguns até atirando-lhe algumas moedas. Ela parecia gostar daquilo, porque, quanto mais eles batiam palmas, mais sensualmente ela se remexia, deixando as pernas à mostra até a altura dos joelhos, como Giselle costumava fazer. Quando encerrou seu número, desceu da mesa e foi sentar-se junto a Ramon, pedindo a Sanchez uma caneca de vinho para ela também.

— O que há, Ramon? — perguntou ela, roçando a coxa na dele. — Parece triste. Está com saudade?

— Você sabe que sim.

— Por que não deixa que eu o ajude? — falou em tom sensual, alisando sua mão com a ponta do dedo.

Instintivamente, Ramon puxou a mão e fitou-a com ar de reprovação.

— Não faça isso, Manuela. Giselle não vai gostar.

— Giselle não está aqui.

— Ainda assim. Eu a amo, e é só a ela que desejo.

Ela deu de ombros e acrescentou com desdém:

— Que pena... podia fazê-lo muito feliz.

— Agradeço, mas não precisa.

Ela não disse mais nada. Levantou-se lentamente e foi caminhando pelo meio das mesas, requebrando as ancas ao passar por entre os homens. Alguns a beliscavam e lhe davam tapas nas nádegas, e ela ria com vontade. Aquilo deixava Ramon contrariado. No fundo, sentia-se provocado também, mas não podia aceitar ou admitir isso, ainda mais porque sabia que seu coração estava preso ao de Giselle, por mais que, inconscientemente, ansiasse pelo corpo de Manuela.

Ao mesmo tempo, Lucena também não conciliava o sono. Pensava em Giselle e em Ramon. Ainda não sabia que os dois haviam se tornado amantes, mas o ex-noivo também estava nos seus planos de vingança. Há muito não tinha notícias de Ramon. Soubera que ele perdera tudo, mas não fazia ideia de seu paradeiro e nem de longe desconfiava que ele estivesse vivendo na casa de Giselle. Giselle havia se casado e partira para Cádiz, e não havia motivos para ir a sua casa ou à taverna.

Depois que Consuelo lhe serviu o jantar, ela se levantou e foi para o quarto. Acendeu uma vela e pousou-a sobre o criado-mudo, e foi apanhar um livro para ler. Precisava ocupar a cabeça, ou enlouqueceria. Por volta das nove horas da noite, alguém veio bater à sua porta, e ela ouviu quando Consuelo foi abrir. Pouco depois, soaram batidas na porta de seu quarto, e ela perguntou com fingida sonolência:

— Quem é?

— Sou eu — respondeu a voz num sussurro abafado —, Miguez.

Ela ergueu o corpo na cama e ajeitou os cabelos, antes de responder:

— Pode entrar.

A porta se abriu lentamente e Miguez entrou, trazendo na mão um pequeno círio. Aproximou-se da cama de Lucena, colocou a vela ao lado da outra, sobre a mesinha, e sentou-se junto a ela.

— Já ia dormir? — ela assentiu, e ele desculpou-se: — Lamento, Lucena, não sabia que se recolhia cedo.

— Não é cedo, Miguez. Já são quase dez horas.

Ele abaixou os olhos, confuso. Não sabia o que dizer. Estava apaixonado por ela, não pensava em outra coisa. Ela, por sua vez, convidava-o com o olhar. Ele ergueu os olhos para ela e não conseguiu se conter. Tomou-a nos braços e beijou-a ardentemente, e ela o correspondeu com volúpia. Em poucos minutos, já estavam despidos e se amando, e Miguez sentiu imensa frustração ao constatar que Lucena já não era mais virgem.

— Quem foi que lhe fez isso? — perguntou entredentes. — Qual foi o cachorro que ousou macular a sua honra de moça?

Assustada, Lucena não respondeu. Tinha medo de que Miguez a mandasse embora. Se assim o fizesse, para onde é que iria? O que seria dela?

— Miguez... — balbuciou envergonhada. — Perdoe-me...

— Quem foi, Lucena? Quem ousou tocá-la antes de mim?

Sem coragem de encará-lo, ela apertou o lençol entre as mãos e respondeu com voz sumida:

— Antes disso tudo acontecer, eu fui noiva...

— Noiva de quem? Por que não me disse antes?

— Tive medo de que me deixasse.

Ele se levantou bruscamente e começou a se vestir, ao mesmo tempo em que a ia recriminando:

— Enganei-me a seu respeito, Lucena. Pensei que você fosse virgem e pura, mas agora vejo que é tão ordinária quanto Giselle.

— Não diga isso, Miguez, não é verdade! Giselle é uma meretriz. Eu me entreguei por amor, porque fui enganada!

Lucena chorava descontrolada e tentou agarrar-se ao padre, mas ele a empurrou para o chão e desvencilhou-se de seus braços.

— Sua cadela! — vociferou. — Afaste-se de mim!

— Por favor, ouça-me! Não tive culpa do que aconteceu, e o que mais quero é me vingar do homem que me desonrou.

— Quem é ele? Responda-me, vamos. Tenho o direito de saber.

— Seu nome é Ramon de Toledo.

— Aquele boa-vida, vagabundo, egoísta? Ora, Lucena, francamente. Ramon de Toledo é um irresponsável, que dilapidou a fortuna da família em poucos anos. Como pôde se envolver com ele?

Vendo-a jogada sobre a cama, rosto lívido, olhos inchados de tanto chorar, o coração de Miguez se apertou. Apesar de tudo, ela lhe parecia tão indefesa!

— Ele me enganou. Iludiu-me com falsas promessas de amor. Nós estávamos noivos, íamos nos casar, e ele prometeu que nunca me deixaria. Num impulso impensado, entreguei-me a ele, certa de que nosso casamento me restabeleceria a honra perdida. Mas não foi o que aconteceu. Pouco tempo depois, Ramon veio me procurar e rompeu o noivado.

— Por quê?

— Ele nunca me disse. Falou que não me amava, mas eu tenho certeza de que se envolveu com outra mulher. Por que outro motivo me abandonaria às vésperas do casamento?

— Porque já tinha conseguido o que queria.

— Oh! Miguez, não seja cruel! Não tive culpa. Meu pai havia até marcado a data do casamento. Como poderia imaginar que ele fosse me abandonar de forma tão vil?

— Cachorro! Ele bem merecia morrer.

— É o que penso também. Contudo, não sei por onde anda. Desde que me abandonou, nunca mais ouvi falar dele. Nem sei se está em Sevilha.

Ele a fitou enternecido, e a raiva foi cedendo lugar ao compasso de seu coração.

— Lucena — tornou com voz subitamente doce —, tenha calma. Não se desespere. Estou aqui e vou ajudá-la.

Ela ergueu os olhos, confusa, e balbuciou entre lágrimas:

— Não está mais zangado?

Como poderia estar zangado com ela se já a amava loucamente? Ficara decepcionado, era verdade, mas não podia

Giselle, a amante do inquisidor

mais viver sem ela. Aproximou-se dela e tomou-lhe as mãos entre as suas.

— Minha querida — disse emocionado —, peço que me perdoe. Por um momento, deixei-me levar pela frustração de não ter sido o primeiro e único homem em sua vida. Mas isso não é o suficiente para afastar-me de você, pois que já a amo mais do que a minha própria vida. Não tema. Nada me fará afastar-me de você. Quanto a seu ex-noivo, fique descansada. Darei um jeito de descobrir o seu paradeiro e enviá-lo para a morte. Ele vai se arrepender amargamente pelo mal que lhe fez um dia e pela humilhação que a está fazendo passar.

Lucena chorou agradecida, agarrada às mãos de Miguez. Também gostava dele, o que fez aumentar ainda mais o seu desejo de vingança. Ramon lhe roubara a virtude e a vida, mas não perdia por esperar. Mais cedo ou mais tarde, Miguez o encontraria, e ela mesma escolheria o castigo que gostaria de lhe impingir.

Capítulo 19

 Um mês havia se passado desde que Giselle se casara e, conforme o combinado, Ramon foi procurá-la. Belinda, que a havia acompanhado em sua nova casa, facilitou a entrada de Ramon no castelo. Passava da meia-noite quando ele entrou em seus aposentos. Giselle o aguardava e atirou-se em seus braços logo que ele atravessou a porta.
 — Meu querido... — sussurrou, entre beijos e lágrimas. — Não aguentava mais de tanta saudade!
 Ele a abraçou com ternura, inebriado com o perfume de seus cabelos.
 — Também senti muito a sua falta.
 Calaram-se com um beijo e se entregaram ao amor. Depois de saciados, permaneceram abraçados, aquecidos pelo

calor de seus corpos, sentindo o quanto se amavam. Ramon ia beijando-lhe os cabelos enquanto dizia:

— Amo-a demais, Giselle. Não paro de pensar em você. Não consigo nem dormir direito.

— Tenha calma. Daqui a um ano ou dois, creio que as coisas estarão resolvidas. Padre Miguez estará se ocupando de outras coisas e já terá nos esquecido.

— Será? E seu marido? Acha que a deixará partir? Você está casada, e isso é um compromisso para toda a vida.

— Mas não depois da morte. Ou já se esqueceu de nosso plano?

— Que plano?

— Não se lembra? Você disse que daríamos um jeito nele. Ramon pigarreou pouco à vontade e considerou:

— Não sei se quero fazer isso. Não sou assassino.

— Ora, mas que nobre! Só que a ideia foi sua.

— Não é bem assim...

— Você sugeriu que o matássemos. Pode não ter falado abertamente, mas eu compreendi muito bem o que quis dizer.

— Eu sei, mas falei isso sem pensar, num momento de insensatez. Não poderia levar isso adiante. Como lhe disse, não sou assassino.

— Isso não importa. Não estou disposta a viver para sempre com um velho. Se não quer me ajudar a matá-lo, tanto faz. Farei tudo sozinha.

— Como?

— Ainda não sei. Mas quando chegar a hora, vou saber. O único problema é que não herdarei nada.

— Por quê? Ele não é rico?

— É muito rico. Só que tem uma filha legítima e um filho bastardo, que pode vir a criar problemas mais tarde.

— Deixe para lá, Giselle. Não precisamos desse dinheiro mesmo. Temos a taverna.

— E eu tenho um pequeno tesouro guardado.

— Um tesouro? Onde?

— Em minha casa.

— Mas você nunca me disse nada!

— Estou dizendo agora. E digo porque confio em você como jamais confiei em outra pessoa. Vou lhe contar onde está escondido, para que você possa usá-lo, se precisar — ela fitou o seu rosto espantado e continuou: — Está no porão, no canto esquerdo de quem entra, enterrado sob uma pesada estante de livros de magia. Sabe qual é? — ele assentiu. — Quando arrastar a estante, você vai notar um mosaico de pedras no chão. Arranque a do meio e cave um pouco. Logo irá ver um pequeno baú. Dentro dele, encontrará uma pequena fortuna em pérolas e pedras preciosas: rubis, esmeraldas, diamantes. Tudo o que consegui juntar em quinze anos de dedicação a Esteban.

— E o que faço com tanta riqueza?

— Nada. Como lhe disse, use-a se precisar. Mas cuidado, não vá gastar tudo. Esse tesouro é a nossa segurança de um futuro feliz. Depois que tudo estiver esquecido e que Solano morrer, vamos precisar. Não vou entrar em nenhuma briga por herança. Quero voltar para minha casa e levar uma vida tranquila a seu lado. Talvez até possamos nos casar depois.

— Está certo, Giselle, não se preocupe. Pode confiar em mim. Do jeito que a amo, ficaria a seu lado mesmo que fosse para mendigar pelas ruas de Sevilha.

Ela o abraçou apertado e mudou de assunto:

— E Manuela, como vai?

— Bem... Por que a pergunta?

— É natural que me interesse por quem trabalha para mim, não acha?

— Não vai perguntar por Sanchez? Ele também trabalha para você.

Giselle, a amante do inquisidor

Ela deu uma gargalhada e tornou irônica:

— Não seja debochado, Ramon. Sanchez não me preocupa.

— E Manuela a preocupa?

— Você sabe que sim. Pensa que não noto o jeito como o olha?

— Manuela é uma menina...

— Manuela é uma mulher, e você sabe disso tão bem quanto eu, não sabe? — ele não respondeu. — Não pense que só porque estou longe, você poderá fazer o que quiser. Se souber que você e Manuela andaram tendo alguma coisa, vão se arrepender.

— Mas o que é isso agora, Giselle? Por que esse ciúme? Já não disse que você é a única mulher que eu amo?

Estreitou-a com volúpia e beijou-a com ardor, chamando-a novamente para o amor. Não queria falar de Manuela. Ela estava tentando seduzi-lo de todas as maneiras, mas ele não queria que Giselle desconfiasse. Se ela descobrisse, mandaria a moça embora, e Manuela não tinha para onde ir.

Giselle esqueceu-se dela, perdida nos braços de Ramon. Já quase ao amanhecer, Belinda veio buscá-lo e levou-o de volta à estrada, em segurança. Com promessas de amor, Ramon partiu, para voltar dali a um mês.

Quando Giselle acordou, bem tarde naquele dia, Rúbia não estava em casa. Havia saído para um passeio e não quis despertá-la, deixando que dormisse o quanto quisesse.

— Boas tardes — disse Diego ironicamente, logo que a viu despontar no alto da escada.

— Onde está Rúbia? — indagou Giselle, ignorando o seu sarcasmo.

— Rúbia saiu para um passeio. Ao contrário de você, não tem motivos para dormir até tarde.

Giselle o fitou desconfiada. Será que ele sabia de alguma coisa?

— Você não tem nada com a minha vida. Durmo até a hora que quiser.

— Oh! sim. Principalmente após uma noite de excessos, não é?

— Por que não me deixa em paz, Diego? O que foi que fiz a você?

— A mim, nada. Mas a dom Solano...

— O que quer dizer?

Diego se aproximou e encostou o seu corpo contra a parede, aproximando bem o seu rosto do dela. Quase tocando-lhe os lábios, afirmou:

— Sei que havia um homem em seu quarto esta noite, e, com certeza, não era seu marido.

Ela enrubesceu imediatamente e desferiu-lhe sonora bofetada no rosto, acrescentando entredentes:

— Canalha!

— Não sou eu que estou traindo ninguém.

Giselle tentou fugir, mas ele a segurou pelo braço e tornou a encostá-la na parede.

— Não precisa fugir de mim, Giselle. Sou seu amigo.

— O que você quer de mim? Se pensa que vou me deitar com você em troca de seu silêncio, está muito enganado. Pode ir correndo contar tudo a dom Solano.

— Ora, ora, mas o que é isso? Por quem me toma? Por algum covarde? Não vou me aproveitar de sua, digamos, fraqueza, para dormir com você. Não estou interessado.

— Não?

— Não... por enquanto. Mais tarde, não sei. Talvez. Você me agrada mas, no momento, não sei se seria oportuno. É que gosto de outra, sabe?

— Cachorro! — vociferou Giselle, cada vez mais indignada. — Você não vale nada!

— Não sou muito diferente de você, não é mesmo?

Giselle, a amante do inquisidor

Giselle se desvencilhou dele e correu para a porta, no mesmo instante em que Rúbia vinha chegando.

— Giselle! — espantou-se. — O que foi que houve? Está lívida feito uma cera. Diego, o que foi que disse a ela?

— Nada, irmãzinha. Giselle está um tanto quanto nervosa. Creio que não passou bem a noite.

Sem dizer mais nada, Diego passou por elas feito uma bala e sumiu no interior do castelo.

— Não deixe que Diego a atormente, Giselle. Ele é um bom rapaz, apesar de um pouco doidivanas. Está com raiva porque a mãe não quer lhe dar mais dinheiro, e monsenhor Navarro o mandou para cá para criar juízo.

— Ele é insuportável.

— Nem tanto. Com o tempo, vai ver que pode se tornar bastante agradável.

Alguma coisa no tom de voz de Rúbia a impressionou. Seria simples admiração fraterna ou havia algo nas entrelinhas que ela não conseguia ver? Mas não podia ser. Ela lhe dissera que eles eram irmãos. Não poderiam estar envolvidos amorosa ou sexualmente. Ou será que podiam?

— Rúbia — falou Giselle com uma certa hesitação —, o que há entre você e Diego?

— Entre mim e Diego? Nada. Mas que ideia. Nós somos irmãos, não se lembra? Entre irmãos não pode haver nada além de uma afeição pura e fraterna.

Ela frisou demais aquele *não pode*, o que deixou Giselle deveras cismada. Daquele dia em diante, passou a observar mais aqueles dois. Havia entre eles uma cumplicidade genuína; viviam se esbarrando, se abraçando, sussurrando pelos cantos. Era realmente muito estranho. Com o passar do tempo, vieram as intimidades, e Giselle estava certa de que havia mesmo algo entre eles. Embora não se beijassem ou se tocassem de maneira ostensiva, seus gestos eram por demais reveladores para que Giselle não ficasse desconfiada.

Não disse nada, porém. Não era problema dela. Se Rúbia e Diego eram amantes, ela não tinha nada com isso. Só que gostava de Rúbia e tinha medo do que Solano poderia fazer se descobrisse.

— Sabe, Giselle — prosseguiu Rúbia, com uma certa tristeza na voz —, quando Diego e eu descobrimos que éramos irmãos, já era tarde demais.

— Como assim?

— Isso foi há três anos, quando minha mãe morreu. Pode imaginar? Ele já era um homem feito, e eu, uma mocinha ingênua. Foi um choque para ambos.

Giselle silenciou. Não queria se envolver naquela história, ainda mais porque Diego lhe dissera aquelas coisas. Talvez Rúbia ficasse com ciúmes, e ela não queria desagradá-la. Gostava da moça sinceramente, tinha-a como verdadeira amiga, talvez a única que fizera em toda a sua vida. Se ela resolvera se envolver com o irmão, Giselle não queria se intrometer. Já tinha problemas demais.

Giselle, a amante do inquisidor

203

Capítulo 20

A vida de Ramon corria perigo, mas ele nem de longe desconfiava. O próprio Esteban não sabia de nada. Mesmo Miguez, que desconhecia o romance entre Ramon e Giselle, não partilhara nada com o amigo. Sabia que Esteban não aprovava seu envolvimento com Lucena e queria fazer tudo sem precisar contar com a sua ajuda.

Esteban, porém, percebia uma certa inquietação em Miguez. Ele continuava exercendo suas funções como sempre fizera. Talvez até com mais dedicação, chegando mesmo a demonstrar certos requintes de crueldade com homens de reputação duvidosa, os lascivos, os devassos. As mocinhas virgens já não o interessavam. Quando chamado para atestar a virgindade das meninas, Miguez se desculpava, alegando cansaço, passando a vez para os carrascos encarregados de tal missão.

Tudo isso foi preocupando Esteban. Quando lhe perguntava o que estava acontecendo, Miguez sempre se desculpava com a justificativa de que estava trabalhando muito, embora Esteban soubesse que ele estava mentindo.

— Essa moça ainda vai acabar com você — disse ao amigo, enquanto caminhavam pelas alamedas do Tribunal.

— Que moça?

— Não se faça de desentendido, Miguez. Estou falando de Lucena.

— Ela não tem nada com isso.

— Não tem? Então, por que você está tão diferente? Nem parece mais o mesmo, não me procura mais para conversar. O que foi que houve? Será que ela o enfeitiçou?

— Meu amigo, não diga uma coisa dessas! Lucena é apenas uma criança e está sob a minha proteção.

— Você é um homem apaixonado, Miguez. Tenha cuidado.

— Não precisa se preocupar comigo. Sei o que estou fazendo.

— Espero que saiba mesmo — suspirou com tristeza e arrematou: — Mais uma coisa. Blanca, noiva de dom Fernão, vai ser executada domingo, no próximo auto de fé. Conto com a sua presença.

— Ela confessou?

— Confessou.

Miguez balançou a cabeça em assentimento, e os dois se separaram. Ambos tinham importantes interrogatórios a fazer. À noite, como de costume, Miguez foi ter com Lucena e participou-a da execução de Blanca. Lucena chorou muito, triste por não poder cumprir a promessa que fizera ao pai de libertar sua noiva.

— Não chore, Lucena — tranquilizou Miguez, abraçando-a com ternura. — A morte de ambos ainda será vingada.

Giselle, a amante do inquisidor

— Quando? Esteban é seu amigo. Não vejo você tomar nenhuma providência contra ele.

— Minha querida — tornou, quase em tom de desculpa —, não há nada que possamos fazer contra Esteban. Ele é cardeal, inquisidor conceituado e meu amigo pessoal. E depois, não tem culpa de nada...

— Como não tem? Pois se foi ele quem torturou meu pai e Blanca, quem o colocou naquele maldito sarcófago, quem vai mandar Blanca para o auto de fé! Como você pode dizer que ele não tem culpa de nada?

— Esteban é um inquisidor, está cumprindo seu dever. Não fosse a acusação que fizeram contra seu pai e Blanca, ele jamais os teria mandado prender. Se fez o que fez, foi porque alguém o instigou, alguém inventou aquelas histórias todas, forjou provas, contou casos absurdos de heresia. Esteban, zeloso cumpridor das leis católicas, só fez seguir o Manual dos Inquisidores e não teve outro remédio senão cumprir fielmente as suas determinações. O que você esperava que ele fizesse? Que ignorasse os mandamentos eclesiásticos?

— Mas meu pai não fez nada...

— Aos olhos da Igreja, ele foi um grande pecador, pois se associou a Blanca, que é descendente de mouros. Mas quem o denunciou? Quem levou o seu nome às Mesas Inquisitoriais? Não foi Esteban, porque ele nada sabia a respeito de seu pai — mentiu e olhou para ela, satisfeito por estar convencendo-a. — A única culpada pela morte de seu pai e de Blanca é aquela ordinária da Giselle. Foi ela quem seduziu seu pai, sabe-se lá com que propósitos, para denunciá-lo posteriormente como herege. É ela que merece ser punida. Ela é a única responsável pelo que aconteceu a você e a sua família. Pela morte dos seus, pela sua miséria. Giselle é uma mulher demoníaca, e é contra ela que você deve voltar todo o seu ódio.

Com os olhos injetados de sangue, Lucena fechou a mão e deu um soco na mesa, rugindo com todo o ódio que era capaz de sentir:

— Quero vê-la morta, Miguez! Quero a cabeça de Giselle!

— É isso mesmo. Giselle há de pagar por todo o mal que lhe fez.

Lucena fremia de tanto ódio, atraindo para si as mais variadas entidades das sombras, inclusive seu próprio pai. Os espíritos sofredores, levados à morte pelas mãos de Esteban, através da perfídia de Giselle, na mesma hora acorreram. Os pensamentos de Lucena, imediatamente, sintonizaram com o ódio daquelas criaturas que, movidas pelo desejo de vingança, colaram-se a ela, liderados por seu próprio pai, cujo ódio chegava a fazer com que ela sentisse tonteiras. Dom Fernão estava tão enfurecido que seria capaz de tudo para se vingar de Giselle. Queria-a morta. Queria-a nas trevas. Queria-a escrava dos espíritos maus, para que ela sofresse e agonizasse nas cavernas mais profundas e fétidas do umbral.

Miguez sabia que seria difícil apanhar Giselle. Ela estava casada com Solano Díaz, sob a proteção de Esteban. Precisava fazer tudo de forma a não provocar a ira do amigo. Não queria perder a amizade de Esteban. Precisava encontrar um jeito de acusá-la sem se sujar, sem ter que forjar provas ou testemunhas.

Além disso, Miguez ainda tinha que se ocupar de Ramon. Não sabia onde o rapaz se encontrava e considerava-o um problema menor, mas não podia se esquecer dele. Não querendo mais conversar com Esteban sobre nada que atraísse a sua atenção para Lucena, Miguez começou a investigar, por conta própria, o paradeiro de Ramon. Indagou aqui e ali, mas ninguém saiba nada a seu respeito. Ele não fora acusado de nada, e seu nome sequer fora mencionado no processo movido contra dom Fernão.

Giselle, a amante do inquisidor

Quando Esteban descobriu sobre suas investigações, foi perguntar-lhe o que estava acontecendo:

— Miguez, meu amigo, por que agora está tão interessado em Ramon de Toledo?

O outro tentou desconversar, mas viu-se encurralado e respondeu com aparente displicência:

— Ele foi noivo de Lucena. Não sabia?

— Sabia, sim, mas, e daí? Não temos nada contra ele. Ramon é apenas um folgazão. Não tem interesse para a Igreja.

— É apenas curiosidade.

— Deixe Ramon de lado. Ele não tem nada que lhe interesse.

Por detrás de Navarro, os espíritos das sombras, liderados por dom Fernão, começaram a agir. Enquanto Giselle estava a seu lado, manipulando os espíritos a seu favor, ambos estavam como que protegidos. Mas agora, com Giselle longe, esses espíritos deixaram abruptamente de receber os seus agrados, o que não os deixou nada satisfeitos. Giselle lhes prometera até o sangue de Lucena e de Miguez, o que já não era mais capaz de cumprir, deixando frustradas as suas expectativas. Tinham como certo que iriam sugar os fluidos vitais de pessoas encarnadas, em lugar de animais, e ficaram zangados e com raiva ao constatar que nada mais receberiam. Giselle agora estava casada e não podia mais invocá-los ou lhes oferecer presentes.

Giselle já não lhes interessava mais. Eles agora precisavam de outra fonte de energia e acabaram se associando aos espíritos que desencarnaram sob a intervenção de Giselle. Começaram então a sugar as energias dos encarnados, principalmente, de Esteban. Com isso, veio para eles também o desejo de vingança. Giselle os abandonara, suprimira o alimento que os mantinha vivos. Por isso, precisava pagar. Ninguém se compromete com os espíritos das trevas, da forma como Giselle se comprometera, e simplesmente os abandona.

Ela não tinha elevação moral para isso. Nem o seu pai, espírito de luz e esclarecido, poderia livrá-la de sua perseguição. Porque Giselle não merecia. Sequer acreditava que pudesse merecer.

Esses espíritos, com raiva de Esteban também, puseram-se a atuar sobre ele, e o cardeal, de uma hora para outra, começou a sentir estranho mal-estar. Vivia com dores de cabeça, tinha frequentes palpitações, era acometido por inexplicáveis tonteiras. Consultou o médico da abadia, mas ele nada pôde constatar. Receitou um xarope amargo e recomendou-lhe repouso. Esteban estava trabalhando demais.

Capítulo 21

Mais um mês havia se passado, e Solano voltou de sua viagem à África. Chegou cansado e logo foi recebido por Rúbia, que correu a preparar-lhe um escalda-pés bem quentinho. Sentado confortavelmente entre almofadas macias, Solano se deliciava com a água tépida que acariciava seus pés cansados. A seu lado, Giselle não fazia o menor esforço para aparentar alegria. Estava mesmo bastante contrariada. Ramon chegaria no dia seguinte e teria que voltar sem que se falassem.

— Como foram as coisas na minha ausência? — perguntou de olhos fechados.

— Correu tudo bem, papai — apressou-se Rúbia em responder.

— E você, Giselle? Deu-se bem com minha filha?

— Otimamente. Rúbia é uma moça gentil e muito agradável.

— Fico feliz que tenham se entendido.

— É gentileza de Giselle, papai. Ela é que é uma pessoa maravilhosa.

Giselle sorriu carinhosamente para Rúbia, que lhe devolveu o sorriso com outro, ainda mais encantador.

— Onde está Diego?

— Saiu a cavalo. Não deve tardar.

Cerca de quinze minutos depois, Diego apareceu. Vinha esbaforido e suado, a pele morena tostada de sol. Aproximou-se do pai e estendeu-lhe a mão, cumprimentando-o com um formalismo disfarçado:

— Dom Solano... como está?

O velho soltou um sorriso prazeroso e convidou o filho a sentar-se ao seu lado. Durante as duas horas seguintes, distraiu-se a contar-lhes suas aventuras, às quais ninguém prestava atenção, à exceção, talvez, de Rúbia. Giselle se mostrava aborrecida, bocejando de vez em quando e fingindo cochilar na poltrona. Solano não lhe deu importância e prosseguiu com sua conversa enfadonha.

À noite, Solano a procurou em seu quarto. Entrou afoito, louco para possuí-la. Embora enojada, Giselle não teve saída. Foi obrigada a se submeter passivamente, mas não fez o menor esforço para fingir que estava gostando. Solano, porém, nem se deu conta disso. Queria apenas satisfazer seus desejos e, depois que terminou, virou para o lado e dormiu.

Aproveitando que ele roncava, Giselle jogou um manto sobre os ombros e saiu em busca de Belinda. Precisava dar-lhe ordens para avisar Ramon que não entrasse. Não podia se arriscar. Ao passar pelo quarto de Rúbia, ouviu vozes abafadas. Estacou abruptamente, indecisa, pensando no que fazer. Rapidamente tomou uma decisão e foi encostar o ouvido à porta. Do lado de dentro, duas vozes se elevavam. Rúbia

Giselle, a amante do inquisidor

conversava com Diego, e eles pareciam discutir. Em dado momento, fez-se silêncio, Giselle não podia ouvir mais nada. Ficou ainda alguns minutos com o ouvido colado à porta, tentando escutar algum ruído, mas nada. Só depois de muito tempo foi que lhe pareceu ouvir um gemido de prazer. Não tinha mais dúvidas. Rúbia e seu irmão Diego eram amantes.

Em silêncio, continuou seguindo pelo corredor, até alcançar a ala dos criados. Entrou no quarto em que Belinda dormia, pôs a mão na sua boca, para que ela não gritasse, e ela despertou assustada. Giselle fez-lhe sinal de silêncio e mandou que se levantasse. Cuidadosamente, Belinda se levantou e a seguiu. Foram para uma sala reservada e, após certificar-se de que ninguém a ouvia, Giselle disse rapidamente:

— Belinda, amanhã, quando Ramon chegar, avise-o de que Solano voltou de viagem. Mande-o embora e diga-lhe para aguardar o meu chamado.

Voltou para seus aposentos, mas não escutou mais vozes no quarto de Rúbia. Na certa, já deviam ter terminado. Pensando nos dois juntos, sentiu imenso desejo. Há muito não se encontrava com Ramon, e o sexo malfeito de Solano só fez aguçar-lhe ainda mais a volúpia. Levou a mão à aldrava e quase a empurrou, mas mudou de ideia. A porta deveria estar trancada e, mesmo que não estivesse, o que diria a Rúbia e Diego? Que os ouvira se amando e se enchera de desejo?

Em silêncio, retornou a seus aposentos e deitou-se ao lado de Solano. Ele havia ferrado no sono e dormira em sua cama, para seu desagrado, e ela passou a noite em claro. Ele roncava feito um porco, e ela não conseguia dormir. Na manhã seguinte, bem cedo, ouviu quando ele despertou e fingiu-se adormecida. Ele se levantou ruidosamente, apanhou as roupas e bateu a porta, e Giselle concluiu que ele seguira para seus aposentos. Pensou que agora conseguiria dormir um pouco, mas o odor fétido que ele deixara sobre seus travesseiros a enjoara. Solano cheirava a suor e bebida, o que a enojava ainda mais.

Furiosa, Giselle se levantou de um salto e arrancou os lençóis da cama, atirando para longe os travesseiros. Tornou a deitar-se sobre o colchão nu, pousando a cabeça sobre o braço e, finalmente, adormeceu. Quando despertou, o sol já ia a pino, e ela sentiu fome. Aprontou-se correndo e desceu para a sala, onde a família se encontrava reunida para o almoço.

— Acordou cedo hoje — ironizou Diego.

— Deixe-a em paz, Diego — repreendeu Rúbia. — Vamos, Giselle, sente-se aqui.

Giselle sentou-se na outra cabeceira, do lado oposto de Solano, que não lhe prestou muita atenção. Deu-lhe um sorriso insosso e continuou comendo, e a criada pôs-se a servir Giselle. Ao dar a primeira garfada, pensou que iria desmaiar. A cabeça começou a rodar, sentiu um forte enjoo e teve vontade de vomitar. Levou a mão à boca e levantou-se apressada, correndo em direção à cozinha. Apanhou uma bacia e vomitou diversas vezes, espantada com tamanho mal-estar. Ainda estava ofegante quando ouviu a voz de Rúbia:

— O que foi que houve, Giselle? Está tudo bem?

Giselle não respondeu. A cabeça toda rodava, seu estômago doía, e Rúbia continuou:

— Foi algo que comeu?

— Não... não sei... — Giselle forçou a resposta, doida de vontade de sair correndo dali.

— Não estará grávida?

— Grávida, eu?

— Se estiver, não diga nada a papai.

— Por quê?

— Ora, Giselle, meu pai não tem mais idade para engravidar ninguém. Nem sei se consegue manter relações com você.

Giselle, a amante do inquisidor

Com indescritível assombro, Giselle contestou:

— Engana-se, Rúbia. Seu pai ainda é um homem viril.

Aquela revelação deixou Rúbia surpresa e feliz, e ela auxiliou a outra a se levantar. Giselle parecia satisfeita. Um filho até que não seria má ideia. Herdaria tudo em igualdade de condições com Rúbia, e ela se tornaria uma mulher extremamente rica. Ainda mais porque sabia que o filho não era de Solano, mas de Ramon. Estava certa disso. Se estava grávida, Ramon era o pai da criança, e aquilo a encheu de felicidade. Pela primeira vez, acalentou a ideia de ser mãe. Teria aquele filho. Não propriamente para herdar os bens de Solano. Mas porque era fruto de seu amor e de Ramon, e ela não poderia matar uma parte deles dois.

De volta à sala, Solano se levantou e indagou com uma certa preocupação:

— Sente-se bem?

— Sim... acho que sim...

— Será que Rúbia vai ganhar um irmãozinho? — disparou Diego.

Giselle e Rúbia fuzilaram-no com o olhar, enquanto Solano batia palmas de alegria.

— Será? — exultou. — Será que ainda poderei ser pai a essa altura da vida?

— Não é nada disso, papai — cortou Rúbia. — Giselle sentiu um passageiro mal-estar.

— Mas pode ser gravidez, não pode?

— Bem, tudo é possível.

— Então, vou mandar chamar um médico para examiná-la. Se você estiver grávida, pode ir começando a fazer repouso.

Giselle pensou em contestar, mas achou que havia algo de bom em tudo aquilo. Talvez assim Solano a deixasse em paz e não a procurasse mais. Ela teria sempre a desculpa dos enjoos para dar, e ele, orgulhoso do filho de outro, não a aborreceria e acabaria procurando uma das criadas para se aliviar.

Com o auxílio de Rúbia, Giselle voltou para seu quarto. Os lençóis já haviam sido trocados, e ela se acomodou sobre os travesseiros, pousando a cabeça para descansar. Realmente, sentia-se presa de um esgotamento sem igual.

— Por que disse aquelas coisas? — perguntou a Rúbia, logo que esta se acomodou a seu lado.

— O quê?

— Por que acha que o filho não é de seu pai?

— E é?

— Não sei.

— Não sabe ou não quer dizer?

— O que faria se não fosse?

— Nada. Não tenho nada com isso.

Giselle fitou-a abismada. Rúbia era uma moça muito madura para sua idade.

— Não quero que você pense mal de mim.

— Não penso nada. Aliás, não sou a pessoa mais indicada para julgar quem quer que seja.

— Por que diz isso?

— Conhece alguém que seja amante do próprio irmão?

Giselle abriu a boca, estupefata, mas acabou por confessar:

— Eu já desconfiava. Ouvi-os juntos a noite passada.

— Ouviu?

— Sim.

— E não ficou chocada?

— Por que deveria? Como você, também não posso julgar ninguém. Até já perdi a conta dos amantes que tive. Por que a julgaria pior do que eu?

Giselle nem sabia por que dizia aquelas coisas. Parecia-lhe que já conhecia Rúbia há muitos anos e que podia contar com ela. De repente, viu-se contando-lhe detalhes de sua vida

Giselle, a amante do inquisidor

215

que jamais revelara a ninguém, nem a Esteban, nem a Ramon. Com Rúbia era diferente. Era mulher e parecia dividir com ela a cumplicidade dos anseios femininos.

— Você é uma pessoa especial, Giselle. Gosto de você.

— Também gosto muito de você, Rúbia.

Rúbia apertou a mão da outra e continuou:

— Quando Diego e eu nos apaixonamos, não sabíamos que éramos irmãos. Ele vinha sempre com monsenhor Navarro, e nós acabamos sendo criados juntos. Para mim, ele era meu amiguinho mais velho, responsável pelas brincadeiras mais fantásticas. Até que os amiguinhos cresceram, e eu me tornei mulher. Já não via mais em Diego o companheiro de folguedos. Via nele o homem viril e atraente em que se transformara. Um dia, o inevitável aconteceu. Estávamos passeando a cavalo, fazia calor e nós fomos nadar. Imagine-se totalmente despida dentro de um riacho, em companhia de um homem maravilhoso! Pois foi o que aconteceu. A partir de então, tornamo-nos amantes. Pensávamos até em nos casar. Já íamos falar com meu pai, quando minha mãe morreu, e nós ficamos sabendo da verdade. Foi um choque para nós. Cheguei a ficar doente. Meu pai ficou preocupado, mas jamais imaginou que nós estivéssemos tendo um romance. Aos poucos, fui me curando e tentei me afastar de Diego. Mas não consegui. Assim como eu, ele também se apaixonara. Ficamos longe por cerca de dois meses. Depois disso, voltamos a nos encontrar. Papai nos revelara a verdade tarde demais. O inevitável já havia acontecido, e sabermo-nos irmãos não foi suficiente para sufocar o nosso amor e o nosso desejo. Assim, assumimos o pecado e a culpa, e continuamos a nos encontrar.

— Isso é muito triste. Vocês devem ter sofrido muito.

— Você nem imagina o quanto. Sabemos que o que fazemos é errado e temos certeza de que iremos para o inferno. Mas não podemos mais nos afastar. Não é justo. Papai deveria ter-nos contado a verdade há mais tempo. Teria evitado que nos atirássemos no pecado.

— Seu pai sabe?

— Deus me livre! Acho que papai morreria ou nos mataria. Ele nem desconfia, e é bom que continue assim.

— No que depender de mim, Rúbia, ele jamais saberá de nada.

— E quanto a seu amigo da outra noite, fique sossegada. — prosseguiu Rúbia com ar maroto. — Não precisa me olhar com essa cara de espanto. Diego me contou tudo.

Embora envergonhada, Giselle ficou feliz. Via em Rúbia uma amiga sincera, alguém em quem podia confiar. Ela não sabia como Rúbia conseguia fazer aquilo. Manter um caso com seu próprio irmão, apoiar a gravidez adulterina da madrasta, guardar segredo sobre seu envolvimento com outro homem e, ainda assim, amar o pai. Rúbia era, realmente, uma pessoa singular, e Giselle ficou feliz por tê-la como amiga e aliada.

A gestação também a alegrara. Nunca antes pensara em levar avante nenhuma gravidez. Quantas e quantas poções não havia tomado para livrar-se dos fetos indesejados? Mas agora, sentia que não precisava mais disso. Não precisava mais de nada nem de ninguém. Mesmo seus amigos das trevas, que há anos a haviam servido, não lhe importavam mais. Desde que chegara a Cádiz, Giselle deixara de lado suas práticas de magia, com medo da reação de Solano. A princípio, ficara temerosa. Mas agora, segura do amor de Ramon, tinha certeza de que não precisaria mais deles. E nem de longe lhe passava pela cabeça que não poderia abandoná-los como se eles fossem trapos velhos. Os espíritos das sombras, revoltados com o pouco caso e a ingratidão de Giselle, cada vez mais se voltavam contra ela, tramando, sem que ela percebesse, os acontecimentos funestos com que pretendiam se vingar.

~∞∞∞~

Ao receber a notícia de que não poderia ver Giselle naquela noite, Ramon quase desesperou. Pensou mesmo em invadir o castelo e ir ao encontro de sua amada. A muito custo Belinda conseguiu contê-lo, e ele voltou para casa mais frustrado do que nunca.

No dia seguinte, entrou na taverna triste e cabisbaixo, sem falar com ninguém. Apanhou sua costumeira caneca de vinho e foi sentar-se à mesa de costume, nem ligando para as contas que precisava conferir. Só pensava em Giselle. Passara o mês alimentando o desejo de vê-la e de tomá-la em seus braços, e partira para Cádiz com o coração aos pulos. E tudo para quê? Para ser despachado pela escrava, com a desculpa de que Solano havia voltado e era perigoso. Na certa, àquela hora, Giselle estava deitada em seu leito, recebendo o amor que deveria ser dele.

Pensando no calor do corpo de Giselle, em seus beijos, seus cabelos macios, pensou que fosse enlouquecer. Ardendo de desejo, só pensava em tê-la em seus braços novamente. Começou a beber e bebeu além da conta. Já fragilizado, voltou a atenção para Manuela. Naquela noite em particular, ela estava deveras sedutora. Aproximou-se dele e dançou do jeito mais sensual que podia, provocando-o com seu corpo firme e rijo.

Ele não resistiu. Puxou-a para si e beijou-a com volúpia. Mal contendo o desejo, levou-a para a casa de Giselle e amou-a com ardor. Naquele momento, não pensava em Giselle. Sabia que tinha Manuela em seus braços. Mas a solidão, a falta que a moça lhe fazia, o desejo incontrolável, tudo isso

facilitou-lhes a aproximação. Durante algumas horas, des-
ligou-se de Giselle, feliz nos braços de Manuela. Não estivesse tão apaixonado, teria seguido com ela. Mas não podia.
Era louco por Giselle e jamais permitiria que ela descobrisse
o que havia acontecido.

Capítulo 22

— Não sei o que está acontecendo comigo — queixou-se Esteban a Miguez. — Há muitos dias não me sinto bem; a cabeça me dói, sinto um esmorecimento...

— O médico disse que você anda trabalhando demais — censurou Miguez com bonomia. — Deve descansar.

— Mas eu tenho que comparecer ao auto de fé. Tenho três condenados na execução de hoje, incluindo Blanca Vadez.

— Pode deixar que eu mesmo cuidarei de tudo. Também tenho um condenado hoje. Coisa simples, mas estarei presente mesmo assim.

— Mas Miguez, o inquisidor-geral está em viagem a Madri. Era de se esperar que eu o substituísse.

— Eu mesmo o substituirei. Você deve ficar e descansar.

— Padre Miguez tem razão — acrescentou Juan que, até então, permanecera alheio à conversa. — O senhor precisa descansar.

Esteban soltou um suspiro profundo e resignado. Fitou Miguez e Juan, e deu de ombros, desanimado.

— Está certo. Convenceram-me. Mas Juan deve ir junto, para me representar.

— Irei, monsenhor, se for de sua vontade.

Pouco depois, Miguez e Juan partiam juntos rumo à praça onde havia sido montado o auto de fé. O padre cumprimentou os demais, pediu licença e foi sentar-se na poltrona reservada a Esteban, anunciando que o representaria naquele dia. Juan sentou-se um pouco mais atrás, como de costume, e Miguez deu ordens para que se iniciassem as execuções.

Eram cinco, no total. Três de Esteban, um dele e outro de padre Donário. Naquele dia, as execuções seriam todas realizadas pelo machado. Os condenados já não estavam muito bem e poderiam acabar morrendo antes mesmo de chegar à fogueira, o que seria um desperdício. Ao menos a lâmina do machado era mais rápida e garantiria o espetáculo da morte.

Blanca era a terceira na fila, última de Esteban. Vinha com sua veste branca, o crime que praticara estampado em vermelho na túnica, para que todos conhecessem a sua heresia. Ao olhar para ela, Miguez sentiu uma pontada de tristeza. Ao saber do acontecimento, Lucena se sentiria extremamente infeliz. Blanca estava muito ferida e fraca, mal se sustinha em pé sem a ajuda dos carrascos. Ao chegar a sua vez, subiu ao cadafalso com passos trôpegos e olhou para a frente, tentando enxergar o caminho por onde deveria seguir. Mas os olhos feridos pela brasa do aço já não podiam ver mais nada, e ela tropeçou e caiu, arrancando estrondosa gargalhada do público presente. Bateu com a cabeça no chão e desmaiou, e

Giselle, a amante do inquisidor

o verdugo pôs-se a cutucá-la com o pé, a fim de se certificar de que ainda vivia.

Começaram então os apupos. A multidão, sedenta de sangue, queria ver o espetáculo macabro, e a queda de Blanca os fizera pensar que ela havia morrido antes da hora. Por mais que o carrasco a chutasse, ela não se movia. Um filete de sangue escorria de sua testa, e o homem olhou para Miguez e deu de ombros, como a perguntar o que deveria fazer.

Na mesma hora, Miguez se levantou e se aproximou do corpo caído de Blanca. Ajoelhou-se ao lado dela e pôs o ouvido em seu peito, a fim de escutar as batidas de seu coração. Efetivamente, podia ouvir seus fracos batimentos cardíacos e certificou-se de que ela ainda estava viva. Tornou a olhá-la, penalizado. Sentia muita pena de Blanca, não pelo seu sofrimento, mas por todo sofrimento que causara a sua Lucena. Olhando para ela com os olhos rasos d'água, tomou uma decisão. No momento em que o médico oficial da Inquisição se aproximava, Miguez levantou-se decidido e declarou com ar solene:

— Não adianta mais. Esta aqui está morta.

Foi um desespero. O público gritava e vaiava, exigindo que fosse derramado o sangue da condenada. O médico ainda tentou experimentar-lhe o coração, mas Miguez segurou o seu braço, afirmando com tanta convicção, que nem o médico teve dúvidas:

— Já disse que ela está morta.

Nova comoção tomou conta do público, e Miguez chegou a pensar que eles fossem tomar conta da praça. Rapidamente, deu ordens a um dos homens que tirasse Blanca dali e a levasse de volta ao calabouço.

— Padre — interveio o homem —, deixe que a ponha diretamente na carroça com os demais corpos.

De carroça, os corpos seriam levados para um local afastado, onde seriam cremados. Miguez não queria que

Blanca fosse para lá. Ela estava viva, mas apenas ele sabia disso. Contudo, não podia despertar a atenção de ninguém. Com um aceno de cabeça, concordou que o homem a levasse, e Blanca foi atirada na carroça juntamente com os demais corpos.

Em seguida, Miguez deu ordens para que prosseguissem com o espetáculo funesto. Outro condenado foi trazido e executado, não sem antes ser levemente açoitado, a fim de que a turba se contentasse com o seu flagelo e não lamentasse tanto a morte intempestiva de Blanca. Ao final da carnificina, corpos e cabeças se amontoavam na carroça, numa massa disforme de carne, sangue e ossos.

Logo após a cerimônia de encerramento, Miguez correu em direção à carroça, tomando cuidado para que ninguém o visse, principalmente Juan. O último corpo já havia sido atirado lá dentro, e o encarregado se preparava para partir em direção ao campo de cremação quando Miguez o interrompeu.

— Espere um instante — falou apressado.

O homem apertou as rédeas, segurando os cavalos.

— Algum problema, padre?

— Sim. Esta aqui vai para outro lugar.

Apontou para Blanca e esperou. O homem, sem nada entender, quis protestar:

— Mas padre, é uma herege, não pode ser enterrada em campo santo.

— Faça o que eu disse, homem! E depois, quem foi que disse que ela vai para campo santo? É apenas um favor que estou fazendo a alguns parentes.

O homem estacou indeciso.

— Tem certeza?

— Não discuta comigo, rapaz. Faça o que estou mandando.

Aproximou-se do homem e estendeu-lhe uma bolsinha, que ele apanhou com um sorriso de cobiça, exibindo uns poucos dentes irregulares e amarelos.

Giselle, a amante do inquisidor

— O senhor é quem manda, padre. Aonde quer que a leve?

Miguez olhou de um lado a outro, a fim de se certificar de que ninguém estava olhando. Não podia mandar Blanca para sua casa; ela já nem tinha mais casa. Além disso, o homem podia dar com a língua nos dentes, o que acabaria por comprometê-lo. Mas ele estava com pressa. Blanca podia acordar e pôr tudo a perder. Num gesto rápido e preciso, subiu na carroça ao lado do outro e ordenou incisivo:

— Toque os cavalos. Direi onde deve parar.

O homem pôs os animais em movimento e seguiu adiante, à espera de que Miguez lhe dissesse o que fazer. A certa altura do caminho, ouviram gemidos angustiados e olharam para trás ao mesmo tempo. Blanca acabara de despertar e tentava entender o que estava acontecendo. Cega, não sabia onde estava, mas sentia o cheiro e o visco do sangue dos executados colado em seu corpo.

— Ei! — exclamou o homem, atônito, freando os animais. — O que está acontecendo aqui?

Miguez fitou-o apavorado. O que deveria fazer? Pensou em saltar sobre ele e matá-lo, mas o homem era mais forte e, na certa, muito mais hábil do que ele. Não tinha saída. Virou-se para ele e falou apressadamente:

— Não diga nada. Se souber guardar segredo, farei de você um homem rico.

O outro fitava-o com um brilho estranho no olhar, já antevendo a fortuna que iria arrancar daquele padre.

— Olhe, padre, não quero que pense que sou um homem ganancioso. Mas o meu silêncio vai custar caro.

— Não se preocupe. Posso pagar. Agora, faça exatamente como eu mandar.

Miguez deu-lhe ordens para deixá-los próximo a sua casa em San Martín e depois seguir para o local onde os corpos seriam cremados, com a incumbência de não dizer nada a ninguém. Para todos os efeitos, apenas quatro pessoas haviam sido executadas naquele dia. Ninguém de nada sabia e ninguém nada iria perguntar.

— Só uma coisa — alertou Miguez —, se disser uma palavra disso a alguém, nosso trato está desfeito. Se, ao contrário, mantiver a sua palavra, garanto que não irá se arrepender.

— Pode deixar, padre. Não direi nada a ninguém.

Soltou um riso sarcástico e tornou a olhar para Blanca, tentando imaginar que interesse um padre poderia ter numa esfarrapada moribunda feito aquela. Não perguntou mais nada, porém. Só pensava no ouro que iria tirar de Miguez. Em sua cabeça já se via milionário, chantageando o padre cada vez que precisasse de mais dinheiro. Não diria nada a ninguém. Não queria compartilhar com outros a fortuna que merecia ser apenas dele.

Blanca, por sua vez, embora não visse nada, ouvia tudo o que eles diziam e, com medo do que estivesse acontecendo, encolheu-se toda na carroça e ficou chorando de mansinho. Cerca de uma hora depois, pararam alguns metros antes da casa de Lucena. Miguez saltou rapidamente e ajudou Blanca a descer, amparando-a para que não caísse.

— Pode andar? — perguntou a ela.

Ela assentiu, agarrada ao seu braço, e ele passou a mão ao redor de sua cintura, apertando-a de encontro a seu próprio corpo. Depois, virou-se para o homem e finalizou:

— Amanhã receberá seu pagamento. Encontre-me ao anoitecer, nas ruínas do velho moinho, perto do riacho Doce. Sabe onde fica?

— Hum, hum.

— Ótimo. Vá sozinho.

Deu-lhe as costas e foi amparando Blanca pela estrada, até que chegaram a sua casa. Bateu à porta e Consuelo veio abrir, exclamando com espanto:

Giselle, a amante do inquisidor

— Minha Nossa Senhora, padre Miguez! O que é isso?

— Ajude-me, Consuelo, rápido!

Ouvindo aquela gritaria, Lucena veio correndo lá de dentro. Mal podia acreditar que era Blanca quem estava ali, mais morta do que viva. Olhou para Miguez emocionada e atirou-se em seus braços, naquele momento acreditando no quanto ele a amava, sentindo que o amava também.

Levaram Blanca para um dos quartos e a acomodaram na cama, sob almofadas e lençóis macios. Consuelo correu a preparar-lhe uma boa refeição, enquanto Lucena, em lágrimas, limpava-lhe o sangue e as feridas espalhadas pelo seu corpo esquálido. Os olhos baços pareciam vidrados, fitando o vazio, o que só fez aumentar o ódio de Lucena por Giselle.

Blanca mal falava. Conseguia apenas balbuciar umas poucas palavras, mas reconheceu a filha de seu noivo e pôde murmurar um *obrigada* quase inaudível. Depois de limpa e alimentada, adormeceu instantaneamente, como há muito não fazia. Depois que ela dormiu, Miguez contou a Lucena tudo o que havia acontecido, e ela se emocionou ainda mais. Só mesmo um amor verdadeiro para assumir os riscos que ele assumira.

— E o tal homem da carroça? — quis saber Lucena, depois que se acalmou.

— Amanhã vou fazer o pagamento.

— Vou com você.

— Isso é que não! É perigoso.

— Se você pôde se arriscar por mim, também posso me arriscar por você. E depois, não se preocupe. Não pretendo aparecer. Quero apenas estar ao seu lado.

Miguez sorriu agradecido. No dia seguinte, ao cair da noite, ele e Lucena partiram rumo ao local combinado para o encontro. O moinho estava abandonado e quase desabando, e ninguém se atrevia a entrar ali, com medo de acabar soterrado. O homem ainda não havia chegado, e Miguez se acomodou sobre uma mureta de pedras, enquanto Lucena se ocultava nas sombras, do outro lado. Não tardou muito, e o homem apareceu.

— Boa noite, padre — cumprimentou irônico.

Sem lhe prestar atenção, Miguez tornou de má vontade:

— Trouxe alguém com você?

— Não. Vim sozinho, conforme o combinado.

— E contou sobre isso a mais alguém?

— A ninguém.

— Ótimo.

Miguez enfiou a mão dentro da capa e dela retirou uma outra bolsinha de couro, mais pesada e recheada do que a primeira. O homem experimentou-lhe o peso, fitou Miguez com olhos ávidos e deu um sorriso que denotava toda a sua ambição. Ao abrir a boca para dizer alguma coisa, seus olhos se arregalaram e ele soltou uma tosse seca, parecendo sufocar. Pouco depois, cambaleou para a frente, fitou o rosto espantado de Miguez, que recuou aterrado, sem entender o que estava acontecendo, e murmurou agonizante, no exato instante em que tombava bem diante de seus pés:

— Desgraçado...

Miguez fitou primeiro o corpo inerte do homem e depois levantou os olhos lentamente, mal acreditando no que acabara de acontecer. Parada diante dele, Lucena segurava uma faca reluzente, ainda suja com o sangue do homem.

— Ele ia acabar nos entregando... — disse ela, com olhar febril.

Embora assustado, Miguez abaixou-se perto do corpo do homem e retirou-lhe a bolsinha, ainda presa entre seus dedos. Aquilo não estava nos seus planos, mas fora melhor. Livrara-se de um problema. E se o homem, mais tarde, começasse a pedir mais e mais dinheiro em troca de seu silêncio? Segurando firmemente a bolsinha, correu para Lucena, tirou-lhe a faca das mãos e atirou-a sobre o corpo inerte do homem, abraçando-a com ternura.

Giselle, a amante do inquisidor

— Você é muito esperta e corajosa, Lucena — disse, cheio de admiração. — Estou orgulhoso de você.

Voltaram para casa, pensando no que deveriam fazer. E se alguém descobrisse Blanca ali? Agora que Lucena conseguira salvá-la, não queria perdê-la novamente. Quando já não tinha mais esperanças, acabara por cumprir parte da promessa que fizera ao pai. Ela prometera, em seu estertor de morte, salvar Blanca e vingar-se de Giselle. Blanca já estava salva. Giselle, em breve, estaria em seu lugar.

Lucena correu ao quarto de Blanca, para ver como estava passando. Apesar de bastante ferida e fraca, sua respiração parecia regular. Suspirou aliviada e ajoelhou-se aos pés da cama, mal contendo as lágrimas. A seu lado, dom Fernão também chorava. Auxiliado pelos espíritos aos quais se associara, conseguira salvar Blanca da morte horrenda. Ela era muito pura para se transformar num espectro feito ele. Precisava viver. Viver para presenciar de perto a vingança que ele e seus asseclas estavam tramando para Giselle.

Beijou Blanca e Lucena no rosto e saiu pela parede. Apesar de Lucena não lhe registrar a presença, sentiu imensa saudade do pai e viu-se presa de um pranto convulso e desesperado. Miguez, preocupado, abraçou-a com força e levou-a dali, e ela só conseguia dizer o quanto odiava Giselle e gostaria de vê-la morta.

⌘

Embora desse pela falta de Miguez, Juan nem de longe desconfiou de que ele havia conseguido salvar a vida de Blanca. Até porque, não estava interessado. Seus pensamentos ainda se voltavam para Giselle, e ele se roía, só de imaginá-la dormindo com outro homem. Ao voltar para os aposentos de Esteban, ele já estava melhor e havia até se levantado.

— Monsenhor Navarro — censurou com um certo carinho —, não devia estar de pé. Lembre-se do que o médico disse.

— Não se preocupe, Juan, já estou melhor. E o auto de fé, como foi? Correu tudo bem?

— Teria sido melhor se Blanca não morresse antes de pôr a cabeça no tronco.

— Blanca morreu antes?

— Sim. Não aguentou.

— A multidão ficou furiosa?

— Ficou, mas padre Miguez contornou a situação. Mandou açoitar o próximo condenado antes da execução, e a turba pareceu satisfeita.

— Sabia que poderia contar com Miguez. Quanto a Blanca, bem, isso já era esperado. Ela estava mesmo muito mal. Só foi pena ter estragado o espetáculo.

— Pois é...

Esteban ficou vendo Juan se movimentar pelos aposentos, arrumando as camas e os livros na estante. Em dado momento, sentou-se numa cadeira perto da janela e chamou o noviço para junto de si:

— Sente-se aqui a meu lado, Juan. Quero falar com você.

Juan obedeceu. Largou o que estava fazendo e sentou-se ao lado de Esteban, falando com extrema polidez:

— Pois não, monsenhor. Deseja alguma coisa?

— Não exatamente. Quero saber de você.

— De mim? Por quê?

— Tenho notado que você anda um tanto estranho. Muito calado, triste, acabrunhado. Está acontecendo alguma coisa?

— Não está acontecendo nada.

— Tem certeza?

— Tenho.

— Eu o conheço desde pequenino, Juan. Sei quando algo de errado está acontecendo com você.

Giselle, a amante do inquisidor

229

— Não há nada de errado comigo, monsenhor.

— Em que anda pensando, meu rapaz? Em mulheres? Sente o desejo tomar conta de você? — Juan enrubesceu e sentiu o rosto arder, e Esteban prosseguiu: — É isso, não é? Você ainda é jovem, e seu corpo todo responde a tanta juventude. Não estou certo?

— Não... não, monsenhor... não é nada disso... sinto-me feliz aqui...

— Não foi isso o que perguntei, mas sei que seu coraçãozinho está dolorido.

— Dolorido? Não, senhor...

— Ainda pensa em Giselle, não é?

A afirmação súbita e direta de Esteban o confundiu, e Juan sentiu-se corar ainda mais.

— Não... não. Nem sei por que está falando isso. A senhorita Giselle...

— Giselle agora é uma senhora casada.

— Sei disso.

— E você não deveria mais pensar nela.

— Não penso nela, monsenhor. Por que haveria de pensar?

Juan continuava sentado ao lado do cardeal, bochechas rubras, sem coragem de encará-lo, enquanto Esteban ia se lamentando:

— A culpa foi minha. Não devia ter deixado as coisas chegarem a esse ponto. Devia ter tomado uma providência logo que descobri essa sua paixão insana por Giselle.

— Monsenhor Navarro — objetou Juan, confuso e aturdido —, está enganado.

— Não adianta tentar mentir para mim. Sei de tudo. No outro dia, quando chegou aqui com febre, delirando... só falava no nome de Giselle.

Juan sentiu que as lágrimas começavam a deslizar de seu rosto e se atirou aos pés de Esteban, rogando em súplica:

— Oh! monsenhor, por favor, não me castigue! Eu tentei evitar, juro que tentei. Mas não consegui. Por mais que me esforce, não consigo parar de pensar nela.

— Giselle não é mulher para você. Gosto dela também, mas ela é uma meretriz.

— O senhor está enganado. Ela me ama...

— Giselle não o ama. Por que está se iludindo desse jeito?

— Não estou me iludindo, ela me ama.

— Ela está casada com outro homem.

— Porque o senhor obrigou. Mas ela me ama, sei que me ama.

— Pare com isso, Juan! Não vê que assim só irá sofrer ainda mais? Giselle o ama... Não sei de onde tirou essa ideia!

— Ela me disse!

— Giselle disse que o ama?

— Disse e... — calou-se envergonhado, ocultando o rosto no colo de Esteban.

— E o quê? Vamos, Juan, conte-me. E o quê?

— Ela... ela... oh! monsenhor...!

Não parava de chorar. Embora impaciente, Esteban afagou os seus cabelos e fez com que ele se levantasse, sentando-o novamente na cadeira, de frente para ele.

— Ela o quê? Vamos, diga-me! Exijo que me conte a verdade.

Intimidado pela autoridade do outro, Juan fechou os olhos e acabou por confessar:

— Ela me fez homem, monsenhor!

— Ela o quê? — horrorizou-se, levando a mão ao peito.

— Ela me fez homem... — repetiu com voz sumida.

— Vocês... vocês dormiram juntos? Mantiveram conjunção carnal?

— Sim...

— Meu Deus! Giselle foi longe demais.

Giselle, a amante do inquisidor   231

— Não fique zangado com ela, monsenhor. Ela não teve culpa. Sei que ela e o senhor eram amantes, mas não foi culpa nossa. Simplesmente aconteceu. Ah! monsenhor, perdoe-me, perdoe-me! Vivo aflito com essa traição. O senhor é como um pai para mim, e eu não quis traí-lo. Mas não consegui. Foi mais forte do que eu! Por favor, perdoe-me!

Ele estava totalmente descontrolado, e Esteban se aproximou dele, chamando-o à razão:

— Juan, contenha-se! Seja homem!

Ainda em lágrimas, Juan tentou conter o pranto e arrematou hesitante:

— Giselle me ama...

— Ela não o ama — disse em voz baixa, mais para si do que para o noviço. — Giselle não ama ninguém a não ser, talvez, aquele vagabundo do Ramon.

— Não é verdade! — explodiu Juan, que ouvira nitidamente as suas palavras. — Ela me disse que não havia nada entre eles. Ela me disse!

Arrependido de haver deixado escapar o nome de Ramon, Esteban tornou confuso:

— Conhece Ramon?

— Já o vi na taverna, em companhia de Giselle.

— Sabe quem ele é?

— Não...

— Ramon é um vagabundo, é isso o que ele é. E é por ele que Giselle está apaixonada.

— Não é! Ela está apaixonada por mim!

— Você é um tolo, Juan. Então não vê que Giselle o estava usando? Na certa para obter informações sobre padre Miguez?

— Não, não...

— Tanto que ela veio me procurar, contando que você a informara sobre o relacionamento de Miguez e Lucena.

Naquele mesmo dia, pedi-lhe que não se envolvesse com você... Sabe o que ela havia me pedido antes? Que a deixasse se casar com Ramon de Toledo. É a ele que ela ama. Será que você não vê? Nem a mim, nem a você, mas a Ramon.

— Mas ela se casou com dom Solano. E só porque o senhor mandou...

— Não é bem assim. Você fala de coisas que não conhece. Giselle não ama você. Isso eu posso lhe assegurar.

— O senhor está querendo me punir, não é monsenhor?

— Não tenho motivos para fazer isso. Estou tentando ajudá-lo. Gosto de você como se fosse meu filho, não quero que sofra por causa de Giselle.

— Oh! monsenhor, eu a amo! O que posso fazer?

— Esqueça-a. Para o seu próprio bem, esqueça Giselle. Se quiser, posso arranjar umas mocinhas para você, sem que ninguém saiba.

— Não quero mocinhas. Quero Giselle.

Esteban fitou-o penalizado. Jamais deveria ter permitido que as coisas chegassem àquele ponto. Juan era um rapaz inexperiente e impressionável, e se deixara envolver pela sedução de Giselle. Que jovenzinho não se envolveria com uma mulher vivida e sensual feito ela?

Sem ter mais o que dizer, afagou-lhe novamente a cabeça e enxugou-lhe as lágrimas. Daquele dia em diante, tencionava não tocar mais no nome de Giselle na frente de Juan. Queria fazê-lo esquecer da moça e, não a vendo nem ouvindo falar o seu nome, talvez ele parasse de pensar nela. Juan era extremamente jovem, e o tempo se encarregaria de amadurecer tanta juventude.

Giselle, a amante do inquisidor

Capítulo 23

A felicidade por ter em seu ventre um filho de Ramon encheu Giselle de esperanças. Após o nascimento da criança, daria um jeito de se livrar de Solano e se casar com Ramon, e viveriam felizes para sempre, os três, longe de toda aquela sordidez. Solano, por outro lado, acreditava que o filho era dele e vivia gritando aos quatro cantos que ainda traria ao mundo mais um herdeiro antes de morrer.

Giselle não tivera nem tempo de contar tudo a Ramon. Solano chegara e, por causa de sua gravidez, parecia que não iria mais embora. Ficou por duas semanas seguidas, até que resolveu partir. Depois que ele se foi, Rúbia foi bater à porta do quarto de Giselle. Ela estava descansando, e a outra entrou bem devagarzinho.

— Giselle — chamou baixinho. — Está dormindo?

— Não. Estava apenas descansando, fazendo planos.

— Que planos?

Não podia dizer a Rúbia que pensava em matar o seu pai. Por mais que a moça gostasse dela, ficaria com ódio se soubesse.

— Planos para o meu filho — despistou, acariciando a barriga.

— O pai dele já sabe?

— Ainda não — suspirou ela, um tanto sem jeito.

— Quer que eu mande chamá-lo aqui?

— Você faria isso?

— E por que não? Por acaso, também eu não vivo um romance ilícito e obscuro? O amor é assim mesmo, minha amiga. Não se pode ir contra ele.

No dia seguinte, Belinda apareceu em casa de Giselle para chamar Ramon. Ele estava dormindo com Manuela, e a escrava fez um ar de desagrado quando soube. Mas não disse nada. Tinha medo de Giselle e preferiu não se meter naquela história, como Belita já fazia.

Ao saber que Giselle o receberia, Ramon largou Manuela e seguiu direto para Cádiz em companhia de Belinda. Foi discretamente introduzido nos aposentos de Giselle, e os dois se amaram loucamente. Só depois que terminaram foi que ela lhe contou que estava grávida.

— Meu filho, Giselle? — exultou. — Você está esperando um filho meu? Tem certeza? Não é daquele porco do Solano?

— Tenho certeza, Ramon. É seu filho.

Giselle não queria lhe contar que pensava em dar cabo da vida de Solano. Ramon desistira da ideia do assassinato, e ela sabia que ele não queria se envolver em nenhum crime e ainda tentaria fazer com que ela mudasse de ideia. Mas ela não permitiria que seu filho fosse criado por outro homem nem que desse a ele os carinhos que deveria reservar para seu verdadeiro pai.

Giselle, a amante do inquisidor

235

— No momento oportuno, veremos o que fazer — disse ele, ainda em dúvida.

— E Manuela, como vai?

— Bem...

Tamanha era a felicidade de Giselle que ela nem percebeu as reticências de Ramon. Ele procurou desviar o assunto e pôs-se a lhe contar sobre os negócio, mantendo-a informada sobre o que acontecia na taverna.

— Teve notícias de Esteban?

— Não. Nunca mais soube dele.

— É pena.

— Sente saudades?

— Na verdade, sinto sim. Você sabe o quanto gosto dele.

Ramon não respondeu. Sentia um pouco de ciúmes de Esteban, mas não queria que ela soubesse. Ficou durante toda a noite. Na manhã seguinte, Rúbia veio chamá-lo. Ele levou um susto ao ver a moça ali, parada diante dele.

— Não se preocupe com Rúbia — tranquilizou Giselle. — É minha amiga. Foi ela quem sugeriu trazê-lo aqui.

— Mas agora já é tarde — observou ela. — Você deve ir. Meu pai saiu, mas nunca sabemos quando irá voltar. Ainda mais agora, que pensa que vai ser pai.

— Por que está fazendo isso? — retrucou Ramon, sem nada entender. — Não gosta de seu pai?

— Gosto. E muito. Por isso, serei eternamente grata a Giselle pelo bem que está fazendo a ele. Mas não posso fechar os olhos para a realidade. Meu pai é um homem velho e feio, ao passo que Giselle é uma mulher jovem e linda. Eu seria uma tola se pretendesse que ela o amasse e lhe fosse fiel. Além disso...

— Além disso...

— Sei o quanto é triste amar-se uma pessoa que não se pode ter.

— Como assim?

— Outro dia Giselle lhe contará essa história. Agora venha. Meu pai pode voltar a qualquer momento.

Ramon não discutiu. Sentia-se grato àquela jovem por permitir que ele encontrasse sua amada. Beijou Giselle apaixonadamente, deu-lhe outro beijo no ventre e se foi. Belinda já o aguardava e conduziu-o direitinho para fora do castelo.

— É um bonito rapaz — elogiou Rúbia.

— É, sim. E eu o amo muito.

Ramon não podia vir todos os dias. Além da distância, a prudência aconselhava que não se expusesse tanto. Solano, preocupado com a gravidez de Giselle, afastava-se muito pouco, e era só nessas oportunidades que Ramon a via, às pressas. Com isso, seu romance com Manuela foi se intensificando. Seu coração ainda pertencia a Giselle, mas Manuela era uma mulher ardente e sensual, e Ramon foi se envolvendo. Sempre que Belinda aparecia para chamá-lo, ele largava Manuela e ia ao encontro de Giselle. Mas já não se consumia de paixão e desejo como antes, e a falta que Giselle fazia foi sendo suprida pelo calor do corpo de Manuela.

Com isso, Giselle também foi se sentindo só. Parara de ter enjoo, mas sua barriga ainda não começara a crescer. Ainda assim, não permitia mais que Solano a tocasse. Sempre que ele a procurava, ela se desculpava com os enjoos e as tonteiras, alegando que a gravidez lhe tirava o apetite sexual. Ele compreendia e não insistia, e Giselle passava as noites ardendo de desejo, pensando na falta que Ramon lhe fazia.

Começou a perder o sono. Quanto mais ansiava por Ramon, menos conseguia dormir. Solano, em seu quarto, dormia de roncar, e Giselle, certa noite, irritada com a falta de sono, levantou-se na ponta dos pés. Sabia que Rúbia e Diego deveriam estar no quarto ao lado e dirigiu-se para lá. Colou o ouvido à porta, mas quase não escutava nada. De

Giselle, a amante do inquisidor

237

vez em quando, um gemido, um sussurro, risos... Aquilo a foi enchendo de desejo, e ela tomou coragem. Com a mão na aldrava, empurrou a porta e entrou.

O quarto estava às escuras, e ela foi se encaminhando para a cama de Rúbia. Os dois estavam nus, se amando, e sorriram ao mesmo tempo quando ela se aproximou. Aquilo a espantou deveras. Pensava que Rúbia iria expulsá-la dali mas, ao invés disso, ela estendeu-lhe a mão, que Giselle tomou docemente, enquanto Diego a puxava pela outra mão.

Giselle deitou-se com eles. Daquele dia em diante, assim como Ramon procurava o corpo quente de Manuela, Giselle passou a consumir o seu desejo na cama de Rúbia, ao lado dela e de Diego. Rúbia não se importava de vê-la e a Diego juntos. Ao contrário, parecia até gostar. Os três se tornaram amantes. Giselle não vinha sempre. Sabia o quanto eles se amavam e sabia que o que ela buscava neles era apenas sexo e conforto.

Solano de nada desconfiou. Para todos os efeitos, Giselle sentia enjoos de gravidez. Muitas vezes, descobrira Giselle dormindo no quarto de Rúbia, mas nem de longe lhe passou pela cabeça o que estava acontecendo. Achava natural que a esposa buscasse a companhia de outra mulher naquelas horas, pois só outra mulher poderia ajudá-la com seus problemas íntimos.

Giselle não teve coragem de contar nada a Ramon. Tinha medo de que ele não aceitasse. Casar-se com Solano fora uma questão de vida ou morte. Mas dormir com Diego e Rúbia era uma traição inaceitável. Por isso, não disse nada. Quando Solano viajava, Belinda o chamava, e ela não ia ao quarto de Rúbia. Dedicava-se inteiramente a Ramon, e ele nem de longe desconfiava que ela também o estava traindo.

Capítulo 29

Com o decorrer dos dias, Juan foi se sentindo cada vez mais inquieto. Só conseguia pensar nas palavras de Esteban: Giselle não o amava. Amava Ramon, o vagabundo. Mas como podia ser verdade? Ela estava em Cádiz, com dom Solano. E Ramon? Será que continuava em Sevilha? Cada vez mais atormentado, resolveu sair. Esperou até que monsenhor Navarro dormisse e ganhou a rua.

Em poucos instantes, adentrava a taverna de Giselle. Tudo parecia como antes, à exceção, talvez, de Manuela. Agora, era somente ela quem distraía os homens com sua dança. Em silêncio, Juan se sentou a uma mesa no canto e pôs-se a espiar. A taverna não estava muito cheia, e ele pôde prestar atenção a cada detalhe.

Envolto em seu manto de veludo negro, Juan passou despercebido. Ninguém conseguira ver-lhe o hábito sob o manto e ninguém imaginou que ele era um religioso, menos Manuela, que já o conhecia. Ela terminou de dançar e foi para onde ele estava, um sorriso malicioso estampado no rosto.

— Ora, ora, ora — disse em tom de malícia —, se não é o noviço por aqui novamente.

Juan sentiu o rosto enrubescer e teve vontade de se levantar e sair correndo dali, mas a curiosidade o deteve. Não havia visto Ramon e queria saber se ele ainda continuava por ali.

— Boa noite, senhorita Manuela — respondeu com excessiva cerimônia.

— O noviço sabe o meu nome!

— Por favor, senhorita, deixe de brincadeiras.

— Está bem — concordou ela, sentando-se a seu lado. — Mas diga-me: o que o traz aqui? Giselle não está mais à frente da taverna.

— Eu sei. Não vim por causa de Giselle.

— Não veio? E a que veio então? Não vá me dizer que veio por minha causa...

Fingindo não ouvir os seus gracejos, Juan virou o rosto de um lado a outro, como se procurasse alguém.

— Onde está Ramon? — indagou com fingida naturalidade. — Não trabalha mais aqui?

— Ramon? — tornou Manuela desconfiada, com medo de que ele fosse algum tipo de espia de Giselle. — Não o vi hoje. Por quê?

— Por nada.

— Ora, vamos, noviço...

— Será que não poderia me chamar pelo nome? — zangou-se.

Manuela deu uma gargalhada e acrescentou:

— Está bem, Juan. Mas você ainda não me disse por que está atrás de Ramon. Ele está em débito com a igreja?

Juan ignorou o sarcasmo e ficou olhando para o seu rosto, imaginando se poderia confiar nela.

— Você é muito amiga de Giselle, não é?

Cada vez mais desconfiada, Manuela respondeu com cautela:

— Ela praticamente salvou a minha vida.

— Sei... E Ramon?

— O que tem ele?

Juan queria perguntar-lhe sobre o envolvimento de Ramon com Giselle, mas Manuela temia que ele quisesse averiguar se ela e Ramon eram amantes. Em sua ingenuidade, Juan sequer imaginava um envolvimento entre ambos.

Tentando parecer casual, prosseguiu:

— É que fiquei imaginando... Ramon deve estar sentindo muito a falta de Giselle, não é? Quero dizer, com o casamento e tudo o mais...

— É... Ramon deve mesmo estar sofrendo.

— Por que Ramon estaria sofrendo?

Manuela não estava entendendo nada. Aquele menino parecia dizer coisas sem sentido algum. Afinal, o que estaria tentando descobrir?

— Escute, Juan — revidou ela com todo cuidado —, não entendo aonde quer chegar.

Ele a fitou com olhos ávidos e tomou coragem para perguntar:

— Giselle e Ramon são amantes?

Ela suspirou aliviada.

— Você não sabe?

— São ou não são?

— É claro que são. Pensei que soubesse. Todo mundo sabe.

— Desde quando?

— Ora... desde que se conheceram.

Giselle, a amante do inquisidor

— Mas Giselle está casada com dom Solano!

— E daí? Desde quando casamento é empecilho para o amor?

Juan silenciou, lutando desesperadamente para conter a raiva. Giselle o enganara. Dissera que o amava, mas estava mentindo. Monsenhor Navarro é que tinha razão. Ela não amava ninguém, a não ser aquele porco imundo do Ramon. Sem dizer nada, levantou-se com o ódio a transfigurar-lhe as feições e foi se encaminhando para a porta. Ainda deu uma última olhada para dentro, tentando ver se Ramon estava por ali, mas ele não apareceu. Ramon estava no quarto atrás da taverna, cuidando da contabilidade, e nem sabia da chegada de Juan. Da porta, deu ainda uma última olhada para Manuela, que permanecia fitando-o com ar de indignação, e se foi.

Voltou para a abadia e foi deitar-se. Monsenhor Navarro ressonava alto no quarto ao lado e nem se apercebeu de sua saída. No dia seguinte, levantou-se mais cedo do que de costume, aprontou-se e saiu, deixando um bilhete conciso para Esteban. Tomou a carruagem e rumou para Cádiz.

Quando chegou, o castelo já estava em plena atividade. Dom Solano havia saído para resolver uns assuntos, Rúbia e Diego estavam fora, andando a cavalo, e Giselle estava repousando. Foi recebido pelos criados, e Belinda correu ao quarto de Giselle para chamá-la. Ela se aprontou rapidamente e desceu apressada, pensando que Juan estivesse ali a mando de Esteban. Encontrou-o no salão principal, andando de um lado a outro, apertando as mãos, cheio de nervosismo.

— Juan! — exclamou Giselle, correndo para ele e segurando-lhe as mãos. — Aconteceu alguma coisa?

Ele olhou de soslaio para a escrava e respondeu bem baixinho:

— Precisava falar-lhe... a sós.

Giselle meneou a cabeça e levou-o para seu quarto. Afinal, era um religioso, e seu marido não iria reclamar de sua presença em seus aposentos particulares. Depois que ele se acomodou, Giselle sentou-se diante dele e tornou a falar:

— Muito bem. Agora conte-me o que houve.

Ele permaneceu durante alguns minutos estudando o seu rosto. Ela parecia agitada, nervosa, com medo de alguma coisa. Seria medo de que algo houvesse acontecido ao amante?

— Giselle... — balbuciou ele — da última vez que nos vimos, disse que me amava...

A mente de Giselle começou a trabalhar rapidamente. Juan não estava ali para levar-lhe nenhuma notícia ruim. Estava ali para cobrar-lhe algo. Sabia que ele estava apaixonado por ela e lembrou-se de que havia lhe dito que o amava. Até dormira com ele e o transformara num homem. Seria prudente revelar-lhe a verdade sobre seu envolvimento com Ramon?

— O que quer dizer? — retrucou ela, confusa.

— Disse ou não disse que me amava?

— Disse...

— E estava mentindo?

— Não — sustentou a mentira.

— Quando se deitou comigo, falando aquelas coisas, estava sendo sincera, não estava?

— Estava.

— Então, por que é que mantém um caso com esse tal de Ramon?

— Não diga isso! — censurou exaltada. — Não é verdade.

— Você disse que me amava, Giselle. Você jurou. Disse que Ramon era apenas um amigo.

— Mas é...

— Mentira! Manuela me contou tudo. Você e Ramon são amantes desde quando se conheceram. Mas quem é esse Ramon e como foi que entrou em sua vida?

Giselle começou a desesperar. Tinha em Juan um forte aliado contra as armadilhas de Miguez. Se perdesse a sua

Giselle, a amante do inquisidor

amizade e ele se passasse para o lado daquele padre maldito, nem queria pensar no que poderia acontecer. Rapidamente, chegou mais para perto dele e falou com aparente tranquilidade:

— Foi Manuela quem lhe contou isso?

— Já disse que foi. E disse mais: disse que vocês ainda mantêm esse romance, a despeito de seu casamento com dom Solano.

— Manuela está mentindo — objetou entredentes. — Ela tem ciúmes. Vive se insinuando para Ramon, mas ele não a quer, e ela acha que a culpa é minha. Mas não é. Se Ramon não a deseja, o problema não é meu. Só que ela não pode aceitar o fato de que ele não se sente atraído por ela e quis fazer intriga.

Juan fitou-a em dúvida. Ela falava com tanta convicção que era difícil não acreditar.

— Mas monsenhor diz que você o ama...

— Ele está enganado. Na certa, só porque vendi a taverna para Ramon, ele ficou imaginando coisas.

Ela desviou os olhos, com medo de que ele percebesse a raiva que ia tomando conta de todo o seu corpo. Por que Manuela fizera aquilo? De Esteban, não dizia nada. Mas Manuela, que direito possuía de sair por aí falando de sua vida? E como é que sabia que ela e Ramon ainda eram amantes? Aos poucos foi percebendo que Manuela parecia saber demais sobre sua vida, o que a foi deixando inquieta.

A seu lado, Juan permanecia calado, fitando-a com olhar ávido, como que tentando adivinhar o que ia em seu coração. Em seu íntimo, queria acreditar, embora soubesse que ela estava mentindo.

— Você e Ramon não têm se encontrado? — insistiu.

— Não. Depois que me casei, nunca mais nos vimos.

— Tem certeza?

— Por que duvida? Não tenho motivos para mentir para você.

— Você ainda me ama?

— Amo... só que agora sou uma mulher casada. Devo obediência e respeito a meu marido.

— Por que se casou com ele, Giselle? — choramingou, atirando-se a seus pés.

— Você sabe — tornou ela, acariciando-lhe os cabelos. — Foi preciso.

Ele não parava de chorar, agarrado a suas pernas. Aquele era o momento que Giselle esperava. Juan demonstrava fraqueza e fragilidade, e ela se aproveitou da situação para convencê-lo. Vagarosamente, foi erguendo-o pelos braços, até que ele se ajoelhou diante dela e pousou a cabeça em seu colo. Giselle beijou-lhe os cabelos e começou a erguer o seu queixo, beijando-o de mansinho. Ele não resistiu. Caiu em seus braços afoitamente e se entregou ao amor. Ao final, estava satisfeito e convencido. Do jeito como Giselle fizera, devia amá-lo de verdade.

— Não conte sobre isso a ninguém, Juan — pediu com voz melíflua. — Se meu marido souber, manda me matar.

— Não se preocupe, Giselle, ficará somente entre nós.

— Ótimo. Lembre-se de que sou uma mulher casada e agora não posso mais dormir com outro homem que não seja meu marido. Você foi a única exceção.

Todo convencido, Juan sentiu o peito inflamar-se de orgulho e acabou retrucando:

— Fique descansada e confie em mim. Não contarei nada a ninguém.

— Nem a Esteban.

Ele titubeou, mas concordou:

— Nem a monsenhor.

Giselle sorriu exultante. Mais uma vez, conseguira convencer aquele noviço tolo de que ela o amava. Só mesmo uma

Giselle, a amante do inquisidor

cabecinha ingênua e pueril feito a de Juan para acreditar num disparate daquele. Mas ela sabia que o rapaz poderia ser-lhe útil ou perigoso. Se estivesse a seu lado, seria seu verdadeiro aliado. Contra ela, poderia se tornar um feroz inimigo. Ainda mais se descobrisse que ela mentira e que o usara durante todo aquele tempo.

Quando Juan chegou de volta à abadia, Esteban estava quase desesperado à sua procura. Logo que o viu entrar, correu ao seu encontro, demonstrando genuína preocupação. A seu lado, Miguez o acompanhava, o olhar grave denotando que também estava preocupado.

— Juan! — explodiu Esteban. — Onde foi que se meteu?

— Não leu o meu bilhete?

— Isso? — estendeu para ele o bilhete e continuou: — Não diz nada. *Monsenhor Navarro, preciso sair. Não se preocupe. Juan.* Onde é que esteve?

— Nós ficamos preocupados, Juan — acrescentou Miguez. — Por pouco monsenhor não dá o alarme para a abadia inteira.

— Estão exagerando.

— Vai me dizer onde esteve ou não?

— Estive por aí.

— Onde?

— Em lugar nenhum. Saí, fui para o campo, precisava espairecer.

— Espairecer? — espantou-se Miguez. — Por quê?

Juan fitou Esteban pelo canto do olho. O cardeal sabia muito bem por quê. Não imaginava que ele houvesse ousado tanto, mas sabia que ele, na certa, estava tentando fugir de seus próprios sentimentos.

— Juan está com certas dúvidas — esclareceu Esteban mais que depressa. — Não sabe se quer mesmo se tornar padre.

— Ah! é isso? — tornou Miguez desconfiado, imaginando se não havia um dedo de Giselle naquele história — E o que lhe causa tantas dúvidas?

— Nada demais, amigo Miguez. Ele está enfrentando uma fase difícil. Coisas da idade, você entende.

Juan sentiu o rosto arder, coberto de vergonha. Deu um sorriso forçado e, pedindo licença, rodou nos calcanhares e foi para seu quarto.

— Creio que você deva arranjar uma mocinha para ele — sugeriu Miguez. — Juan não será feliz fora da vida monástica. Ele não tem ninguém nem preparo nenhum para enfrentar o mundo lá fora. E depois, são tempos difíceis...

— Tem razão, Miguez. Tratarei de providenciar isso.

— Se você quiser, posso arranjar-lhe algo. Ainda há muitas mocinhas nas masmorras, das quais não posso mais me ocupar. Sua virgindade tem sido atestada pelos carrascos do Tribunal, e Juan ainda nos faria um favor.

— Obrigado. Vou falar com ele. Tenho certeza de que acabará concordando. Afinal, é uma tarefa honrosa, essa que lhe confia.

Com um aceno de cabeça, se despediram. Esteban precisava conversar com Juan, convencê-lo a aceitar o cargo que Miguez lhe oferecia. Serviria para mantê-lo ocupado e desviar sua atenção de Giselle. Juan era ainda muito jovem e não tardaria a esquecê-la. Ao menos, era o que ele pensava.

Giselle, a amante do inquisidor

Capítulo 25

Depois de intensa noite de amor, Manuela, envolta nos braços de Ramon, fechou os olhos e pôs-se a cantarolar. Ramon sorriu e beijou-lhe a face, soltando-a e virando o rosto para o lado, a fim de dormir. Pensava em Giselle. Por mais que gostasse de dormir com Manuela, Giselle era a dona de seu coração. Sentia imensa saudade dela e ficava sonhando com o dia em que poderiam viver felizes, ele, ela e o filho.

Em dado momento, Manuela parou de cantar e puxou a sua cabeça, obrigando-o a virar o rosto em sua direção.

— Adivinhe quem veio nos visitar hoje — falou com uma certa excitação.

— Quem? — fez Ramon, um tanto quanto receoso.

— O noviço.

— Quem? Juan? — ela assentiu. — O que ele queria?

— Não sei bem. Perguntou sobre você e Giselle. No começo, fiquei assustada, pensando que ele quisesse saber de nós dois. Mas depois percebi que o que ele queria mesmo era saber de vocês.

— Estranho. E o que você disse?

— Nada de mais. Que vocês eram amantes há bastante tempo.

— Você lhe disse isso?

— Por quê? Fiz mal?

Ramon não respondeu. Alguma coisa dentro dele lhe dizia que aquela história ainda ia acabar muito mal. Juan não podia saber que ele e Giselle eram amantes, pois o ciúme do rapaz ainda acabaria por colocá-los em alguma situação embaraçosa. Ainda em silêncio, tornou a virar o rosto para a parede e fingiu dormir. Não queria envolver Manuela.

No dia seguinte, foi a vez de Ramon partir para o castelo de dom Solano. Sabia que poderia ser arriscado, mas precisava tentar. Com medo de causar algum embaraço à Giselle, bateu aos portões e pediu para falar com Rúbia. Dom Solano estava em um dos salões, em companhia de Giselle, e não ouviu quando foram chamar a filha.

Rúbia apareceu imediatamente e mandou que Ramon entrasse. Conduziu-o para um dos terraços mais afastados e sentou-se com ele em um banco.

— Está sendo muito imprudente, Ramon — censurou Rúbia.

— Eu sei — desculpou-se acanhado. — Mas o assunto é deveras urgente.

— Não posso chamar Giselle. Meu pai está em casa.

— Por favor, Rúbia, o assunto é mesmo sério. Preciso falar com ela o mais rápido possível.

— Lamento não poder atendê-lo. Meu pai vai ficar desconfiado.

Giselle, a amante do inquisidor

— Eu lhe imploro, Rúbia. Invente uma desculpa e saia com ela. É só o que lhe peço.

— O que pode ter acontecido assim de tão grave para você estar desse jeito? Alguém descobriu alguma coisa sobre vocês?

— É o que temo.

Rúbia meneou a cabeça e falou:

— Saia do castelo agora e me espere mais abaixo, na beira da estrada. Darei um jeito de ir até lá, a cavalo, com Giselle. Só não garanto que possa ser logo.

— Esperarei o quanto for necessário.

Depois que ele saiu, Rúbia voltou para dentro. Giselle estava no salão com dom Solano, aparentando profundo enfado com sua conversa sobre as futuras possibilidades na América recém-descoberta. De vez em quando, bocejava e olhava pela janela, tentando arranjar uma desculpa para escapar de tão desagradável companhia. Foi quando Rúbia apareceu. Entrou sorridente, beijou o pai e Giselle e sentou-se ao lado dele. Por cerca de meia hora, ficou fazendo-lhes companhia, até que Diego também apareceu e foi juntar-se a eles.

— Ah! Diego — Rúbia foi logo dizendo —, que bom que você chegou. Assim pode fazer companhia a papai por uns instantes.

Dom Solano ergueu as sobrancelhas e encarou a filha.

— Fazer-me companhia? — repetiu indignado. — Por quê?

— Preciso de Giselle por uns instantes, papai. Coisas de mulher, você não vai se interessar.

Não foi preciso muito para Diego compreender que Rúbia precisava falar a sós com Giselle. Não sabia que Ramon fora procurá-la, mas compreendeu a urgência da situação e atalhou:

— Pode deixar que cuidarei bem dele, Rúbia. Vão e podem se demorar o quanto quiserem.

Dom Solano ficou embevecido. Sempre que o filho lhe fazia companhia, ele se sentia extremamente feliz e agradecido. Sentindo a atenção do rapaz, pôs-se a falar sobre seus futuros planos na América.

Enquanto isso, Rúbia saiu puxando Giselle pela mão, caminhando em direção às cocheiras.

— Aonde vamos? — indagou Giselle assustada.

— Ramon está nos esperando. Precisa falar com você.

— Onde ele está?

— Na beira da estrada. Venha depressa! Não podemos nos demorar.

Rúbia apanhou dois cavalos e estendeu um para Giselle, que tomou as rédeas e montou com todo cuidado. No fundo, podia imaginar por que Ramon fora até ali daquele jeito. Na certa já ficara sabendo das indagações de Juan. Em silêncio, passaram pelos portões do castelo e seguiram pela estrada. Mais abaixo, Ramon as esperava. Já estava ficando vermelho de tanto apanhar sol; ficara lá por mais de uma hora. Mas não podia voltar sem falar com Giselle.

Ramon ajudou Giselle a descer do cavalo, enquanto Rúbia foi se sentar à sombra de uma árvore, do outro lado da estrada.

— Não se demorem — alertou. — Não quero que papai desconfie de nada.

De mãos dadas, Ramon e Giselle foram sentar-se debaixo de outra árvore, um pouco afastada daquela em que Rúbia estava. Ele a beijou avidamente, mas sentiu uma certa frieza em seus gestos.

— O que há com você? — indagou decepcionado. — Pensei que fosse ficar feliz em me ver.

— Estou... — respondeu ela hesitante — mas também estou surpresa. O que aconteceu?

— Não sei se você já sabe, mas Juan andou fazendo perguntas sobre nós.

Giselle, a amante do inquisidor

— Andou? A quem?

Ele hesitou, mas não podia deixar de responder.

— A Manuela.

— Como é que você sabe disso?

— Ora, Manuela me contou.

— Por quê?

— Porque ela trabalha para mim. Esqueceu?

— Não, não esqueci. Só não entendo como é que Manuela sabe tanto sobre nós. Sabe até quando foi que começamos a nos encontrar.

Na mesma hora, Ramon sentiu o rosto arder, e Giselle percebeu o rubor cobrindo as suas faces.

— Está acontecendo alguma coisa entre vocês? — tornou Giselle, cada vez mais desconfiada.

Por pouco Ramon não engasgou. Engoliu em seco e, cabeça baixa, revidou com voz sumida:

— O que é isso, Giselle? Por que essa desconfiança agora?

— Porque você está muito estranho. E Juan ficou sabendo de tudo a nosso respeito por intermédio dela.

— Você esteve com Juan?

— Assim como você, ele também veio me procurar, louco de ciúmes.

— E o que você fez?

— Juan é um jovem tolo e ingênuo. Não foi difícil convencê-lo de que Manuela estava errada.

— Como foi que o convenceu, Giselle? Teve que dormir com ele?

— Isso não vem ao caso. Juan é apenas um garoto.

— Ah! não vem ao caso, não é? Você sempre arranja uma desculpa para justificar o fato de que dorme com todo mundo.

— Eu não durmo com todo mundo!

— Só com dom Solano e com Juan, além de mim, é claro. E monsenhor Navarro? Ainda tem dormido com ele também?

Mal contendo a indignação, Giselle estalou-lhe uma bofetada no rosto, e Ramon levantou-se indignado.

— Não devia ter feito isso, Giselle — disse entredentes. — Você não tem esse direito.

Já arrependida, Giselle correu para ele e atirou-se em seus braços, balbuciando em lágrimas:

— Ramon... perdoe-me... perdi a cabeça... É a gravidez... me deixa confusa...

Ao ouvir falar na gravidez, Ramon se acalmou. Não podia esquecer que ela carregava no ventre o seu filho.

— Está certo, Giselle, acalme-se.

— Perdoe-me... É que fico louca só de pensar que você possa estar dormindo com aquela Manuela.

— Não estou dormindo com ninguém.

— Eu sei...

— Embora não possa dizer o mesmo de você, não é mesmo?

— Ah! Ramon, não fique zangado comigo. Você sabe que não gosto de dormir com ninguém além de você. Mas Solano é meu marido, e Juan precisava ser calado. Quanto a Esteban, há muito não temos nada. Ele hoje é como um pai para mim. Por favor, não se zangue por causa de Juan. Eu fiquei desesperada. Quando ele veio me procurar, perguntando se nós éramos amantes, não sabia o que fazer...

— E então fez a única coisa que realmente sabe fazer, não é, Giselle? Fez sexo com ele.

— Fiz isso porque precisava. Foi a única forma que encontrei de fazê-lo acreditar em mim. Para nossa segurança, Juan precisa acreditar que o amo. Por favor, acredite.

Ramon acreditava. Era mesmo impossível que uma mulher feito Giselle fosse se interessar por um rapazola magricelo e inexperiente feito Juan. Ainda assim, não podia deixar que ela desconfiasse de Manuela.

— Não falemos mais nisso — cortou ele de forma perspicaz.

— Eu a amo, e nada pode abalar esse amor.

Giselle, a amante do inquisidor

Ela se acalmou. Recostou a cabeça em seu peito e apanhou a sua mão, pousando-a sobre seu ventre. Ramon ficou embevecido, tentando sentir o bebê, mas a gestação ainda era muito recente, e ele não pôde perceber nada.

— Jura que não está dormindo com Manuela? — sondou de repente.

Mais uma vez, ele titubeou. Não esperava pela pergunta e sentiu a voz presa na garganta quando respondeu:

— Juro.

Foi lacônico demais, artificial demais, e Giselle não se convenceu. No entanto, naquele momento, não queria mais reavivar nenhuma discussão. Iria agir à sua maneira e daria um jeito de descobrir. Segurou-lhe o rosto entre as mãos e beijou-o com ardor, mal ouvindo a voz de Rúbia, que a chamava do outro lado da estrada:

— Giselle, vamos! É hora de voltar.

Despediram-se e voltaram para o castelo. Dom Solano, ainda preso à companhia de Diego, nem dera pela sua falta. Elas tornaram a entrar na sala e foram se sentar perto dele.

— Ah! — fez ele, batendo no joelho de Giselle. — Já voltaram?

Ela sorriu meio sem graça, e Diego perguntou, dirigindo-se a Rúbia:

— Que tal um passeio?

— Excelente ideia!

Os dois se levantaram e saíram, e Giselle ficou a sós com dom Solano, que ria para os filhos completamente embevecido. Ele ficou vendo-os se afastar e só então voltou-se para a esposa e continuou com seus sonhos e planos, mal se apercebendo do ar de contrariedade e repulsa que Giselle, agora, nem se dava o trabalho de esconder.

Capítulo 26

A casa de Miguez em San Martín ficava um tanto quanto afastada da cidade, e poucas pessoas costumavam passar por ali. Ninguém conhecia aquele seu recanto, e ele só aparecia à noite, quando não podia ser visto. Na abadia, ficaram sabendo do assassinato do homem que dirigia a carroça com os corpos dos executados, mas ninguém desconfiou de sua participação naquele crime. Para todos os efeitos, o homem se envolvera com bandidos e tivera o fim que merecera. Para todos os efeitos também, Blanca estava morta e seu corpo, cremado, e o caso de dom Fernão já era página virada no livro de execuções de Esteban.

Naquele dia, porém, Miguez apareceu mais cedo. Ainda era dia quando ele chegou e viu que Lucena lia para Blanca no jardim. Blanca fitava o horizonte com olhos vítreos, que nada viam além da escuridão. Apesar de bastante magra e abatida, dava visíveis sinais de melhora. Lucena cuidava dela com carinho e dedicação, cobrindo-a de toda atenção possível. Aos pouquinhos, fora ganhando peso, e as chagas começavam a se fechar.

Miguez se aproximou e fez sinal para que Lucena concluísse a leitura. Sentou-se num banco próximo e ficou esperando até que ela terminasse. Ao final, Lucena chamou Consuelo e deu-lhe ordens para cuidar de Blanca, que acabara por adormecer sob o calor do sol. Lucena ajeitou-lhe a manta, beijou-a gentilmente no rosto e foi ao encontro de Miguez.

— O que o traz aqui tão cedo? — indagou ela, beijando-o nos lábios.

— Vou ser sagrado bispo.

— É mesmo? Não diga!

— Recebi hoje a comunicação. Haverá uma solenidade em dois dias.

— Mas que maravilha, Miguez! Parabéns!

— Tenho trabalhado duro, Lucena...

— Preferia que não falasse sobre isso. Sabe que não aprovo o seu trabalho.

— Não fosse eu o que sou, jamais teria conseguido salvar Blanca. Tampouco poderia tê-la ajudado.

— Sei disso — interrompeu ela com outro beijo. — Mas é que quando me lembro de meu pai...

Começou a chorar baixinho, olhando para Blanca com piedade. Miguez estreitou-a de encontro ao peito e beijou seus cabelos, falando com maciez:

— Não chore, Lucena. A culpa não é do Santo Ofício. Estamos a serviço de Deus. A culpada foi Giselle. Foi ela quem delatou seu pai.

— Não fale no nome dessa mulher novamente! Eu a odeio! Odeio-a sem nem mesmo conhecê-la!

— Também a odeio, minha querida. E ela não perde por esperar. Tenho certeza de que Deus ainda colocará em minhas mãos as armas com que irei destruí-la.

— É o que espero.

— E depois, partiremos para seu ex-noivo.

— Soube alguma coisa dele?

— Ainda não. Com tantos acontecimentos, não tenho me empenhado muito nisso. Prefiro concentrar-me primeiro naquela mulher.

— Mas você a deixou escapar!

— Eu não a deixei escapar. Esteban insistiu em casá-la com dom Solano, e eu nada pude fazer. Contudo, tenho certeza de que ela ainda dará algum passo em falso que me ajudará a prendê-la.

— Quero que ela sofra tudo o que meu pai sofreu. E Blanca também. Devo isso a eles. Aquela mulher tem que pagar por todo o mal que nos fez.

— Farei com que pague com a vida.

— Não! A vida é pouco para o que ela me deve. Quero que seu corpo sangre como o de meu pai, que seus olhos queimem como os de Blanca, que ela perca tudo como eu perdi! Quero tudo o que lhe pertence, tudo!

— Não se preocupe com isso. Darei um jeito de lhe transferir todos os bens de Giselle. Não sei ao certo o que ela possui mas, segundo o que Esteban disse, ela conseguiu juntar um tesouro considerável. Vai ser tudo seu.

— Ótimo. Quero que ela saiba disso. Quero que saiba que tudo o que é seu passará a pertencer à filha do homem que ela enganou e destruiu!

— Não se iluda, Lucena. Giselle enganou e destruiu muitos homens. Seu pai não foi o primeiro.

Giselle, a amante do inquisidor

— Cadela!

— Enganou até Esteban. Enfeitiçou-o com suas magias, e ele ficou caído por ela. Mas, no momento em que despertar, vai perceber quem Giselle realmente é e ainda vai nos ajudar a acabar com ela.

Ao ouvir o nome de Esteban, Lucena sentiu um arrepio. Por mais que Miguez lhe dissesse que ele não fora culpado de nada, ela não podia esquecer que fora ele quem mandara colocar seu pai na masmorra e, pior, naquele sarcófago maldito que eles chamavam de *Virgem de Nuremberg*.

— Vamos mudar de assunto, sim? — pediu ela. — Sei que Esteban é seu amigo, mas não posso mentir que goste dele.

— Sei que não gosta. Mas Esteban é meu amigo, e eu jamais poderia fazer qualquer coisa contra ele. E nem você. Prometa-me que nunca vai tentar nada contra ele.

— E o que é que uma pobre moça desamparada pode contra um poderoso inquisidor do Santo Ofício?

Miguez ficou satisfeito. Quando voltou à abadia, soube que Esteban estava novamente acamado e foi visitá-lo em seus aposentos. Bateu à porta suavemente, e Juan veio atender.

— Monsenhor está dormindo? — perguntou baixinho.

Juan fez sinal com a cabeça que sim, mas a voz de Esteban chegou até eles, nítida e sonora:

— Deixe de bobagens, Juan, estou muito bem acordado.

Com um gesto de resignação, Juan deu passagem a Miguez, que foi sentar-se ao lado de Esteban na cama.

— Como está, meu amigo? — indagou solícito.

— Melhor agora. É a maldita dor de cabeça. Não sei o que me causa esse mal-estar.

— Você precisa descansar. Sabe o que o médico diz — esperou alguns minutos antes de perguntar: — E Giselle, como está? Tem tido notícias dela?

— Por que a pergunta? — estranhou Esteban. — Você nunca teve interesse em Giselle.

— Por nada. Apenas curiosidade. Ela anda sumida...

— Giselle agora é uma senhora de respeito, casada com um homem íntegro e temente a Deus. Dom Solano é um bom cristão.

— Sei disso, Esteban, não fique zangado.

— Não estou zangado. Mas você sabe que não gosto de sua cisma com Giselle.

— Perdoe-me. Não pretendia contrariá-lo.

— Deixemos Giselle de lado, meu amigo. Nesse assunto, nós nunca concordaremos.

— Tem razão — fez uma pausa e prosseguiu: — E quanto a Ramon de Toledo? Tem ouvido falar dele?

Esteban sobressaltou-se. Mais uma vez, Miguez insistia com Ramon. Será que já sabia de algo?

— Por que tem tanto interesse em Ramon?

— Por nada. É apenas curiosidade.

— Curiosidade ou desejo de vingança?

— Como assim?

— Ramon foi noivo de Lucena...

— Ramon é um canalha!

— Você está mesmo apaixonado, não está?

— Você sabe que sim. Eu mesmo lhe confessei. É por esse motivo que preciso encontrar Ramon. Para fazê-lo pagar por toda humilhação que fez Lucena sofrer.

— Não acha que isso é um exagero? O rapaz só não quis se casar com ela.

— Para você, posso contar. Ramon seduziu Lucena às vésperas do casamento e depois a abandonou.

— Não me diga!

— Por isso preciso encontrá-lo.

— O que pretende fazer com ele?

— Ainda não sei. Vai depender do que Lucena decidir.

— Entendo.

Giselle, a amante do inquisidor

— Bem, agora vou deixá-lo descansar. Creio que já tomei demais o seu tempo por hoje.

— Oh! não, não. Você é meu amigo e é sempre bem-vindo. Por falar nisso, está feliz com o bispado?

— Confesse, Esteban. Tem um dedo seu nisso, não tem?

— Mais ou menos. Roma pediu informações sobre todos os nossos inquisidores. Sabe que nosso inquisidor-geral viaja mais do que trabalha e me delegou praticamente todos os seus poderes. Por isso, fui eu que tive que atender ao pedido de Roma. Falei tudo sobre você e os outros padres, e é claro que o seu nome tinha que ser escolhido. Afinal, você é um dos melhores inquisidores que Sevilha já conheceu.

— Foi muita bondade sua. Ser bispo é um sonho antigo.

— Não fiz nada que você não merecesse. O mérito é todo seu, meu amigo.

— Mesmo assim. Não fosse por você, eu não teria conseguido.

Enquanto os dois padres conversavam, Juan ficou ruminando as palavras de Miguez. Aquela Lucena devia estar pressionando-o para descobrir o paradeiro de Ramon. E se ele mesmo contasse? Juan sabia muito bem onde ele estava e podia dizer-lhe tudo. Mas tinha medo da ira de monsenhor Navarro. Esteban parecia proteger o rapaz e não ficaria nada satisfeito se soubesse que Juan estava metido naquela história.

Por mais que Giselle lhe jurasse que não havia nada entre ela e Ramon, era bom não facilitar. Saber que padre Miguez o estava procurando dava-lhe uma certa tranquilidade. Se se sentisse ameaçado, bastaria apenas uma palavra para que Ramon saísse de seu caminho. Pediria a Miguez que não dissesse a Esteban que fora ele o informante. Será que concordaria? Talvez sim. Por maior que fosse a amizade entre ele e Esteban, o amor por Lucena haveria de falar mais alto, e Miguez ainda lhe seria eternamente grato por aquele pequeno favor.

Capítulo 27

Desde seu último encontro com Ramon, Giselle perdeu o sossego. As palavras de Ramon não saíam de sua mente, e ela via e revia o seu rosto rubro e dissimulado, afirmando que não tinha nada com Manuela. Era mentira, ela sabia. Tinha certeza de que ele estava mentindo. Aquilo a encheu de ciúme e de raiva. Dia após dia, Giselle só pensava na oportunidade de desmascarar aqueles dois.

Seu humor ficou completamente alterado. Giselle vivia irritada, cenho fechado, parecendo de mal com a vida. Até dom Solano reparou, mas ela conseguiu se escusar, alegando o mal-estar próprio da gravidez. Ele não desconfiou. Mas Rúbia sim. E Diego também. O rapaz foi o primeiro a notar a alteração no comportamento de Giselle e foi quem chamou a atenção de Rúbia.

— Já notou como Giselle anda estranha?

— Já, sim. Mas ela disse que não anda se sentindo bem por causa da gravidez.

— Conversa. Aposto como aconteceu alguma coisa.

— Mas o quê? Será que foi com Ramon?

— É possível. Você não disse que ele veio aqui outro dia?

— Veio. Será que é aquela história do noviço, o Juan? Giselle tem medo de que ele possa falar com alguém sobre seu envolvimento com Ramon.

— Não sei, Rúbia. De qualquer forma, algo não vai bem.

Rúbia ficou pensativa e começou a reparar melhor em Giselle. Efetivamente, seu humor ia de mal a pior. Gritava com os criados, batia em Belinda, jogava coisas no chão. Seu pai então, nem podia se aproximar dela. Solano ficava desgostoso, mas aceitava a desculpa da gravidez e não dizia nada, certo de que aquilo tudo passaria após o nascimento do bebê.

Um dia, Rúbia não conseguiu mais se conter. Giselle havia acabado de dar uns bofetões em Belinda, por causa de uma comida muito salgada. Após o almoço, Rúbia foi puxando Giselle pelo braço e saiu com ela para o pátio.

— O que você quer? — indagou Giselle de mau humor. — Estou muito cansada para passear.

— Escute aqui, Giselle — objetou Rúbia com firmeza —, o que é que está acontecendo? Por que está tratando todo mundo desse jeito?

— De que jeito?

— Você está mal humorada, agressiva. O que há com você?

Giselle desatou a chorar. Já estava mesmo sensível por causa da gravidez, e qualquer coisinha lhe trazia lágrimas aos olhos. A amiga passou o braço ao redor de seus ombros e deu-lhe um beijo nas faces, e Giselle se agarrou a ela, falando aos tropeções:

— Oh! Rúbia, ajude-me! Estou desolada, sem saber o que fazer!

— O que foi que houve?

— É o Ramon. Desconfio que anda tendo caso com Manuela.

— A dançarina da taverna?

— Essa mesma.

— Mas por quê? Ramon ama você.

— Ele está me traindo. Sei que está.

— Será que você não anda imaginando coisas? Talvez a gravidez a esteja deixando muito impressionável.

— Não, não. Tenho certeza. Vi em seus olhos. Ele disse que não há nada entre eles, mas eu sei que está mentindo. Ramon não consegue me enganar. Não a mim!

— Está certo, Giselle, acalme-se. Não quer que os outros desconfiem, quer? — ela meneou a cabeça. — Então, fique calma. Daqui a pouco, até papai vai perceber. É isso o que quer?

— Não.

— Então trate de sossegar.

— Não posso, Rúbia. Preciso descobrir. Se Ramon está me traindo, preciso saber.

— Pense bem. Ramon a ama, disso tenho certeza. Mas você está longe, casada com outro homem. Não acha natural que ele também queira se divertir com outras mulheres?

— Não! Não posso suportar a ideia de vê-lo nos braços de outra.

— Mas você faz a mesma coisa.

— Não faço, não. Meu casamento com seu pai é uma farsa. Desculpe-me se falo assim de seu pai, Rúbia, mas você sabe que eu não o amo. Só me casei com ele porque Esteban insistiu.

— Sei disso, e ele também. Contudo, você está casada e está esperando um filho que bem poderia ser dele.

— Mas não é!

— Só que ninguém sabe disso. Todos pensam que sim. E depois, você faz sexo com ele, não faz?

— Mas é diferente!

— E teve que se deitar com Juan também, não teve?

— Foi preciso, Rúbia. Juan ia nos entregar.

— E faz sexo comigo e com Diego...

— Vocês são meus amigos. Ajudam-me a suportar a ausência de Ramon.

— Cada um tem os seus motivos, Giselle, mas o resultado é o mesmo. Você dorme com outros homens por interesse. Ramon dorme com outras mulheres por necessidade.

— Não sei por que o defende.

— Não o estou defendendo. Apenas quero mostrar-lhe que isso não é assim tão horrível. Pior seria se ele não a amasse, se a estivesse enganando em seus sentimentos, se a estivesse usando ou iludindo. Mas ele não faz nada disso. Ramon a ama muito, qualquer um pode perceber.

— Sei disso, Rúbia. Sei que ele me ama. Mas não posso! Por mais que queira, não posso aceitar o fato de que ele esteja dormindo com Manuela.

— Você não tem certeza disso.

— Eu preciso saber! Preciso ter certeza!

— Para quê? O que vai fazer? Abandoná-lo?

— Não! Isso nunca! Jamais poderia viver sem Ramon.

— Então, de que adianta saber?

— Posso dar um jeito em Manuela.

— Mas que jeito? Aposto como Manuela não representa nada para ele.

— Por isso mesmo. Preciso afastá-la de meu caminho — nesse momento, voltou a chorar descontrolada. — Oh! Rúbia, ajude-me! Por favor, ajude-me!

— O que quer que eu faça, Giselle? Ramon está em Sevilha. Não é assim tão perto.

— Mas eu vou até lá.

— No seu estado? É loucura.

— Loucura ou não, preciso ir. Tenho que me certificar com os meus próprios olhos.

— Eu não faria isso se fosse você. Pode não fazer bem ao bebê.

— O bebê que se dane!

— Giselle, que horror!

— Oh! Rúbia, perdoe-me. Não é verdade, não quero fazer mal ao meu filho. Quero que ele nasça e seja criado pelos pais deles. Por mim e por Ramon... — calou-se aturdida.

— Criado por você e por Ramon? — tornou Rúbia confusa e perplexa. —Mas como, se você é casada com meu pai?

Giselle jamais poderia lhe contar os planos que tinha para dom Solano. Rúbia podia apoiá-la em suas loucuras porque sabia que o pai era um velho, incapaz de satisfazê-la como merece. E depois, sabia que, quando se casara, já era apaixonada por Ramon e só aceitara aquele casamento para fugir das garras de padre Miguez. Rúbia era bastante compreensiva e a vinha ajudando, mas nunca apoiaria o assassinato de seu próprio pai.

Com medo de se delatar, Giselle respondeu aturdida:

— Desculpe a franqueza, Rúbia, mas seu pai já é um velho. Não vai durar para sempre.

Rúbia abaixou a cabeça pensativa. Giselle tinha razão. O pai já era um homem idoso e não era eterno. Depois que ele morresse, Giselle ficaria viúva e nada a impediria de se casar com Ramon.

— Tem razão. Depois que ele se for, você estará livre para fazer o que quiser de sua vida. Mas por enquanto, ele ainda é seu marido.

— Não fique zangada comigo.

— Não estou.

— Está, sim. Você ficou diferente.

— Não ligue. É que amo muito o meu pai. Entendo que você é uma mulher jovem e que é apaixonada por Ramon, e acho que ninguém tem o direito de separar um amor assim tão grande. Mas meu pai tem sido feliz ao seu lado, e eu não gostaria de ver a sua felicidade destruída.

— Isso não vai acontecer. Não vou fazer nada para desgostá-lo.

— Você sabe que eu nunca interferi em seu romance com Ramon, mas gostaria de lhe pedir uma coisa. Deixe que meu pai alimente a ilusão de que é o pai dessa criança que você espera. Isso está lhe fazendo enorme bem.

Giselle engoliu em seco. Pretendia matá-lo, mas gostava muito de Rúbia e não queria enganá-la. Durante alguns minutos, permaneceu confusa, pensando no que deveria dizer. Podia mentir para ela, mas sua consciência lhe dizia que estaria perdendo a única amiga que conhecera em toda a sua vida. Por fim, tomou uma resolução. Ou fugiria com Ramon, ou esperaria que dom Solano morresse de causas naturais. Ele estava velho e não deveria durar muito tempo mesmo.

— Não se preocupe, Rúbia — tranquilizou ela, segurando a mão da amiga. — Isso não vai acontecer. Enquanto viver, seu pai acreditará que o filho é dele. Não lhe direi nada.

— Obrigada — retrucou Rúbia agradecida, beijando-lhe a mão.

Foram caminhando para o lado de fora e ganharam a campina em frente ao castelo. A passos vagarosos, continuaram passeando, e Giselle retomou a palavra:

— Sobre aquele outro assunto...

— Que assunto?

— Sobre Ramon e Manuela... Lamento, mas eu preciso saber.

— Não faça isso. Você poderá se arrepender.

— Ainda assim, tenho que descobrir. E vou descobrir.

— O que vai fazer?

— Vou até Sevilha.

— Como? Papai não vai permitir.

— Ele precisa se ausentar do castelo por uns dias.

— Mas ele não quer.

— Ajude-me, Rúbia. Faça com que viaje.

— Como é que farei isso?

— Não sei. Dê um jeito. Peça a Diego para ajudar. Ele pode inventar uma história de que seu pai está sendo chamado para resolver algum assunto na África.

— A África é distante, Giselle. Uma viagem até lá demora muito tempo. Meu pai não irá.

— Ajude-me, Rúbia, por favor! É só o que lhe peço!

Com um suspiro de resignação, Rúbia acabou por concordar:

— Está certo. Verei o que posso fazer.

∞∞∞

Na semana seguinte, a ajuda veio de forma inesperada. Diego recebeu uma carta de Esteban, pedindo-lhe que fosse a Madri imediatamente. Sua mãe estava muito mal e mandara chamá-los. Esteban informava que, no dia seguinte, iria ao castelo buscá-lo para, juntos, viajarem a Madri.

Solano ficou desconsolado. Apesar dos longos anos que os distanciavam, ainda sentia por ela uma certa ternura. Afinal, era a mãe de seu primogênito.

— Por que não acompanhamos Diego, papai? — sugeriu Rúbia, já pensando na oportunidade que Giselle tanto esperava.

— Não posso, minha filha. Bem que gostaria de prestar minhas últimas homenagens a Marieta. Mas não posso deixar Giselle sozinha.

— Ora, Solano, não precisa se preocupar comigo — objetou Giselle, com voz subitamente doce. — O castelo está cheio

Giselle, a amante do inquisidor

de criados. E depois, Belinda está comigo há anos e sabe muito bem cuidar de mim.

— Ainda falta muito para essa criança nascer, papai. A barriga de Giselle ainda nem cresceu!

— Vá, Solano. Não se preocupe comigo. Estarei bem.

— Não sei. Tenho medo de que algo lhe aconteça.

— Mas o que poderá me acontecer aqui? Ficarei bem, já disse.

— É isso mesmo, papai. Giselle já não é mais nenhuma garotinha. Pode cuidar de si e do bebê.

— Hum... — fez ele em dúvida. — Tem certeza?

— Absoluta.

— Não vai ficar aborrecida de ter que ficar sozinha?

— Terei com o que me distrair. Acho mesmo que vou começar a fiar algumas roupinhas para o bebê.

Dom Solano sorriu satisfeito.

— Está certo, então. Amanhã, quando monsenhor Navarro chegar, nós o acompanharemos.

No dia seguinte, Esteban chegou bem cedo e ficou surpreso com a comitiva que o acompanharia. Pensou que somente o sobrinho iria com ele e sentiu uma certa apreensão por ter que deixar Giselle só. Não que temesse pela sua segurança. Mas seu coração lhe dizia que algo não se encaixava naquela história. Ela estava muito solícita, alegre, falante. Quem não a conhecesse diria tratar-se de genuína alegria. Mas ele, que já a conhecia há bastante tempo, sabia que ela deveria estar tramando alguma coisa.

Dom Solano se despediu dela e saiu com Rúbia e Diego. A carruagem de Esteban era ampla e tinha espaço para os quatro.

— Não vem, titio? — perguntou Diego, vendo Esteban parado no salão, sem se mexer.

— Vá indo — respondeu ele, sem tirar os olhos de Giselle.

— Há algo que tenho que falar com Giselle.

Esteban esperou até ter certeza de que os três já haviam mesmo saído e se aproximou de Giselle, que não ousava encará-lo.

— Giselle — chamou ele calmamente.

— O que é? — tornou ela, levantando os olhos úmidos para ele.

— Conheço-a melhor do que ninguém. Melhor até do que Ramon, por quem você seria capaz de cometer as maiores loucuras.

— Esteban...

— Deixe-me terminar. Não sei o que está acontecendo nem o que você está pretendendo. Mas sei que está tramando algo. Só vou adverti-la de uma coisa: tenha cuidado. Nem sempre poderei salvá-la de sua própria insensatez.

— Não sei do que está falando, Esteban. Não estou tramando nada.

— Está. Meu coração diz isso. Não sei o que é, mas posso sentir.

— Está se preocupando à toa. Já disse que não estou fazendo nada.

— Tenha cuidado, Giselle. Miguez está de olho em você e em Ramon.

— Em Ramon?

— Sim. Quer vingar a honra perdida de Lucena. Se ele descobrir que você e Ramon...

— Não vai descobrir nada!

— Tenha cuidado! Tenho a estranha sensação de que algo terrível está para acontecer.

— Não vai acontecer nada, Esteban, já disse. Deixe de se preocupar à toa e vá. Os outros o esperam.

Esteban deu-lhe um beijo discreto no rosto e saiu, coração opresso, temendo pela sua segurança. Depois que eles se foram, Giselle começou a se inquietar. Precisava partir o quanto antes. Se eles a estivessem traindo, na certa que estariam usando a sua casa. Chegaria de madrugada, depois que fechassem a taverna, e os flagraria juntos.

Por volta das duas horas da madrugada, Ramon fechou a taverna e foi para casa em companhia de Manuela. Como de costume, entraram e foram direto para o quarto, onde logo começaram a se amar. Pouco depois, a carruagem de Giselle parou na porta da frente, e ela saltou. Com cuidado, foi rodeando a casa, até que chegou à cozinha, onde Belita costumava dormir num quartinho atrás. Bateu de leve à porta, até que a escrava acordou. Bastante sonolenta, entreabriu a porta e espiou.

— Senhora Giselle! — exclamou assustada.

— Psiu! — fez Giselle, indicando-lhe que não devia fazer barulho.

Belita encolheu-se assustada. Sabia que Ramon e Manuela estavam no quarto e temia pelo que poderia acontecer. Sem dizer nada, correu de volta a seu quarto, rezando para que Giselle não a responsabilizasse por aquilo.

Em silêncio, Giselle começou a subir as escadas. A casa estava toda às escuras, à exceção de seu quarto, cuja fraca luz das velas ainda luzia. Sem produzir qualquer ruído, encostou o ouvido na porta e escutou. Do lado de dentro, os conhecidos gemidos e sussurros. Não se conteve. Com um empurrão, escancarou a porta e entrou, flagrando Ramon e Manuela em pleno ato sexual.

O susto que eles levaram foi imenso. Ramon, apanhado de surpresa, empurrou Manuela para o lado, e ela caiu sobre a cama, rosto lívido, espantada demais para falar.

— Giselle... — Ramon conseguiu balbuciar, a cara branca feito cera.

— Seu animal! Porco, imundo!

— Giselle, espere...

— Eu sabia! Foi só me ver pelas costas para me trair com essa vagabunda!

Descontrolada, Giselle partiu para cima de Manuela e começou a bater em seu rosto, ao mesmo tempo em que gritava:

— Sua ordinária! Meretriz! Tirei-a da rua quando você precisou, e é assim que me paga!

— Não, Giselle, não... — suplicava Manuela, tentando aparar os golpes.

— Você me paga! Ah! se me paga!

Continuou a bater-lhe, até que Ramon conseguiu segurá-la por trás.

— Pare com isso, Giselle! Manuela não tem culpa de nada.

— Seus cretinos! Foi divertido me enganar, não foi? A tola, a estúpida, a idiota da Giselle que faz tudo pensando em Ramon! E Ramon gasta o seu amor no corpo dessa vadia!

— Acalme-se, Giselle, por Deus!

— Vou matá-la! Solte-me, Ramon, vou matar essa vagabunda!

— Saia daqui, Manuela! — berrou Ramon.

Manuela não esperou uma segunda ordem. Mais que depressa, apanhou suas roupas e saiu, ainda nua, indo vestir-se no corredor. Giselle estava completamente ensandecida e era bem capaz mesmo de matá-la.

— Largue-me, Ramon! Vou matá-la! Vou matar você!

Sem soltá-la, Ramon foi virando o corpo de Giselle, até que ela ficou de frente para ele. Segurando seus braços para trás, tentou argumentar:

— Giselle, não é o que está pensando...

Giselle, a amante do inquisidor

— Não é? O que pensa que sou? Alguma imbecil? Então não vi com meus próprios olhos? Canalha! Patife!

Com as mãos presas atrás do corpo, Giselle pôs-se a chutar Ramon, e ele foi obrigado a apertar os seus punhos e torcer os seus braços com mais força, fazendo com que ela se acalmasse.

— Manuela não significa nada para mim. É apenas um corpo de mulher, nada mais. Durmo com Manuela porque não posso estar com você. Mas é você que amo, só você.

— Mentira!

— Não é mentira. Você é meu único amor. O que Manuela me dá é apenas sexo. Ela não me preenche feito você. Só você aquece o meu coração. Quando durmo, é com você que sonho; quando acordo, você é a primeira em quem penso. Ao caminhar pelas ruas, é você que vejo nos rostos das outras mulheres, é pelo seu corpo que anseio quando o meu arde de desejo. Mas você não está. Está sempre longe, no leito de outro homem. Sinto-me só, Giselle, morro de saudades de você. Foi por isso que cedi aos apelos de Manuela, porque não aguentava mais a sua ausência.

Tocada pelas palavras sinceras de Ramon, Giselle foi se acalmando. Ele a amava, tinha certeza. Na certa, fora Manuela quem o seduzira, e ele, fraco feito todo homem, deixara-se levar pelo desejo e os impulsos, e a tomara por amante. Mas fora ela a culpada. Estava claro.

— Ramon, eu... não sei o que dizer... Sinto-me ultrajada, ferida, enganada...

— Tem razão de se sentir assim. Mas acredite em mim quando lhe digo que você é a única mulher que eu amo. Do contrário, já teria fugido com Manuela. Lembre-se de que sei onde você escondeu o seu tesouro e poderia muito bem tê-lo apanhado e fugido com ela. Mas não foi isso o que fiz, foi? Não, não foi. Mas podia, não podia? Podia, mas não fiz. E sabe por quê? Porque é você que eu amo, Giselle, você e mais ninguém.

Ele tinha razão. Giselle lhe confidenciara o segredo do seu tesouro oculto, e ele bem poderia tê-lo roubado e fugido com Manuela para bem longe. Mas não o fizera. Tivera todas as oportunidades, mas preferira ficar ali. E se ele não fugira, então era mesmo porque a amava. Sim, Ramon a amava. Tudo fora culpa de Manuela. Fora ela quem o seduzira.

— Aquela vagabunda, ordinária! — rugiu Giselle. — Dei-lhe acolhida e ela me traiu.

— Manuela é apenas uma tonta.

— Não a defenda! Jamais torne a defender outra mulher! Ela o seduziu, não foi? Tentou você até que conseguiu o que queria. Eu devia imaginar. Os olhares que ela lhe lançava... como fui estúpida em mantê-la na taverna.

— Não pense nisso agora. Já passou.

— Não passou não! Ela é uma meretriz e vai ter o fim que merece!

— O que você vai fazer?

— Você vai ver.

Ainda segurando suas mãos para trás, Ramon beijou os seus lábios com ardor, e ela o correspondeu, cheia de paixão. Ele soltou os seus punhos e ela o abraçou e, em breve, os dois estavam na cama, se amando. Quando terminaram, Ramon acariciou o seu ventre e falou com ternura:

— E o meu filhinho, como é que vai aí dentro?

Giselle deu um sorriso forçado. Filhinho? Pois sim! Ela queria muito aquele filho, mas ficou imaginando o que Ramon faria quando sua barriga crescesse. Com seu corpo deformado, impossibilitando-a para o sexo, ele, na certa, acabaria procurando outras mulheres, e ela não poderia permitir. Já sabia o que fazer. O filho que a perdoasse, mas sua felicidade ao lado de Ramon era muito mais importante.

Giselle, a amante do inquisidor

Em silêncio, Giselle desceu ao porão, onde seus objetos de magia ainda se encontravam guardados. Com a vela na mão, fechou a pesada porta e dirigiu-se para as prateleiras ao lado da estante de livros, onde guardava suas poções. Há quanto tempo! Não tinha ali todos os elementos, mas precisava reuni-los. Acobertada pela escuridão da noite, saiu pela porta que dava para a floresta e penetrou na mata escura. Não havia lua, e ela foi obrigada a usar uma lanterna para iluminar-lhe o caminho.

Em pouco tempo, reuniu tudo de que necessitava e voltou para dentro de casa. Ramon não deveria desconfiar de nada ou poderia ficar aborrecido. Rapidamente, preparou a mesma infusão de que tantas vezes já fizera uso e guardou-a num frasco. Voltou para seu quarto e deitou-se ao lado de Ramon, que dormia um sono pesado. No dia seguinte, logo pela manhã, voltou ao castelo.

Aproveitando-se de que não havia mais ninguém ali além dos criados, trancou-se em seus aposentos e abriu o frasco. Ficou olhando para ele e para seu ventre, que ainda não dava os sinais da gestação. Pelos seus cálculos, devia estar lá pelo terceiro mês, e havia ainda tempo suficiente para fazer o aborto sem correr muitos riscos. Pensou em Ramon. Ele ficaria triste. Queria muito aquele filho. Ela também. Mas não poderia aceitar perder o homem amado por causa de seu corpo disforme.

Solano, igualmente, ficaria triste, mas era por ele também que chegava àquele ato extremo. Havia prometido a Rúbia que nada faria contra ele, o que se tornaria praticamente impossível com o filho de outro homem nos braços. Não. Decididamente, aquela criança não seria uma boa coisa para ninguém.

Dando ainda uma última olhada para a barriga, decidiu-se. Virou o frasco todo na boca de um só gole e fez uma careta de repulsa. O líquido era amargo e desceu queimando em sua garganta. Deitou-se na cama para dormir. Dali a pouco, sentiu queimar-lhe também as entranhas. Aquela sensação já era conhecida e ela, pouco depois, sentiu o sangue descer pelas pernas. Com ele, o que teria sido seu filho. Chorou. Em outras circunstâncias, talvez aquela criança fosse a luz de sua existência, mas, naquele momento, poderia representar o princípio de sua destruição enquanto mulher.

Capítulo 28

Quando Solano chegou, uma semana depois, não conseguiu conter o desapontamento. Esperava aquele filho como uma vitória de sua virilidade, mas Giselle não conseguira segurá-lo durante os nove meses de gestação. Esteban olhou-a desconfiado, achando aquilo tudo muito estranho. Ficara sabendo de sua gravidez na carruagem, a caminho de Madri, e levou um tremendo susto. Embora Solano falasse da criança com toda a convicção de um pai, Esteban sabia que não podia ser dele. Giselle jamais se permitiria engravidar daquele homem. O filho só podia ser de Ramon.

— Não devia ter me ausentado — queixou-se Solano. — Se eu estivesse aqui, isso não teria acontecido.

— Deixe de bobagens, Solano — repreendeu Giselle de má vontade. — Essas coisas são assim mesmo.

— Minha mãe morreu — declarou Diego solenemente, tentando chamar a atenção para si.

— Sinto muito, Diego — falou Giselle, sem demonstrar muito interesse.

— Como foi que aconteceu? — indagou Rúbia, também desconfiada, ignorando a intromissão de Diego.

— De repente. Eu estava sentada, lendo um livro, quando senti o sangue escorrer. Olhei para baixo e vi que estava certa.

— O que se há de fazer, não é mesmo? — tornou Diego em tom irônico.

O tio o censurou com os olhos, e ele se calou.

— Há algo que eu possa fazer por você, Giselle? — perguntou Esteban.

— Há sim. Gostaria de consultar um médico em Sevilha.

— Nada mais justo — concordou Solano. — Mas não há necessidade de viajar para ver o médico. Posso chamar um aqui mesmo.

— Não, Solano, não quero. Estou acostumada ao médico com o qual me consultava em Sevilha. É de confiança.

Olhou para Esteban de soslaio, mas ele não disse nada. Sabia que ela não costumava consultar médico algum e imaginou que ela estava arranjando um pretexto para se ausentar.

— Deixe que ela vá comigo, dom Solano — interveio Esteban. — Cuidarei bem dela.

Solano deu de ombros. Por ele, chamaria o médico que atendia o castelo, mas se Giselle insistia... Não tinha motivos para não concordar. E depois, iria com Esteban, a quem ele devia muitos favores.

— Muito bem — aquiesceu Solano. — Vá preparar suas coisas, Giselle. Monsenhor partirá amanhã, logo na primeira hora.

Giselle, a amante do inquisidor

277

Mais do que contente, Giselle chamou Belinda para que fosse arrumar suas coisas. Já estava mesmo farta daquela vida de castelã. Não gostava nada de ficar em casa vendo o tempo passar sem ter o que fazer. Gostava de ver gente e sentia falta da agitação da taverna. Estava acostumada a ser livre, e aquela vida era pior do que uma prisão. E depois, tinha assuntos importantes a tratar com Esteban.

— Onde é que vai se hospedar, Giselle? — inquiriu Diego, ainda com ar malicioso. — Na abadia? Ou na taverna?

Giselle fuzilou-o com o olhar, mas respondeu com aparente calma:

— Em minha casa. E agora, com licença. Preciso me preparar para a viagem.

— Vou ajudá-la — disse Rúbia.

As duas moças pediram licença e foram para os aposentos de Giselle, seguidas de Belinda, que começou a preparar a bagagem. Enquanto a escrava ia arrumando as roupas dentro do baú, Rúbia perguntou curiosa:

— Diga-me a verdade, Giselle. O que foi que houve realmente?

— Quer mesmo saber?

— Quero sim.

— Pois vou lhe contar. Apenas lhe peço que não se zangue.

Rapidamente, Giselle contou a Rúbia tudo o que se passara desde o dia em que eles haviam partido para Madri.

— Não vou dizer que não tenha ficado desapontada — comentou Rúbia. — Meu pai esperava esse filho mais do que qualquer outra coisa na vida. Mas não posso culpá-la. Também eu já fui obrigada a tomar essa drástica medida.

— Você? Já abortou alguma vez?

— O que você queria? Que eu desse a meu pai netos incestuosos? Jamais. Engravidei duas vezes e, nas duas, fui obrigada a consultar uma parteira. Foi ela quem me deu as ervas. Por isso, não me sinto no direito de condenar o que você fez.

Giselle apertou a mão da amiga e sorriu com afeição.

— O que há com Diego? — indagou ela, mudando de assunto. — Pensei que, quando a mãe morresse, ficaria feliz em poder colocar a mão na herança.

— Qual herança, qual nada! Dona Marieta precisou gastar tudo o que tinha para pagar as dívidas de Diego. Embora ele não pudesse dispor de seu patrimônio, envolveu-se com gente da pior espécie, e a mãe foi obrigada a saldar-lhe as dívidas para que não o matassem.

— Não diga!

— Para você ver. Após a sua morte, não lhe restou muita coisa.

— É por isso que ele está tão sarcástico?

— É sim.

— Engraçado, não, Rúbia? A situação de Ramon é bem semelhante.

— Eu sei. Na época em que Ramon consumiu todo o dinheiro da família Toledo, monsenhor Navarro ainda comentou que o cunhado fizera bem em deixar todo o patrimônio em *usus et fructus* para sua irmã. Mas Diego, ainda assim, deu um jeito de gastar tudo...

— Que coisa!

Depois que Belinda terminou de arrumar o baú, Giselle a dispensou e deitou-se na cama. Desde que abortara, sentia-se um pouco cansada. Já não era mais jovem e o corpo se ressentia de tantas extravagâncias.

— O que pretende fazer em Sevilha, Giselle? Na certa, não vai consultar nenhum médico.

— É claro que não.

— Não está indo ao encontro de Ramon, está?

— Não. Vou cuidar de outra pessoa.

Giselle, a amante do inquisidor

— Que pessoa?
— De Manuela.
— Como?
— Vou destruí-la, Rúbia. Destruir a sua felicidade, como ela fez com a minha. Não fosse por ela, eu nem pensaria em abortar o meu filho.
— Não faça isso, Giselle. Deixe-a ir. Ela agora não pode mais nada contra você.
— Isso é que não. Ela me traiu e vai ter que me pagar.
— O que pretende fazer?
— Vou atirá-la no calabouço.
— Giselle! — Rúbia levou a mão à boca, horrorizada.
— Por que o espanto? Por acaso pensa que sou boazinha?
— Não faça isso. Ela vai sofrer horrores lá dentro.
— Pois que sofra! Quando me fez sofrer, não pensou nisso.

Rúbia silenciou, tomada de profunda tristeza. Gostava muito de Giselle e sabia que ela era uma doidivanas que só pensava em sexo, mas jamais poderia supor que ela fosse capaz de uma torpeza daquelas. Sabia que ela fora amante de monsenhor Navarro, mas nunca imaginara que ela compactuasse com suas práticas nefastas.

Pobre Manuela! Por tão pouco ver-se-ia atirada nas garras dos torturadores. Com uma indefinível tristeza no olhar, Rúbia se afastou, decepcionada ante a atitude de Giselle. Não sabia que ela era cruel. Mas ela era. Vingativa e cruel. De cabeça baixa, foi se aproximando da porta. Antes de sair, ainda parou e deu uma última olhada em Giselle, que a fitava com espanto. Fizera-a sofrer, ela sabia, mas não tinha como evitar. Teria dado o mundo para evitar o sofrimento de Rúbia, mas o mundo não era o bastante para conter o ódio que sentia da mulher que ousara tocar o corpo de seu amado Ramon.

— Você tem que me ajudar! — berrava Giselle, parada na frente da mesa do gabinete particular de Esteban. — Aquela mulher é uma meretriz!

— Pense bem — ponderou Esteban. — A moça é uma pobre-coitada. Por que não a deixa em paz?

— Porque ela seduziu Ramon, por isso.

— E daí, Giselle? Não posso mandar prendê-la. Não tenho nada contra ela.

— Pois eu tenho! Ou você a prende, ou irei daqui até às Mesas Inquisitoriais e farei pessoalmente a denúncia.

— Alegando o quê?

— Heresia!

— Com que provas?

— Desde quando você precisou de provas para incriminar alguém? A minha palavra, ou a de qualquer outro, sempre foi suficiente.

— Você ainda vai acabar se encrencando. Miguez está observando você e Ramon. Se ele descobrir que são amantes...

— E quem vai contar? Você?

— As paredes têm ouvidos... Alguém pode escutá-la. Imagine se Miguez descobre que Ramon de Toledo, o homem que ele procura, que foi noivo de Lucena, o mesmo que a desonrou e desapareceu, é seu amante e está escondido em sua taverna?

— Não vai descobrir...

— E você foi muito imprudente vindo até aqui.

— Você não quis me ouvir. Passou a viagem inteira dormindo!

— Eu estava cansado. Excedi-me um pouco no vinho, na véspera...

— E o que esperava que eu fizesse? Que desistisse?

— Reflita no que vai fazer, Giselle. Isso ainda pode acabar mal.

— Não! Exijo que você tome uma providência. Se não quiser que eu mesma o faça!

Esteban suspirou desanimado. Não adiantava discutir com Giselle. Ela estava descontrolada, fora de si. Só conseguia pensar em se vingar da tal Manuela. Melhor seria fazer o que ela pedia. Um escândalo, àquela altura, só serviria para chamar a atenção de Miguez. Ele não vira Giselle entrar e, com sorte, não a veria sair. Contudo, se ela fosse às Mesas Inquisitoriais, poderia estar selando seu próprio destino. Se Miguez a seguisse, na certa encontraria Ramon em sua cama.

— Está bem, Giselle, farei como me pede. Onde posso encontrar essa tal Manuela?

— Ela vive numa espelunca chamada "O Mascate". Conhece?

— Não, mas posso descobrir.

— Ótimo! Mande seus homens até lá e eles a encontrarão.

— Farei isso. E agora, volte para casa com cuidado. Depois que prender Manuela, mandarei avisá-la.

Giselle correu até ele e beijou-o nos lábios, feliz da vida com o que ela considerava uma vitória. Em silêncio, vestiu o manto negro e jogou o capuz sobre o rosto, saindo para o corredor. Ninguém a reconheceu. As faces ocultas não davam mostra de que era ela, e Giselle, assim como entrou, pôde sair sem maiores problemas.

Alguns minutos depois que ela se foi, Esteban também se levantou. Estava ficando cansado daquilo. Giselle vivia se metendo em encrencas, e era ele quem tinha que consertar. Mas aquela seria a última vez. Se ela se envolvesse em mais alguma confusão, deixaria por conta dela. Não podia ser seu protetor para sempre. Suspirou com tristeza e abriu a porta, saindo para ir em busca de seus soldados.

Assim que ele se foi, um vulto saiu de detrás da imensa estante de livros que circundava quase todo o gabinete. Era

Juan. Quando Giselle entrara, ele estava em uma ponta da estante, limpando os livros da prateleira de baixo, e ela nem se dera conta de sua presença. Ao vê-la entrar esbaforida, ele quase se levantou para recebê-la, mas suas palavras ásperas logo alertaram seus sentidos. Giselle estava zangada, e a prudência lhe dizia que não deveria se mostrar. Se ficasse quieto, saberia o que estava acontecendo.

Para sua surpresa, descobriu que ela e Ramon eram, efetivamente, amantes. E mais: que Ramon fora noivo de Lucena e que Miguez estava atrás dele. Giselle mentira para ele, enganara-o perfidamente. Não o amava. Amava aquele vagabundo metido a nobre. Agora que descobrira tudo, ficou pensando no que deveria fazer. Por mais que soubesse que Giselle o havia enganado, não podia fazer nada contra ela. Precisava era livrar-se de Ramon. Com ele fora de seu caminho, talvez ainda tivesse alguma chance com Giselle. Afinal, se ele desonrara Lucena, bem se via que não tinha o menor caráter. Não merecia Giselle.

❦

Esteban fez o que Giselle lhe pediu. Chamou seus homens e deu-lhes ordens para que fossem à estalagem chamada "O Mascate" e prendessem uma moça de nome Manuela Peña, acusada de heresia. Assim foi feito. No meio da noite, os soldados invadiram a estalagem à procura de Manuela, que foi arrancada da cama e levada amarrada, sem nem saber por que estava sendo presa.

No dia seguinte à sua prisão, Esteban foi sozinho à casa de Giselle. Ela ainda estava dormindo, ao lado de Ramon, e Belita foi acordá-la. Ao saber que o cardeal estava ali, desceu correndo para ir ao seu encontro, tomando cuidado para não acordar o amante.

— E então? — perguntou ansiosa.

— Está feito, Giselle. Manuela já está nas masmorras.

— Que maravilha! Quando é que posso vê-la?

— Vê-la? Para quê?

— Ora essa, Esteban. De que vale uma vingança se não se pode saboreá-la pessoalmente? Quer me tirar esse prazer?

— Pretende humilhá-la ainda mais?

— O que está havendo com você? Que eu saiba, nunca foi dado a crises de consciência.

— Está enganada, Giselle. Todos os que acusei eram culpados de algum tipo de heresia. Cumpri o meu dever levando-os ao calabouço e à morte, purifiquei as suas almas...

— E ficou com todo o dinheiro deles.

— Isso não vem ao caso. O confisco de bens é apenas consequência do processo de inquisição. Mas eles eram culpados. Todos eles. E mereceram o fim que tiveram. Mas essa moça... não consigo ver nela nada que justifique uma acusação.

— Diz isso só porque ela é pobre e você não poderá tirar nada dela.

— Não é verdade. Essa moça é uma tonta, ingênua. Não fez mal a ninguém.

— Fez a mim!

— Está bem, não quero voltar a discutir esse assunto. De qualquer forma, ela já está presa.

— O que foi que fez com ela?

— Por enquanto, nada. Ela está apenas amarrada ao tronco.

— Só isso? Ela tem que ser torturada! Não é isso o que fazem com os hereges?

— Deixe a tortura comigo. Ou será que quer tomar o meu lugar de inquisidor?

— Não... perdoe-me. Sei que me exaltei, mas é que odeio Manuela.

— Não precisa mais se preocupar com ela. Do lugar onde está, não poderá mais atingi-la.

— Quero vê-la. É o último pedido que lhe faço.

Após alguns minutos de hesitação, Esteban acabou concordando:

— Está bem. Mas que seja mesmo a última coisa que me pede. De hoje em diante, não atenderei mais a nenhum pedido seu.

— Fique sossegado. Depois disso, vou deixá-lo em paz.

— Muito bem. Amanhã à noite mandarei um soldado de minha confiança vir aqui para buscá-la. Cubra-se com o manto e o acompanhe. Eu estarei aqui para levá-la ao calabouço. Mas cuidado. Não deixe que ninguém a reconheça.

— Não se preocupe. Farei tudo direitinho.

Assim foi feito. Na noite seguinte, Giselle acompanhou o soldado que a fora buscar em sua casa. Não disse nada a Ramon, mas fez com que ele fosse até a taverna naquele dia, alegando que não seria bom que ele se ausentasse por tanto tempo. Desde que ela chegara, Ramon deixara a taverna aos cuidados de Sanchez, e o movimento caíra muito após a saída de Manuela.

Na calada da noite, Giselle penetrou na masmorra do Tribunal, e a primeira coisa que sentiu foi o cheiro pútrido que vinha de seu interior. Instintivamente, tapou as narinas com a ponta do manto e foi seguindo pelos corredores, assustada com os fracos gemidos que, aqui e ali, se faziam ouvir. Até que avistou Esteban, parado no portão que conduzia ao cárcere feminino. Era a primeira vez que entrava no lugar para onde ajudara mandar tanta gente e sentiu um leve arrepio. O que seria? Não estava frio ali, e nenhuma corrente de ar vinha do exterior.

Era dom Fernão. A ida de Giselle ao calabouço o atraíra para junto dela, e ele se aproximou, sentindo o quanto a odiava, o quanto odiava os dois. Acompanhou-a até o local onde Manuela dormia, amarrada à *polé*[1]. Aquela visão a impressionou, mas Giselle seguiu adiante. Podia ser horrível, mas era o que Manuela merecia por havê-la traído. Aproximou-se dela e fitou o seu semblante exangue.

— Ela está morta? — perguntou a Esteban.

— Provavelmente não. Deve estar dormindo.

Apesar de atada à *polé*, ela não havia sido propriamente torturada e permanecia apenas suspensa no ar, sem ferros presos nos pés. Giselle cutucou-a com a mão, e Manuela abriu os olhos lentamente. Ao reconhecer Giselle ali parada, pensou que ela houvesse ido ali para soltá-la e pôs-se a chorar, implorando com voz sofrida:

— Ah! Giselle, você veio me ajudar. Que bom que me perdoou. Tire-me daqui. Não fiz nada, não sou nenhuma herege.

Naquele momento, Giselle sentiu o coração se apertar, e uma pontada de arrependimento começou a martelar em sua consciência. Aquele lugar era mesmo tenebroso, e Manuela sequer sabia por que fora presa.

— Diga-lhes que houve algum engano, Giselle. Não fiz nada...

— Não sabe por que está aqui, Manuela? — indagou Giselle, tentando manter a voz firme.

— Não. Na certa foi algum engano. Eu nada sei de heresias...

Giselle, por pouco, não reconsiderou. Começava a sentir pena de Manuela, mas a moça, desconhecendo o motivo de sua prisão, continuou a falar:

— Perdoe-me por haver dormido com Ramon...

Aquilo reacendeu o seu ódio. Giselle lembrou-se da cena que vira quando os surpreendera na cama, nus, em plena conjunção carnal, e seu coração se encheu de rancor.

— Fique quieta ou será pior para você — revidou Giselle com voz fria.

---

[1] Polé: instrumento de tortura que consistia em grossas cordas de cânhamo presas ao teto, onde era pendurado o supliciado, atado pelos pulsos e pelas mãos, e com pesos de ferro nos pés.

— Por quê? Eu não fiz nada. Por favor, diga a esse senhor que eu não fiz nada. Você me conhece, sabe que eu não fiz nada...

— Agora basta! Você é uma herege nojenta e deve pagar pelo seu crime!

— Crime? Que crime?

— Você não sabe mesmo, não é? Não sabe por que está aqui. Pois eu mesma tratarei de esclarecê-la. Você está aqui porque eu quero, porque você me traiu. Fui eu quem arranjou de você ser presa, Manuela. Eu!

Manuela piscava os olhos, coberta de pavor. As palavras de Giselle não faziam sentido algum, e ela desatou a chorar convulsivamente.

— Você? — tornou atônita. — Mas por quê? Você não pode fazer isso, Giselle. Não pode ser assim tão vingativa. Você não seria capaz. Por favor, tire-me daqui. Eu lhe imploro, tire-me daqui.

Fitando-a com olhar gélido, Giselle finalizou com desdém:

— Nunca.

Deu-lhe as costas e foi andando para o portão, seguida por Esteban, que não dissera uma palavra. Atrás deles, a voz de Manuela ainda se fazia ouvir, implorando que Giselle a perdoasse e ajudasse, despertando os outros presos. Em instantes, ouviu-se um mar de lamúrias e choros agonizantes, e Giselle disparou pelo corredor, em direção à saída.

— Satisfeita? — indagou Esteban, já do lado de fora.

— Sim — foi sua única resposta.

Ela rodou nos calcanhares e seguiu na direção em que uma carruagem a aguardava para levá-la de volta. Giselle sentou-se no banco e, sem coragem de encarar Esteban, deu ordens ao cocheiro para que partisse. No caminho, ocultou o rosto entre as mãos e chorou novamente. Sentia pena de Manuela, mas o orgulho ferido falou mais alto, e ela cedeu ao desejo de vingança.

Giselle, a amante do inquisidor

Nesse momento, Manuela chorava desesperada, ainda mais porque o carrasco, responsabilizando-a pela balbúrdia que causara, atou alguns pesos a seus pés, e ela sentiu uma dor horrenda nas juntas, como se lhe fossem arrancar braços e pernas. Seu desespero era imenso e, a seu lado, o espírito de dom Fernão chorava com ela. Assim como ele, aquela jovem era mais uma vítima da covardia de Giselle e da tirania de Esteban. Mas aquilo não ficaria assim. Ele reunira muitos elementos contra Giselle. Bastaria se esforçar e atuar sobre os encarnados, e eles, espíritos fracos e comprometidos, em breve acederiam a suas sugestões, e Giselle teria o fim que merecia. Quanto a Manuela, faria tudo o que estivesse a seu alcance para salvá-la. Seria mais uma etapa de sua vingança.

Capítulo 29

Aos pés da Virgem Maria, Juan orava, pedindo inspiração para o que deveria fazer. Agora que sabia quem era aquele Ramon e que ele era amante de Giselle, ficou em dúvida sobre que atitude tomar. Sua vontade era entregá-lo a padre Miguez imediatamente. Contudo, temia por Giselle. Padre Miguez não gostava de Giselle e era bem capaz de fazer algo contra ela também. Mas ele procurava Ramon de Toledo. Ele era o homem responsável pela desonra de Lucena, e Miguez daria tudo para prendê-lo. Juan se decidiu. Falaria com padre Miguez, mas só lhe diria o paradeiro de Ramon depois que ele prometesse que não faria nada contra Giselle também.

Miguez estava em seu gabinete no Tribunal, examinando os autos de um processo, quando Juan bateu à porta.

— Entre — disse a voz lá de dentro.

— Padre Miguez... — cumprimentou Juan com um aceno de cabeça.

— Ah! Juan! Entre, meu jovem, entre.

Juan entrou e foi postar-se diante dele, encarando-o com ar grave. Miguez soltou o processo e o fitou de volta, perguntando com visível preocupação:

— Está tudo bem, Juan? Esteban piorou?

— Não, senhor. Monsenhor Navarro está muito bem. Sou eu quem precisa falar com o senhor.

— Pois então sente-se — Juan se sentou. — E então? Do que se trata?

Ele estava ruborizado, lutando para conter o embaraço.

— Bem, padre Miguez... — começou hesitante — é sobre aquele homem...

— Que homem?

— O ex-noivo da senhorita Lucena... — completou bem baixinho.

— Refere-se a Ramon de Toledo?

— Esse mesmo.

— O que tem ele? Por acaso sabe onde está?

— E se eu disser que sei?

— Se sabe, é seu dever me informar.

— Pode ser mesmo que eu saiba, padre Miguez. No entanto, há certos aspectos que envolvem o senhor Ramon de Toledo que o senhor desconhece.

— Como assim?

— Bem, digamos que eu saiba o seu paradeiro e que esteja disposto a revelá-lo ao senhor em troca de... um pequeno favor.

— Favor? — Miguez ergueu-se da cadeira, exaltado. — Que favor, Juan? Devo lembrá-lo de que é um jovem noviço, prestes a se ordenar, e que não lhe é direito chantagear seus superiores.

O rosto de Juan tornou-se ainda mais rubro, e um forte calor começou a subir pelo seu pescoço, espalhando-se pelas suas faces.

— Não se trata disso — contestou com voz sumida. — Não estou aqui para chantageá-lo. É que Ramon está envolvido com uma pessoa muito minha conhecida.

— Quem? — Miguez não escondia a curiosidade.

— Não posso dizer.

— Como assim, não pode dizer?

— Tenho medo do que o senhor possa fazer contra essa outra pessoa.

Miguez fitou-o desconfiado, ainda sem pensar no nome de Giselle.

— Juan — tornou mais calmo —, diga-me quem é essa outra pessoa, e talvez eu possa ajudá-lo.

— Não posso, padre.

— Por quê? Por acaso não confia em mim?

— Confio. Mas não posso permitir que essa outra pessoa sofra as consequências de algo que não fez.

— Se é assim, ela não tem o que temer.

— Gostaria de ter a sua certeza.

— E se eu lhe garantir que nada farei contra ela?

— Era isso mesmo o que esperava ouvir do senhor, padre Miguez. Quero total isenção para a pessoa envolvida com Ramon.

Algo no coração de Miguez, naquele momento, despertou-lhe os sentidos, e ele começou a desconfiar.

— Por acaso Esteban conhece essa outra pessoa? — indagou, após alguns minutos.

Juan titubeou. De nada adiantaria mentir sobre isso, mas ele não queria envolver o nome de monsenhor. De qualquer

Giselle, a amante do inquisidor

sorte, Miguez sabia da relação entre Giselle e Esteban, e ocultar-lhe que ele conhecia a pessoa com quem Ramon se envolvera era pura inutilidade. Por fim, acabou por aquiescer:

— Conhece.

— E ele sabe que você veio a mim?

— Não.

Uma atroz desconfiança foi dominando Miguez. Aos pouquinhos, foi ligando os fatos, e uma terrível dúvida passou a assaltá-lo. Começava a perceber... Esteban, de uma hora para outra, dera para defender Ramon, tentando desviar sua atenção do rapaz. E agora, Juan aparecia querendo denunciar o mesmo Ramon, mas com medo de que outra pessoa pudesse ser acusada também. Só havia uma pessoa no mundo que Juan tentaria desesperadamente defender. A mesma que Esteban faria tudo para proteger... Será que Ramon se envolvera com quem ele pensava que se envolvera?

— Juan — falou com severidade —, exijo que você me diga o paradeiro de Ramon de Toledo. Isso é uma ordem. Ou você me diz, ou irei agora mesmo a Esteban e lhe contarei o que você está fazendo sem a sua autorização.

— Não! Por favor, padre Miguez, não faça isso.

— Diga-me então onde ele está.

— Só se o senhor me prometer que não fará nada contra a pessoa com quem ele está envolvido.

— Está certo, prometo. Prometo que a pessoa envolvida com Ramon não será acusada por manter relações com ele.

Juan suspirou aliviado. Em sua ingenuidade, achava que aquela promessa era o bastante. Contudo, não sabia o quão ardiloso padre Miguez podia ser e, de forma ingênua e mais confiante, acabou por revelar:

— Ramon de Toledo mantém um romance sigiloso com Giselle...

— O quê? — esbravejou, ante a confirmação de suas suspeitas. — Você quer dizer, Giselle Mackinley, a mesma protegida de Esteban?

— Sim.

Miguez desabou na cadeira. Lucena ia enlouquecer quando soubesse. Sua pior inimiga de caso com o homem por quem nutria um ódio descomunal. Seria demais para ela. Por outro lado, aquele romance até que poderia ser bem providencial. Prenderia os dois de uma única vez, acusados de fornicação.

Mas havia Juan. Ele prometera ao rapaz que não faria nada contra Giselle e era um homem de palavra. Não podia acusá-la pelo único fato de manter relações com Ramon. Ele prometera. Entretanto, desconfiava de seu envolvimento com demônios. De que outro modo teria enfeitiçado Esteban a ponto de levá-lo aos atos mais extremos para protegê-la? Sim, pensou, havia de encontrar algo contra ela também.

— Diga-me onde encontrá-lo — disse Miguez em tom imperativo.

— Ele está morando na casa de Giselle e cuida de sua taverna.

— Conheço a taverna, mas não sei onde Giselle mora.

Juan contou-lhe tudo. Deu o endereço da casa de Giselle, indicando-lhe os horários em que o encontraria na taverna. Quando terminou, pediu em voz súplice:

— Por favor, padre Miguez, não conte a monsenhor Navarro que fui eu que falei. Ele jamais me perdoaria.

— Está bem, Juan. Tem a minha palavra.

— Obrigado.

— Juan... Por que está fazendo isso?

Ele suspirou dolorosamente e deixou que duas grossas lágrimas escapassem de seus olhos, enxugando-as com as costas das mãos.

— Ramon de Toledo obrigou Giselle a me trair...

Rapidamente, Juan disse como descobrira sobre o envolvimento de Giselle e Ramon. Contou-lhe sobre o dia em que ela fora ao gabinete de Esteban e lhe falara sobre Manuela, que ele também conhecia e que agora estava nas masmorras. Contou-lhe tudo o que sabia, e Miguez foi sentindo a raiva crescer dentro dele. Enquanto Juan falava, sentia que odiava Giselle cada vez mais e tudo faria para que ela fosse dele... para poder destruí-la com suas próprias mãos.

⚬⚬⚬

Quando Miguez chegou à casa de Lucena, ela logo percebeu que alguma coisa havia acontecido. Ele estava com um estranho brilho no olhar e a beijou com mais intensidade do que de costume.

— O que foi que houve? — indagou curiosa.

— Minha querida Lucena — felicitou-se —, creio que hoje será um dos dias mais felizes da sua vida.

— Por quê? Por acaso conseguiu prender Giselle?

— Melhor. Vamos apanhar Giselle e Ramon com um só golpe.

— Como assim? O que quer dizer?

— Sente-se aqui junto a mim. E mande buscar Blanca. Quero que ela escute isso também.

Lucena deu ordens para que Consuelo fosse buscar Blanca em seu quarto. Depois de acomodada sobre as almofadas, Miguez começou a contar o que havia acontecido. À medida que ia falando, o rosto de Lucena ia se contraindo, até que ela, não conseguindo mais se conter, explodiu coberta de fúria:

— Aquela miserável! Além de tirar a vida de meu pai, de destruir a pobre Blanca, de arruinar a minha própria vida, ainda se atreve a seduzir o meu noivo! Então foi por isso que ele me deixou! Mas como? Como foi que isso pôde acontecer?

— Não sei, Lucena. Mas se seu pai tinha um caso com Giselle...

Parou de falar, já arrependido, ouvindo os soluços de Blanca.

— Perdoe-me, Blanca — lamentou Miguez, sinceramente compadecido —, não queria perturbá-la.

— Não devíamos tê-la chamado aqui — censurou Lucena. — Isso não podia ter-lhe feito bem.

— Tem razão, Lucena — concordou Blanca, com sua vozinha fraca e insegura. — Mas faz-me ainda mais mal saber que essa história sanguinária não termina por aqui.

— O que quer dizer?

— Quero dizer que de nada adianta querer se vingar. Fernão me traiu e está morto, e eu... não sou nem sombra da mulher que fui um dia. No entanto, prender e torturar Giselle não vai nos restituir nada daquilo do que perdemos.

— Como pode falar assim, Blanca? — indignou-se Lucena. — Vai nos trazer conforto. Saber que a mulher que nos destruiu vai sofrer tudo aquilo por que nos fez passar vai nos consolar.

— Não. Vai apenas nos iludir. A vingança é apenas uma ilusão. Pensamos que estamos nos ressarcindo de algo que nos foi tomado quando, na verdade, estamos tentando tomar o que também não nos pertence. Mais tarde, teremos todos que acertar nossas contas.

— Blanca!

— Por favor, Consuelo, leve-me daqui — pediu Blanca, tentando se levantar sozinha. — Não quero mais saber de mortes ou carnificinas. Já basta o que passei.

Lucena e Miguez ficaram assistindo Blanca se afastar, atônitos. Não esperavam aquela reação. Ainda mais dela, que tanto sofrera nas mãos dos verdugos. Blanca havia se tornado uma mulher triste e de poucas palavras, mas o que dissera causou constrangimento e embaraço no coração dos dois.

— Deixe-a — ponderou Miguez. — Ela sofreu muito. Deve estar mesmo cansada de tudo isso. É natural.

— Mas Miguez, ela não quer se vingar. Tem a chance de se vingar e não quer aproveitar. Como pode uma coisa dessas?

— Não sei. Blanca sofreu muito, e nem eu, nem você jamais poderemos conhecer tudo o que ela sentiu e ainda está sentindo. Há de ter os seus motivos.

Lucena abaixou os olhos e não respondeu. Se Blanca não queria se vingar, respeitaria seu desejo. Mas era o desejo dela, não o seu. Faria a vingança sozinha.

— Também tenho os meus motivos — revidou Lucena, voz fremente de ódio. — E não estou disposta a abrir mão deles. Giselle e Ramon têm que pagar. Agora, mais do que nunca!

— Não se preocupe, minha querida. Eles não hão de escapar.

— E quanto a monsenhor Navarro?

— O que tem ele? Já disse que ele nada tem a ver com essa nossa vingança. Vamos deixá-lo fora disso tudo.

— O que dirá quando souber?

— Não poderá dizer nada.

— Na certa, vai tentar impedir.

— Ele não terá como. Darei um jeito de acusar Giselle de tal forma que nem ele ousará contestar a sua prisão.

— Quando vai prendê-los?

— O mais rápido possível. Giselle veio de Cádiz especialmente para mandar prender a tal Manuela e não iria desperdiçar a oportunidade de fornicar com seu amante. Talvez ainda esteja em Sevilha.

— Quero ir com você.

— Isso é que não! Não vou expor você a esse constrangimento.

— Não, Miguez. Quero estar presente para que eles saibam por que estão sendo presos.

— Está certo, minha querida. No fundo, tem esse direito. Amanhã de manhã virei buscá-la.

— Para que esperar tanto? Podemos ir prendê-los agora mesmo.

— Já é tarde. Não gostaria de arrastá-los pelas ruas em plena luz do dia, para que eles sofram a humilhação e a vergonha de se verem expostos para toda a cidade?

— É uma ótima ideia.

— Pois então, prepare-se. Amanhã cedo estarei aqui. E não se preocupe. Dará tudo certo.

Naquela noite, Lucena não conseguiu dormir. Antegozava o prazer que teria com a prisão de seus dois maiores inimigos. Depois, com a ajuda de Miguez, faria com que eles sofressem e agonizassem, assim como seu pai, ela e Blanca haviam sofrido. Tiraria tudo de Giselle, e ela ainda teria que suportar a humilhação de ser espoliada por aquela a quem ajudara a levar à ruína.

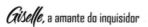

Ao mesmo tempo em que Miguez e Lucena tramavam sua vingança, Giselle ia para casa com o coração oprimido, impressionada com o episódio que vivera na masmorra. Nunca antes alguém havia lhe causado tanta impressão. Ela já havia ajudado a mandar para o calabouço centenas de homens e mulheres, mas a visão de Manuela presa à *polé* não saía de sua cabeça.

Quando voltou para casa naquela noite, Ramon estava acordado, à sua espera.

— Meu Deus, Giselle, o que foi que aconteceu? — indagou ele, correndo para ela assim que a viu entrar, faces lívidas e olhos vermelhos.

Sem responder, Giselle sentou-se na cama e ocultou o rosto entre as mãos, desatando a chorar.

— Oh! Ramon!

— O que foi que houve?

Seriamente preocupado, Ramon sentou-se a seu lado e pousou sua cabeça em seu colo, acariciando seus cabelos.

— Não foi nada — murmurou ela. — Já vai passar.

— Onde é que você esteve? Acordei e não a vi. Fiquei preocupado.

Giselle tinha medo da reação de Ramon. Desde que chegara, não lhe dissera de suas intenções para com Manuela, mas tinha certeza de que ele não aprovaria. Já havia ficado deveras decepcionado com a perda do bebê, cujo aborto julgara espontâneo, e Giselle não queria desgostá-lo ainda mais.

— É por causa do bebê que está chorando? — prosseguiu ele penalizado, e ela redobrou o choro. — Por favor, acalme-se. Amo você. Na certa, teremos outros filhos.

— Não, Ramon, não teremos mais filhos. Já não sou mais nenhuma mocinha.

— Não faz mal. Se é isso o que a preocupa, então não precisa mais se preocupar. Eu a amo e não me importo de não termos filhos.

— Até que ponto você me ama?

— Até que ponto? Como assim? Que pergunta é essa?

— Você seria capaz de entender todos os meus gestos desesperados?

— Sim... creio que sim. Por quê? O que você fez?

Ela enxugou as lágrimas e fitou-o com seriedade. Precisava contar-lhe a verdade. Ele acabaria descobrindo mais cedo ou mais tarde, e era melhor que fosse por seu intermédio.

— Fui ao Tribunal do Santo Ofício e denunciei Manuela como herege.

— Você o quê?

— Denunciei Manuela. Ela está presa.

Ele mal conseguia esconder o assombro.

— Mas por quê, Giselle? Por que fez isso?

— Porque ela me traiu.

Ramon passou a mãos pelos cabelos, acabrunhado.

— Você agiu muito mal — censurou ele.

— Por quê? Ela me traiu. Seduziu você para que me traísse.

— Manuela é uma tola. Não faz mal a ninguém.

— Fez a mim.

— Seria melhor se tivesse lhe dado uma surra.

— Não me rebaixaria tanto, sujando minhas mãos com aquela cadela.

— Acha que suas mãos estão limpas, Giselle? Depois do que você fez?

— O que há com você, Ramon? Agora deu para ter crises de consciência, é? Você sempre soube o que eu fazia e nunca disse nada.

— Eu nunca aprovei! Além disso, você não conhecia aquelas pessoas.

— Engana-se. Conheci cada uma delas... intimamente.

— Ainda assim, é diferente. Aquelas pessoas não estavam envolvidas com a sua vida. Não eram como Manuela. Você lhe deu abrigo, ela trabalhava para você, confiava em você...

— Pare! Pare! Se quer defendê-la, vá fazer-lhe companhia!

Giselle caiu num pranto sentido e amargurado. Sabia que Ramon estava certo e, pela primeira vez, sua consciência lhe dizia que não havia agido direito. Com todos os outros, não se importara. Denunciá-los era sua tarefa. Ela se envolvia com eles por ordem de Esteban, para cumprir a missão que ele

Giselle, a amante do inquisidor

lhe confiara. Mas não os conhecia nem se envolvia com eles. Manuela não era feito eles, e ela só a denunciara movida por um sentimento mesquinho e vingativo. Manuela era um tonta, ingênua, doidivanas. Só pensava em sexo e em homens, gostava de seduzir, de fazer amor. Mas nunca prejudicara ninguém. Mesmo ela. Era bem verdade que traíra a sua confiança, deitando-se com Ramon. Mas aquilo era o máximo que seria capaz de fazer.

Seu desespero, entretanto, tocou o coração de Ramon. Por mais que não aprovasse o que ela fizera, no fundo, podia compreendê-la. Uma mulher ferida era capaz de qualquer coisa, ele já deveria saber, e Giselle não fugia a essa regra. Mas ele a amava. Fosse o que fosse que tivesse feito, ele continuaria sempre a amando.

— Giselle — sussurrou, abraçando-a com ternura —, não chore mais. Está tudo bem, já passou.

— Não está zangado, Ramon?

— Não, não estou. Fiquei um pouco chocado, mas posso compreender.

— Pode mesmo?

— Sim. Meu amor por você é maior do que tudo. Estarei sempre a seu lado, não importa o que tenha feito.

— Oh! Ramon!

Giselle estreitou-se a ele com volúpia, e logo os dois estavam se amando, esquecidos de Manuela. No dia seguinte, logo que o sol nasceu, Giselle teve que partir. Já se demorara demais na pretensa visita ao médico, e Solano acabaria por desconfiar. Ramon lamentou a sorte da pobre Manuela, mas não podia se colocar contra Giselle. Jamais ficaria contra ela.

Ramon se despediu dela com um beijo prolongado e voltou a dormir. Ainda era muito cedo, e ele estava cansado. De repente, foi despertado por mãos que o agarravam e o puxavam da cama. Assustado, tentou entender o que estava acontecendo, até que se deu conta de que o quarto estava cheio de soldados armados e furiosos. Será que Giselle o havia denunciado também? Esse pensamento encheu-o de tristeza e indignação, e ele já estava quase acreditando nessa suspeita quando os soldados se afastaram para dar passagem a um homem. Um padre entrou com ar furioso e o encarou com ódio. Não era Esteban, ele sabia, mas talvez fosse alguém a mando dele.

— Ramon de Toledo! — esbravejou com voz tonitruante — Por ordem do Tribunal do Santo Ofício, está sendo recolhido ao calabouço, acusado da mais sórdida heresia!

— Heresia? — balbuciou aturdido. — Mas que heresia?

— Calem a boca do fornicador! — rugiu colérico.

Os soldados o amordaçaram mais que depressa e o derrubaram ao chão.

— Onde está sua comparsa? — prosseguiu, com os olhos injetados de sangue. — Vamos, responda!

Como Ramon estava amordaçado, não conseguiu falar, e um dos soldados deu-lhe um chute nas costelas, fazendo com que gemesse de dor. Sem nada entender, rosto colado no chão, viu quando de repente a barra de um vestido se aproximou. Com muita dificuldade, conseguiu levantar os olhos, temendo encontrar diante dele uma Giselle enciumada e enfurecida. Mas qual não foi o seu espanto ao dar de cara, não com Giselle, mas com Lucena, cujos olhos transbordavam de ódio.

— Desamarrem-no! — exigiu ela.

A um olhar de Miguez, os soldados desataram a mordaça, mas Ramon não conseguiu falar, tamanho o seu espanto, e permaneceu deitado no chão, cabeça baixa, evitando o olhar acusador de Lucena.

— De joelhos! — gritou Miguez.

Os soldados o ergueram bruscamente e o puseram de joelhos diante de Lucena, enquanto Miguez prosseguia:

Giselle, a amante do inquisidor

— Agora beije os pés da mulher que você tentou conspurcar!

Agora entendia. Mas o orgulho o paralisou, e ele permaneceu parado, fitando-a com um misto de mágoa e horror.

— Beije-lhe os pés, vamos! — vociferou Miguez novamente.

Como Ramon não se decidisse, um dos soldados se aproximou por trás e desferiu-lhe violento golpe na nuca, fazendo com que ele caísse de bruços, bem perto dos pés de Lucena. Mas ele resistia. Seu orgulho e sua hombridade haviam sido duramente atingidos, e ele não estava disposto a se rebaixar diante daquela mulher.

— Não ouviu o que sua eminência falou? — disse o soldado entredentes. — Beije os pés da moça!

Ramon não beijou. Nada no mundo o faria tocar Lucena novamente. O soldado puxou-o pelos cabelos e esfregou os seus lábios sobre os pés de Lucena, e Ramon, coberto de ódio, ao invés de beijá-los, cuspiu em cima deles, o que provocou a ira de Miguez e do soldado, que o fez desmaiar com novo golpe.

— Cão imundo! — fremiu Lucena. — Verme!

— Levem-no daqui! — ordenou Miguez, rosto desfigurado pela cólera.

Os soldados erguerem Ramon e saíram arrastando-o desmaiado. Mais atrás, um outro soldado segurava Belita pelo braço, que chorava sem parar. Miguez fez sinal para que ela se aproximasse, e o soldado empurrou-a na direção dele. Na mesma hora, Belita caiu de joelhos e começou a choramingar:

— Oh! meu senhor, tenha piedade! Sou uma pobre escrava deserdada da sorte...

— Cale-se! — gritou Miguez, desferindo-lhe uma bofetada.

Belita engoliu o choro e abaixou os olhos, tremendo feito vara verde.

— Só fale quando sua eminência mandar — disse o soldado com frieza.

Ela fez como lhe ordenavam. Ficou de cabeça baixa, esperando que o padre à sua frente lhe perguntasse algo, temendo por sua vida. Foi quando Miguez começou a falar:

— Muito bem, criatura reles, onde está sua senhora?

— Minha senhora? A senhora Giselle?

— E quem mais poderia ser, imbecil?

Belita começou a chorar novamente, e Miguez já ia lhe desferir nova bofetada quando Lucena interveio:

— Deixe a pobre criatura, Miguez. Ela está assustada.

— Mas Lucena, ela é criada daquela víbora herege.

— É apenas uma escrava, não tem vontade própria. Deixe-a comigo.

Miguez chegou para o lado e Lucena tomou a dianteira. Abaixou-se ao lado de Belita, ergueu o seu queixo e perguntou com serenidade:

— Qual é o seu nome?

— Belita, senhora.

— Muito bem, Belita. Estamos aqui para saber onde está Giselle. Se você sabe, diga-nos ou pode acabar se comprometendo também.

— Ela partiu hoje pela manhã. Pouco antes dos soldados chegarem. Voltou para Cádiz...

Lucena fitou Miguez que, impaciente, ordenou a seus soldados:

— Revistem a casa toda!

Não demorou muito e os soldados encontraram o porão onde Giselle costumava fazer suas magias. Rapidamente, um dos homens reapareceu no quarto e foi chamar Miguez.

— Venha depressa, eminência. Encontramos algo.

Mais que depressa, Miguez seguiu o soldado, com Lucena atrás dele, e Belita foi junto, arrastada por outro soldado. Miguez entrou no porão empoeirado. Havia ali toda sorte de sortilégios. Poções, ervas, pelos e unhas de animais, alguns

Giselle, a amante do inquisidor

303

ossos e livros altamente incriminadores. Miguez fez o sinal da cruz e Lucena se persignou, enquanto ele examinava cada objeto daquela estranha coleção.

— Creio que as provas contra Giselle são irrefutáveis — falou Miguez em tom mordaz. — Essa mulher tem parte com o demônio, se não é o demônio em pessoa.

Lucena exultou. Aquilo era mais do que poderia esperar. Vingara-se de Ramon e de Giselle de uma só vez. E, embora não pudesse se vingar de Esteban também, a acusação de sua protegida já seria para ele um grande castigo. Monsenhor Navarro nada poderia fazer para salvá-la e seria obrigado a presenciar calado ao seu suplício. Sim. Através de Giselle, vingara-se dele também.

Capítulo 30

Sem ver ou desconfiar de nada, Giselle chegou de volta ao castelo de dom Solano. Assim que entrou, ele veio recebê-la preocupado, um tanto embriagado, ansioso para saber o que o médico havia dito.

— Nada de mais — respondeu ela com uma certa impaciência.

Solano tentou beijá-la, mas ela o repeliu. Os acontecimentos vividos nos últimos dias fizeram com que ela perdesse toda a disposição de fingir para ele. A imagem de Manuela presa à *polé* não lhe saída da mente, e Giselle, intimamente, começou a culpar Solano pela atitude extremada a que fora levada. Não fosse por aquele maldito casamento, ela e Ramon ainda estariam juntos, e ele não teria a necessidade de afogar suas mágoas no colo de outra mulher.

— O que há com você, Giselle? — tornou ele frustrado. — Por que está me tratando desse jeito?

— Deixe-me em paz! — gritou ela enfurecida.

Dando-lhe as costas, foi direto para o quarto. Rúbia e Diego estavam fora, como sempre, passeando a cavalo, aproveitando a tarde para desfrutar de seu amor proibido. Giselle não tinha a quem recorrer. E depois, não sabia como Rúbia a receberia. Ela também ficara decepcionada com sua reação ante a descoberta da traição de Ramon e ficaria ainda mais triste quando soubesse o que ela havia feito.

Mas Solano desconhecia esses fatos. Embora soubesse que Giselle nunca o amara, naquele dia, em particular, ela lhe parecia bastante hostil e impaciente. Talvez a perda do bebê lhe houvesse ocasionado alguma enfermidade muito séria, e ela estivesse com medo de lhe contar.

— Giselle — chamou ele, antes que ela entrasse em seu quarto. — Diga-me o que houve lá em Sevilha. O médico lhe deu más notícias?

Giselle encarou-o com um misto de repulsa e desdém. Já não o aguentava mais, não suportava mais aquele casamento de mentira.

— Solano — revidou ela, a voz trêmula demonstrando a raiva que procurava conter —, estou lhe pedindo por favor: deixe-me sozinha. Não quero conversar hoje.

— Mas você é minha esposa. Tem que me dizer o que aconteceu.

— Não aconteceu nada.

— Como não? Você saiu para ir ao médico. Passa dias fora e, quando volta, está mais aborrecida do que nunca. Quer então me convencer de que não houve nada? O que foi? O que ele lhe disse?

— Nada, Solano, não disse nada.

— Se não disse nada, por que está tão aborrecida?

— Quem foi que lhe disse que estou aborrecida?

— Basta olhar para você.

— Pois então não olhe!

— O que é isso? — censurou ele, aproximando-se dela e tentando segurar a sua mão. — Por que essa agressividade toda? Você está doente? O médico diagnosticou alguma enfermidade grave? A perda do bebê lhe deixou sequelas...?

— Pare, Solano, pare! Você está me enervando!

— Mas Giselle, estou preocupado com você. Você saiu daqui para ir ao médico e voltou pior do que foi. Só pode ter sido algo ruim.

— Não precisa se preocupar. Já disse que não tenho nada.

— Você está mentindo, sei que está. O médico deve ter lhe dito alguma coisa terrível para deixá-la assim nesse estado. O que foi? Não precisa me esconder nada.

— Não estou lhe escondendo nada.

— Abra-se comigo, Giselle. Você pode não me amar, mas eu sou seu marido. Tentarei ajudá-la. Consultaremos outros médicos.

— Que médicos?

— Iremos a Madri ou, quem sabe, a Paris? Tenho certeza de que poderão curá-la.

— Você está louco, Solano. Eu não estou doente.

— Se não está doente, por que está tão brava?

Ela virou-lhe as costas e foi saindo do quarto novamente, e ele foi atrás, falando e gesticulando ao mesmo tempo:

— Assim não é possível, Giselle. Estou tentando ajudá-la, mas você parece não querer a minha ajuda.

— Não quero.

Já começando a demonstrar irritação, Solano apressou o passo e alcançou-a quase na porta da sala, puxando-a pelo braço com força.

Giselle, a amante do inquisidor

— Espere aí, Giselle! — falou em tom imperativo. — Você não tem o direito de me tratar assim.

— Solte-me, Solano.

— Aonde pensa que vai?

— Vou dar uma volta.

— Agora, não. Ainda não acabamos a nossa conversa.

— Por que está me atormentando desse jeito? A única coisa que desejo é ficar em paz.

— Você pode ficar em paz assim que me contar o que o médico lhe disse.

Giselle não aguentava mais. Aquela farsa já a estava irritando, e Solano a estava tirando do sério. Por que não se calava? Por que não a deixava em paz? Estava farta de tudo aquilo, daquele casamento de mentira, daquele velho que não amava. Tomou uma decisão. Aquele era seu último dia ali. Solano podia esbravejar e ofendê-la, mas ela iria embora. Afinal, não fizera o que fizera para ainda ter que ficar longe de Ramon. Fora obrigada a tomar medidas drásticas contra Manuela para poder assegurar o seu amor por ela. Não tinha sentido agora deixá-lo de novo e voltar para a casa de um homem a quem não amava.

A prisão de Manuela fora seu último ato extremo. Dali em diante, não estava mais disposta a se separar de Ramon. Houvesse o que houvesse, estaria a seu lado. E depois, ele tinha razão. Ela também não lhe era fiel e ele, na certa, não gostaria de saber sobre seu envolvimento com Rúbia e Diego. Não precisava mais daquilo. Não precisava mais de subterfúgios que lhe garantissem a segurança. Tinha dinheiro, era rica. Podia apanhar seu tesouro e fugir com Ramon. Ninguém nunca mais ouviria falar deles, e então poderiam ser felizes de verdade. Casar-se-iam e levariam uma vida normal, longe de padres, feitiços e tribunais.

Com esse pensamento, virou-se para Solano e respondeu entredentes:

— Não há médico nenhum.

— Não há? Como assim? O que quer dizer? Não estou entendendo.

— Mas como você é estúpido, Solano! O que estou tentando lhe dizer é que não fui consultar nenhum médico em Sevilha.

— Não foi? Aonde foi então?

Olhando bem fundo dentro de seus olhos, Giselle disparou com voz gélida:

— Fui ver o meu amante!

A princípio, Solano pensou que não havia entendido direito. Teria ela mesmo dito que havia ido ver o amante? Mas que amante era aquele?

— Foi ver monsenhor Navarro?

Ela soltou uma gargalhada histérica e revidou em tom mordaz:

— Não. Fui ver o homem com quem vou dividir o resto da minha vida.

— O que quer dizer?

— Quero dizer que vou-me embora. A partir de hoje, nosso casamento está desfeito.

— Não pode desfazer nosso casamento. Os laços do matrimônio são sagrados e eternos, e só se rompem com a morte.

— Pouco me importa!

Enfurecida, Giselle passou por ele em disparada e saiu berrando pelos corredores do palácio, enquanto caminhava de volta a seu quarto:

— Belinda! Belinda! Onde está? Belinda!

Entrou no quarto feito uma bala de canhão e tentou bater a porta, mas Solano a impediu, entrando logo atrás dela. Poucos segundos depois, Belinda apareceu esbaforida.

— Chamou, senhora?

— Chamei. Prepare a minha bagagem e depois vá arrumar suas coisas. Nós vamos embora.

Apesar de surpresa, Belinda não ousou questionar. Saiu apanhando os baús e começou a aprontar tudo.

— O que está fazendo? — perguntou Solano atônito.

— Você é surdo? Não ouviu? Disse que vou-me embora.

— Pare com isso! — vociferou. — Estou ordenando, Giselle, pare já com essa besteira!

Solano partiu para cima de Belinda e começou a arrancar-lhe as roupas das mãos. A escrava se encolheu toda a um canto e ficou à espera. Na mesma hora, Giselle partiu para cima dele e começou a esbofeteá-lo.

— Largue minhas coisas, seu animal! — berrou ensandecida.

— Você não vai a lugar nenhum. É minha esposa!

— Eu o odeio, Solano!

— Não vai voltar para seu amante! Seja ele quem for, não vai voltar para ele. Não vou permitir. Você é minha esposa, e não vou tolerar que homem nenhum tome aquilo que é meu.

— Eu não sou sua!

— É sim. Até um filho ia me dar...

— Ele não era seu filho! — gritou, cada vez mais colérica. — Era filho do meu amante! Do meu amante!

Fora de si, Solano deu-lhe violenta bofetada, e ela caiu sobre a cama, um fio de sangue escorrendo do nariz. Coberto pela raiva, ele correu em sua direção e apanhou-a pelos cabelos, desferindo-lhe diversas bofetadas no rosto. Giselle tentava livrar-se de suas garras, mas ele não a largava. Apesar de velho e franzino, conseguira imobilizá-la de um jeito que ela não conseguia se soltar.

Paralisada de horror, Belinda não sabia o que fazer. Via sua senhora apanhando bem na sua frente e começou a chorar. Ficou toda encolhida, chorando apavorada, até que a voz aguda de Giselle ressoou em seus ouvidos:

— Belinda, ajude-me! Faça alguma coisa!

Saindo de seu torpor, Belinda deu um salto e correu para eles, pendurando-se no pescoço de Solano. Sentindo-se sufocar, ele soltou Giselle, tombando no chão juntamente com Belinda. A escrava, a um olhar de Giselle, puxou-lhe os braços acima da cabeça, ao mesmo tempo em que Giselle subia em cima dele e agarrava seu pescoço, apertando-o com fúria incontida. Solano esperneou e se debateu, tentando desvencilhar-se, mas as forças somadas das duas mulheres superaram a sua, e Belinda o segurava firme, enquanto Giselle não parava de apertar sua garganta. Mais alguns minutos e tudo estava terminado. Solano, olhos vítreos, fitava Giselle com um ódio imensurável. Apesar de morto, seu olhar transmitia todo ódio que levaria daquela vida e com o qual atravessaria ainda muitos séculos.

As duas permaneceram paradas durante alguns minutos mais, tentando assimilar o que haviam feito.

— Ai, meu Deus! — choramingou Belinda. — Ele está morto... E agora, dona Giselle? O que faremos?

— Deixe-me pensar, Belinda — retrucou apressada. — Venha, ajude-me a levá-lo de volta a seu quarto.

Sem responder, Belinda se levantou, e juntas saíram arrastando o corpo de Solano, deitando-o em sua própria cama.

— E agora, dona Giselle?

— Não sei, Belinda, não sei — Giselle estava à beira do descontrole. — Ele me agrediu. Queria me matar. Foi legítima defesa...

— Ninguém vai acreditar, senhora!

— Mas tem que acreditar.

— Eu a ajudei, dona Giselle. Quem é que se defende assim?

— Você... sim, Belinda, você me ajudou...

Um brilho estranho perpassou os olhos de Giselle, causando calafrios em Belinda. Em seu íntimo, a escrava sabia que ela é quem acabaria levando a culpa por aquilo.

— Senhora... — começou a balbuciar.

— Quieta, Belinda! É isso mesmo. Ele me agrediu, começou a me bater, e você veio me ajudar. Derrubou-o ao chão e apertou o seu pescoço. Nem percebeu que o estava estrangulando e o matou.

Belinda chorava desconsolada. Não queria responder por aquilo, não era justo. Mas quem acreditaria na palavra de uma negra?

— Por favor, senhora, não faça isso comigo. Não fui eu...

— Foi você, sim! Para me salvar, é claro, mas foi você. Você o matou. Foi você, Belinda, entendeu? Você! Eu não fiz nada.

Belinda não parava de chorar. Já podia imaginar-se sob a lâmina do machado, pagando por um crime que não cometera. Ajudara a segurá-lo porque Giselle ordenara. E ela era apenas uma escrava. O que podiam as escravas contra as ordens de seus senhores?

— Pare de chorar, Belinda! — repreendeu Giselle.

— Mas senhora, vão me matar...

— Não vão fazer nada disso. Vou ajudá-la. Darei um jeito de tirá-la das masmorras.

— Vou ser torturada...

— E daí? Deixe de ser covarde. Vai ser por pouco tempo.

— Ai, senhora... — parou de falar, a voz embargada pelo pranto.

— Não seja tola, Belinda. Você vai ser presa, mas eu darei um jeito de soltá-la. E se não disser nada, dar-lhe-ei a liberdade. Então, o que acha? Não vale a pena? Está certo que ninguém acreditaria mesmo na palavra de uma negra mas, ainda assim, quero recompensá-la. Vou lhe dar dinheiro e a liberdade. Mando-a até de volta para a África, se você quiser. Não é um bom negócio?

Belinda não achava. Tinha lá as suas dúvidas de que sua senhora manteria a palavra. Além disso, o plano podia não dar certo. Giselle já não gozava mais de tanto prestígio assim, e era bem capaz que não conseguisse libertá-la. Contudo, o que poderia fazer? Como Giselle mesma dissera, quem acreditaria na palavra de uma negra? Ela não tinha saída. Sabia que seu destino estava selado e não tinha meios de modificá-lo. Só um milagre poderia salvá-la daquela sorte ingrata.

As duas permaneceram paradas, o olhar de uma preso no olhar da outra, quando escutaram as vozes de Rúbia e Diego. Eles vinham chegando de seu passeio a cavalo e parecia que haviam parado na porta do quarto de Rúbia. Nesse instante, Giselle virou-se e correu. Abriu a porta às pressas e saiu para o corredor, gritando feito louca:

— Ah! Rúbia, acuda! Aconteceu uma desgraça!

Rúbia e Diego fitaram-na ao mesmo tempo.

— O que foi que houve, Giselle? — perguntou Rúbia atônita.

— É seu pai... Uma desgraça...

Antes que ela terminasse de falar, Rúbia saiu correndo. Entrou no quarto do pai e estacou confusa.

— Papai... — sussurrou — o que aconteceu?

Vendo Belinda ajoelhada ao lado dele, chorando sem parar, Rúbia aproximou-se e fitou o rosto esbranquiçado do pai, a garganta arroxeada, os olhos sem vida fitando o vazio. Recuou horrorizada, e Diego a amparou por trás. Numa fração de segundos, deduziu o que havia acontecido e fitou Giselle, à espera de uma explicação.

— Foi horrível, Rúbia — começou ela a balbuciar, com fingida dor. — Cheguei de viagem... vocês não estavam... seu pai estava bêbado, fora de si... começou a me acusar de coisas horríveis... me bateu... tentou me matar... Veja! — exibiu as faces ainda vermelhas dos bofetões que levara, o sangue seco no nariz. — Belinda veio me ajudar... ficou transtornada, com medo, e não percebeu...

— Não percebeu que o estava estrangulando? — tornou Diego com ironia.

— Sim... foi tudo muito rápido... ela nem teve tempo de pensar...

— Nem você? — prosseguiu Diego.

Giselle lançou-lhe um olhar furioso, que ele devolveu com um sorriso debochado. Nem parecia abalado com a morte do pai. Apenas Rúbia demonstrava uma dor sincera. Ela se aproximou do leito em que o pai jazia e fitou o seu rosto exangue. Com os olhos rasos d'água, fitou Giselle, depois Belinda. A escrava, ainda ajoelhada aos pés da cama, não parava de chorar.

— Levante-se, Belinda — ordenou Rúbia.

Na mesma hora, a escrava se levantou, olhos baixos, não ousando encará-la.

— O que vai fazer com ela? — quis saber Giselle.

Antes que Rúbia pudesse responder, a porta do quarto se abriu, e vários soldados entraram em fila. Já conheciam Giselle e não tiveram dificuldade alguma em identificá-la. Rapidamente, acercaram-se dela, sem nem se dar conta do corpo morto de dom Solano, agarraram-na pelo braço, e um oficial desenrolou um pergaminho e começou a ler:

— Por ordem de sua eminência, o bispo Miguez Ortega, inquisidor do Tribunal do Santo Ofício...

Giselle, boquiaberta, fitou Rúbia como a implorar-lhe auxílio. Mas a moça estava por demais aturdida para pensar em uma reação. Ainda não havia entendido o que realmente acontecera ao pai e permaneceu calada, apenas ouvindo a ordem de prisão que o oficial, tão imperativamente, lia em voz alta. Foi só quando ele terminou de ler que percebeu o corpo morto de dom Solano. A passos rápidos, aproximou-se da cama e encostou o ouvido no peito do defunto.

— Este homem está morto! — asseverou surpreso, observando a mancha roxa ao redor de seu pescoço. — Foi estrangulado. Quem o matou?

Instintivamente, Belinda se adiantou e apontou o dedo para Giselle, afirmando com toda força de seu ódio:

— Foi ela!

Giselle não conseguiu contestar. Apenas abaixou a cabeça e pôs-se a chorar de mansinho...

⁓⁕⁓

Quando Esteban soube da prisão de Giselle, pensou que fosse explodir. Estava voltando do calabouço, após uma longa sessão de torturas, quando viu os soldados entrando com ela. Na mesma hora, quis ir em seu socorro, mas a prudência o fez recuar. Giselle vinha de cabeça baixa, amarrada e muito bem segura, e não o vira do outro lado. Naquele momento, Esteban não poderia descrever a dor que sentiu. Era como se lhe arrancassem um braço ou uma perna, e a vontade que sentiu foi de correr em sua direção e arrancar aqueles homens de perto dela a pontapés. Mas estava atado à sua posição de inquisidor e não podia agir contra a instituição que defendia. Sabia que aquela ordem só podia ter partido de Miguez e foi até seu gabinete.

— O que significa isso? — foi logo dizendo, não ocultando a revolta e a indignação.

— Ah! Esteban, é você — retrucou o outro, fingindo de nada saber.

— Eu lhe fiz uma pergunta, Miguez!

Miguez fixou-lhe o olhar e, com voz calma, revidou:

— O que significa o quê?

Já sabia do que se tratava, mas precisava ganhar tempo. Há muito se preparara para aquele momento, mas tinha que reconhecer que era difícil. Esteban era seu amigo, e nem o ódio que sentia por Giselle, nem o amor que dedicava a Lucena seriam capazes de abalar um sentimento tão forte e verdadeiro.

Giselle, a amante do inquisidor

— Você sabe! — rugiu Esteban, mal contendo a vontade que sentia de esmurrá-lo.

Miguez fitou-o com olhar grave. Não adiantaria nada fingir. Só serviria para aumentar ainda mais a raiva de Esteban. Sem alterar o tom de voz, respondeu calmamente:

— Se está se referindo a Giselle, quero que saiba que ela é acusada de alta bruxaria.

— Mas que bruxaria? Giselle é minha protegida!

— Cuidado com aqueles a quem protege, Esteban. Pode acabar se comprometendo.

— Isso é um absurdo! Sou um inquisidor de respeito. Ninguém ousaria me acusar. E quem se atreveria a me torturar? Ou executar? Você?

— Não, meu amigo, eu jamais faria isso. Minha amizade por você está acima de tudo. Acima mesmo dessa bruxa que acabamos de prender e de quem pretendo libertá-lo.

Por uns instantes, Esteban fitou-o emocionado. Sentia a sinceridade de suas palavras e sabia que Miguez jamais ousaria levantar a espada contra ele. No entanto, seu ódio por Giselle já era conhecido, bem como sua relação com Lucena, e Esteban não podia concordar com aquela vingança pessoal.

— Agradeço pela sua amizade — tornou mais calmo —, e é em nome dela que lhe peço que não se meta com Giselle. Ela é assunto meu.

— Engana-se, meu caro. Giselle agora é assunto da Igreja.

— Você não tem nada contra ela, Miguez!

— Engana-se mais uma vez. Tenho provas robustas de que anda envolvida com bruxaria. Eu mesmo vi...

— Viu o quê?

— Seus apetrechos demoníacos.

— O que quer dizer?

— Quero dizer que descobri o seu covil. Sei onde ela praticava suas bruxarias.

— Como... como descobriu isso?

— Revistando a sua casa, aqui mesmo, em Sevilha.

— Mas por quê? Giselle estava em Cádiz. O que você foi fazer lá?

— Fui prender seu comparsa. Prendendo-o, descobri todo o resto.

Esteban emudeceu. Estava abismado. Era óbvio que Miguez descobrira toda a verdade sobre o envolvimento de Giselle e Ramon. Faces lívidas e preocupadas, indagou com voz sumida:

— Ramon de Toledo também está preso?

— Está.

— Onde...?

Miguez se levantou e falou incisivo:

— Venha comigo.

Sentindo-se derrotado e traído, Esteban pôs-se a segui-lo. Eles entraram nas masmorras e foram seguindo por um corredor escuro, que Esteban sabia aonde conduzia. Aquele corredor ia dar nos cubículos. Eram pequenas celas sem luz ou ventilação, espécies de solitárias onde eram colocados os prisioneiros mais rebeldes, que precisavam ser dobrados antes de serem submetidos às sessões de tortura. De tão pequenos, as pessoas ali colocadas só podiam ficar sentadas. Eram baixos demais para comportarem um homem em pé e muito estreitos para que se pudesse deitar. Miguez parou em frente a uma das muitas portas, dispostas lado a lado no corredor escuro, e abriu uma portinhola.

— Veja.

Esteban olhou para dentro. Efetivamente, era Ramon de Toledo quem estava ali, sentado com as pernas encolhidas, no rosto uma expressão de dor e cansaço, provável reação às cãibras e ao formigamento que aquela posição incômoda devia estar lhe causando. Ramon olhou para ele e o reconheceu, mas não disse nada. Não iria se humilhar diante de nenhum padre nojento.

Giselle, a amante do inquisidor

317

Em silêncio, fizeram o caminho de volta. Esteban ia triste e pensativo, sentindo no peito uma angústia indizível. Se Miguez descobrira os objetos de bruxaria de Giselle, não havia mais muito o que fazer. O processo, na certa, já fora instaurado, e ser-lhe-ia muito difícil apagar as provas que havia contra ela. De volta ao gabinete, Esteban indagou com profundo pesar:

— Por que fez isso, Miguez? Pensei que fosse mesmo meu amigo, mas sua amizade não é tão forte como diz. Do contrário, não a teria sobrepujado por causa daquela mulher... — calou-se, a voz embargada.

— Não me tome por inimigo ou traidor, Esteban. Não fiz isso por causa de Lucena, se é o que está pensando. Ramon, sim. Prendi Ramon para vingá-la. Mas Giselle é uma outra história. Você sabe que jamais gostei dela.

— Ela nunca lhe fez nada...

— Ela o enfeitiçou!

— Como Lucena o enfeitiçou também?

— É diferente.

— Não é não. Você sente por Lucena o que eu senti por Giselle um dia. Mas hoje... hoje ela é como uma filha para mim. Tem ideia do quanto está me fazendo sofrer?

— Ela matou um homem! — tentou se justificar. — Matou o marido!

Apesar de surpreso, Esteban não respondeu. Olhos baixos, marejados de lágrimas, rodou nos calcanhares e saiu. Miguez ainda fez menção de ir atrás dele, mas não teve coragem. Sabia que ele estava triste e decepcionado, mas tinha esperanças de que aquele sentimento passaria. Com o tempo, Esteban ainda lhe agradeceria o favor.

A passos vagarosos, Esteban foi caminhando para a capela. Entrou cabisbaixo e foi se ajoelhar diante do altar, fitando o rosto suave de Jesus. Pela primeira vez em muitos anos, chorou. Era um pranto pungente e sentido, carregado de angústia. Só podia pensar no sofrimento de Giselle e na solidão que ela devia estar sentindo naquela masmorra fria e soturna. Em silêncio, orou. Orou com um fervor até por ele desconhecido.

Quando saiu da capela, já estava mais refeito. Apesar da tristeza, conseguiu raciocinar com um pouco mais de clareza. Sabia que não conseguiria salvar Giselle, mas pediria a Miguez que lhe desse uma morte rápida. Pensou em falar com ele naquele dia mesmo, mas mudou de ideia. Precisava descansar, arrumar os pensamentos em sua cabeça e os sentimentos em seu coração. Com andar pesaroso, deixou o Tribunal e entrou na abadia, seguindo direto para seu quarto.

Juan estava sentado perto da janela, lendo um trecho da bíblia, e sorriu quando ele entrou. Até então, Esteban ainda não havia desconfiado de que fora Juan quem contara a Miguez sobre Ramon, mas o rapaz percebeu que algo não ia bem.

— O que há, monsenhor? — indagou solícito. — Sentindo-se mal outra vez?

Esteban fez um gesto com as mãos e foi se deitar, fechando os olhos por um minuto. Quando tornou a abri-los, Juan estava a seu lado, fitando-o com visível preocupação.

— O que quer, Juan?

— O senhor não está bem. Aconteceu alguma coisa?

Não adiantava esconder. Juan acabaria descobrindo mais cedo ou mais tarde.

— Há algo que preciso lhe contar, mas quero que você seja forte.

— O que foi, monsenhor? É algo grave?

— É sim.

— O quê? O senhor está mal? Vai morrer?

— Não é nada disso, não é sobre mim. É sobre outra pessoa.

— Outra pessoa? Quem...? É Giselle? Ela está morta?

— Ainda não...

Giselle, a amante do inquisidor

— O que quer dizer, monsenhor? O que foi que houve? Pelo amor de Deus, diga-me!

— Giselle está presa. Miguez mandou prendê-la.

Ele levou a mão à boca, horrorizado.

— Presa? Mas por quê? O que ela fez?

— Miguez foi a sua casa prender Ramon e descobriu o seu pequeno reduto de magias. Foi o suficiente.

— Mas não pode ser. Não, monsenhor, deve haver algum engano.

— Lamento, Juan, mas não há engano algum.

— Não, não... O senhor não está entendendo. Padre Miguez me prometeu... — calou-se alarmado.

— Prometeu o quê?

Juan já não escutava mais nada. Deu-lhe as costas e saiu correndo feito um louco, a visão turvada pelas lágrimas. Mais que depressa, saiu da abadia e alcançou o Tribunal, indo direto para o gabinete de Miguez. Ele estava sentado à sua mesa, tendo às mãos os processos de Giselle e Ramon, e teve um sobressalto quando o rapaz entrou.

— Como pôde fazer isso, padre Miguez? — esbravejou atônito. — O senhor me prometeu.

— Acalme-se, rapaz! — ordenou Miguez impaciente. — Não tem o direito de entrar aqui assim.

— Mas o senhor me prometeu — choramingou. — Prometeu-me que não ia prender Giselle...

— Prometi que não a prenderia por seu envolvimento com Ramon.

— Então...?

— Ela não foi presa por isso. Foi presa porque eu descobri o seu esconderijo. O esconderijo da bruxa, dos íncubos, dos súcubos!

— Como... como assim?

— Sua amiguinha Giselle tinha hábitos bem interessantes, não sabia? — ele meneou a cabeça. — Não sabia que ela é uma bruxa imunda e sensual, que atraía os homens para seu covil só para atirá-los na perdição?

— Não, padre Miguez, está enganado...

— Não estou, não. Giselle tinha em sua casa objetos que bem poderiam condená-la sumariamente. No entanto, não vou prescindir de uma lenta purificação.

— Não faça isso, por favor. O senhor prometeu...

— Não prometi nada disso, rapaz! A promessa que lhe fiz, já cumpri. Não prendi Giselle por causa de Ramon, como lhe disse. O motivo de sua prisão foi outro.

— Mas padre...

— Chega, Juan! Não tenho mais tempo para suas tolices. E agora, saia! Deixe-me trabalhar.

Juan saiu derrotado. Jamais poderia esperar por uma coisa daquelas. Em sua cabeça, apenas Ramon seria preso. Padre Miguez arranjara um jeito de enganá-lo e prender Giselle também. Como fora estúpido acreditando nele! E ainda teria que contar a monsenhor Navarro o que fizera. Mas não. Não teria coragem. Monsenhor não precisava saber. Mas o que estava dizendo? Padre Miguez se encarregaria de contar, mais cedo ou mais tarde. Será que iria suportar? Teria condições de enfrentar a dor de duas perdas sucessivas? Monsenhor Navarro, na certa, não tornaria mais a falar com ele. E Giselle...

Pensando em Giselle, Juan desatou a correr. Seus pensamentos lhe diziam que ele seria o único responsável pelo seu martírio. Como a amava! Como sofreria vendo o seu sofrimento. Não podia! Não podia presenciar o seu suplício. Precisava dar um jeito de não sofrer. Se não visse, não sofreria. Estava certo de que não. Era só fechar os olhos que o sofrimento deixaria de existir. Ao menos para ele. E só o que tinha a fazer era correr... correr... correr...

Giselle, a amante do inquisidor

Capítulo 31

Faltavam poucos minutos para a meia-noite quando Miguez entrou nas masmorras, em companhia de Lucena, que o seguia com um arrepio. Aquele lugar lhe lembrava a morte do pai e lhe causava calafrios até na alma. Contudo, precisava vencer a aversão que sentia e seguir adiante. Era lá que estava a mulher que mais odiava no mundo. Aquela que lhe tirara a vida do pai, seduzira o noivo e ajudara a roubar todo o seu patrimônio. Finalmente iria conhecê-la.

Giselle estava amarrada a um tronco, rosto lívido, semiadormecida. Em silêncio, Miguez se postou diante dela e fez sinal para que Lucena também se aproximasse. Durante alguns minutos, permaneceram em silêncio, apenas fitando o seu rosto sofrido. Para Miguez, aquele era o momento da mais pura glória. Giselle nunca lhe fizera nada, mas sentia por ela um ódio incomensurável, algo que jamais poderia explicar.

Para Lucena, o ódio transformou-se em satisfação. Fitando o semblante pálido e sofrido de Giselle, sentiu um arrepio de prazer. Então era aquela a mulher responsável por todo o seu infortúnio! Tinha que reconhecer que era bonita, apesar de não ser mais nenhuma mocinha. Mas achou que o seu rosto possuía algo de maligno, como se guardasse impresso o resultado de seus inúmeros atos de magia.

No instante mesmo em que Lucena esticou o pé para cutucá-la, Giselle abriu os olhos. Sentiu uma presença inimiga junto de si e despertou, e a primeira coisa que viu foi o rosto de Lucena a fitá-la com ar de satisfação e glória. Fixou-lhe o olhar por uns instantes, tentando reconhecê-la e, mesmo sem nunca antes tê-la visto, sabia de quem se tratava. A figura odienta de Miguez, parado a seu lado com ar de triunfo, dava-lhe a certeza de que se tratava de Lucena Lopes de Queiroz.

— O que quer? — indagou Giselle entredentes.

Há muito Lucena vinha guardando aquele ódio e, ao ouvir as primeiras palavras de sua maior inimiga, não conseguiu conter o ímpeto e desferiu-lhe uma bofetada no rosto, fazendo com que os olhos de Giselle chispassem de ódio também.

— Cadela! — vociferou Lucena. — Vou fazer com que pague por cada segundo de sofrimento que me causou!

Mal segurando a fúria que as correntes frias continham, Giselle encheu a boca e cuspiu no rosto de Lucena, que lhe desferiu outra bofetada, e outra, e mais outra. Não podendo se defender, Giselle recebeu os golpes com ódio e humilhação, lamentando o fato de estar acorrentada, impedida de estrangular aquela desgraçada. A seu lado, Miguez assistia a tudo com aparente passividade, nos lábios um sorriso frio de

Giselle, a amante do inquisidor

satisfação e orgulho. Foi só quando o rosto de Giselle começou a inchar que ele segurou o punho de Lucena e interveio com voz glacial:

— Já chega.

Na mesma hora, Lucena refreou o golpe. Cerrou os punhos e fitou as faces inchadas de Giselle, que mal conseguia divisá-la por detrás das lágrimas que procurava segurar.

— Demorou muito para vê-la presa e subjugada, mas não houve um minuto sequer em que não sonhasse com esse dia — rosnou Lucena, faces transfiguradas pelo ódio. — E agora é a minha vez de demonstrar quem é a mais forte!

— Solte-me e lhe mostrarei quem é mais forte — gemeu Giselle, a voz fremente de cólera.

— Ordinária! — esbravejou Lucena, dando-lhe outra bofetada.

O rosto de Giselle rodou para o outro lado, atingido novamente pela mão impiedosa de Lucena. Ao voltar-se para ela, porém, havia um estranho brilho no olhar de Giselle, e foi com ironia que ela falou:

— Por mais que você faça, jamais conseguirá retomar o que lhe tirei! Seu pai foi um porco imundo, que eu mesma poderia ter sangrado enquanto resfolegava e suava em minha cama. E Ramon... — regozijou-se com o efeito que aquele nome causava na outra — Ramon é um homem de verdade e jamais se contentaria com o esboço de mulher que você é.

— Demônio! — rugiu Lucena, novamente esbofeteando-lhe as faces. — Filha de Satanás! Bruxa maldita!

Foi preciso Miguez intervir para que Lucena não a matasse. Ela estava descontrolada e não parava de bater em Giselle, totalmente imobilizada no tronco pelas correntes, que lhe prendiam os braços para trás e atavam suas pernas desde a altura dos joelhos.

— Chega, Lucena! — bramiu Miguez. — Ela não pode morrer. Não agora, não dessa maneira. O que tenho reservado para ela é muito pior.

Giselle engoliu em seco, enquanto Lucena se acalmava, nos lábios um sorriso de diabólica satisfação.

— Você vai me pagar, Giselle. Vou fazer de você um trapo e quero estar presente a todas as suas sessões de tortura.

— Lucena... — ia contestando Miguez.

— Não! Você me deve isso, Miguez. Quero ter esse privilégio. O privilégio de me sentar diante dessa cadela feiticeira e assistir triunfante ao seu declínio. Vou fazer de você uma morta-viva, e quando você não puder mais suportar a dor, serei eu a lhe dar o golpe fatal. Bem lentamente... para que você jamais se esqueça, nem aqui, nem no inferno, de quem é Lucena Lopes de Queiroz!

Aquelas palavras assustaram Giselle, e toda a fúria de seu orgulho não foi suficiente para sustentá-la diante do breve futuro de martírio e dor que a aguardava. Em silêncio, abaixou a cabeça e pôs-se a chorar de mansinho, segurando na ponta da língua o desejo que brotara de lhe pedir perdão. Intuitivamente, Lucena captou-lhe os pensamentos, porque apontou o dedo para ela e continuou com furor:

— Nem que você caísse de joelhos e me pedisse perdão, eu a perdoaria. Nem em mil anos, Giselle, nem por toda a eternidade, serei capaz de perdoá-la!

Giselle pressentiu a iminência da morte, mas recobrou um pouco do ânimo e perguntou com arrogância e soberba:

— Não sabe com quem está se metendo, Lucena. Esteban jamais irá permitir...

— Esteban não irá ajudá-la — interrompeu Miguez com desdém. — Ou será que não percebeu que ele nem veio vê-la?

— Ele não sabe que estou presa.

— Engana-se, bruxa. Ele sabe. Até mesmo a viu chegar.

— Viu? — Giselle mal conseguia ocultar a indignação. — E onde está? Por que ainda não veio me soltar?

— Ele não virá. Esteban foi um tolo que, durante muitos anos, se deixou influenciar pelas suas bruxarias. Você o enfeitiçou. Mas eu, finalmente, consegui livrá-lo de sua influência maligna. Esqueça-o, criatura das trevas! Esteban agora está livre de você. Livre!

Em seu íntimo, Giselle sabia que Miguez falava a verdade. Esteban cansara de alertá-la, pedindo-lhe que não cometesse mais nenhuma loucura. Mas ela fora imprudente e irresponsável; confiava tanto na sorte que nunca se imaginou presa. Não ela. Mais uma vez, abaixou os olhos e chorou. O que mais lhe restava fazer?

— Isso, demônio, chore — ironizou Lucena. — Onde está a sua força, que não consegue livrá-la agora? Onde estão os espíritos infernais que tanto a auxiliaram a fazer o mal? Por que não os invoca e pede que a tirem daqui?

Giselle não respondeu. Permanecia de cabeça baixa, chorando, e não tinha mais vontade de discutir. Tudo o que fizesse somente serviria para piorar ainda mais a sua situação. Ela sabia que as sessões de tortura estavam na iminência de começar. Provavelmente, ainda não haviam começado para que ela estivesse lúcida o suficiente para receber todo o ódio de Lucena.

Foi quando uma vozinha fraca se fez ouvir, vinda do outro lado da masmorra feminina.

— O que é isso? — indagou Lucena, assustada.

— Não se deixe impressionar, minha querida — tranquilizou Miguez, abraçando-a com ternura. — É apenas a lamúria de mais uma herege...

Lucena fez-lhe sinal com a mão para que se calasse. A seu lado, invisível aos olhares dos encarnados, o espírito de dom Fernão a inspirava:

— Vá até lá, minha filha. Vá ver quem é. Você não vai se arrepender.

Dom Fernão estivera presente durante todo o encontro. Ficara feliz quando Giselle fora presa e exultara quando Lucena a esbofeteara, chegando mesmo a bater-lhe também.

Outros espíritos, todos vítimas da perfídia de Giselle, também haviam acorrido, e a masmorra, naquele momento, estava repleta de seres invisíveis, todos realizados e sequiosos de vingança.

Acedendo às sugestões do pai, Lucena foi se encaminhando para onde Manuela estava, presa ainda à *polé*. Sofrera poucas torturas, porque Esteban não via nada contra ela além do ciúme de Giselle e dera ordens aos carrascos para que não a maltratassem muito. Ela fora estuprada várias vezes e pendurada à *polé*, embora sem os pesos nos pés. Seu corpo estava todo dolorido, parecia-lhe que os braços, a qualquer momento, se separariam do corpo, mas, no geral, Manuela estava bem. Junto a ela, o espírito de uma mulher também executada graças à intervenção de Giselle, a mando de dom Fernão, fazia com que ela gemesse alto, atraindo a atenção de Lucena.

— Quem é essa mulher? — indagou ela, presa de estranha emoção ao vê-la.

Manuela, que gemia no sono agitado, abriu os olhos lentamente, assustando-se com a figura esbelta de Lucena, parada diante dela e fitando-a com ar de compaixão.

— Senhora... — murmurou ela — tenha piedade. Eu nada fiz para merecer estar aqui...

No mesmo instante, o coração de Lucena se apertou. Sentiu imensa piedade daquela mulher, tão jovem e tão bonita, embora extremamente lívida e magra, que parecia nada entender de tudo aquilo.

— Quem é ela? — repetiu Lucena.

Virou-se para Miguez, que permanecia parado um pouco mais atrás, assistindo a tudo com ar de espanto.

— Essa é Manuela Peña... foi empregada na taverna de Giselle...

— Ora, não me diga! O que foi que ela fez?

— Pelo visto, nada. Parece que Giselle não gosta da moça e exigiu que Esteban a prendesse.

O assombro de Lucena foi genuíno. Por uma estranha *coincidência*, ela fora atraída justamente para o local onde se encontrava outra *inimiga* de Giselle. Aquilo a excitou, e ela revidou prontamente:

— Pois eu a quero solta.

— Não posso fazer isso. Ela é presa de Esteban.

— Que se dane! Dê um jeito de libertá-la.

Miguez puxou-a pelo braço e falou baixinho em seu ouvido:

— Quer saber por que ela foi presa? — Lucena assentiu. — Porque Giselle a flagrou nos braços de seu amante, Ramon...

Lucena ergueu as sobrancelhas e retrucou exultante:

— Mais um motivo. Ela fez com Giselle o que Giselle fez comigo. Quero que você liberte essa moça, Miguez.

— Mas Lucena, não posso. Por favor, querida, entenda. Não posso ir contra Esteban. Foi ele quem a prendeu, e ela ainda não foi julgada.

— Pois apresse o seu julgamento. E dê um jeito para que ela seja absolvida. Convença os outros inquisidores de que sua prisão foi um erro e ela não fez nada de errado.

— Não posso fazer isso.

— Pode sim! Você prometeu. Prometeu-me vingança contra Giselle. E essa moça é parte da minha vingança.

Miguez suspirou profundamente. Deu uma última olhada para Manuela, que os fitava com olhar súplice, e balançou a cabeça, finalizando desanimado:

— Está certo. Farei o possível e o impossível para libertar Manuela.

— Obrigada. Sabia que você não me decepcionaria — e, voltando-se para Manuela, acrescentou: — Não se preocupe, Manuela. Eu a tirarei daí.

Manuela desatou a chorar. Lucena deu-lhe um sorriso de encorajamento e rodou nos calcanhares, voltando para onde Giselle estava.

— Por favor, senhora — implorou Manuela —, não me deixe aqui. Não me abandone.

— Confie.

Foi só o que Lucena tornou a lhe dizer. Voltou para perto de Giselle, que assistira a tudo com um misto de ódio e arre-pendimento. Aquela maldita ainda iria soltar Manuela só para espezinhá-la ainda mais.

— Quanto a você — falou Lucena, apontando novamente o dedo para Giselle —, não perde por esperar. Vou destruí-la, Giselle, não sem antes tomar tudo o que é seu.

Rodou nos calcanhares e se foi, seguida por Miguez, que se regozijava com tudo aquilo. Atrás deles, o séquito de dom Fernão, certo de que sua vingança estava apenas começando. Mais um pouco e Giselle se juntaria a eles, tornando-se vítima de todos aqueles de quem já fora algoz.

Capítulo 32

Por insistência de Miguez, o julgamento de Manuela foi marcado para dali a duas semanas. Esteban não tinha mais forças para contrariá-lo e acabou concordando com tudo o que ele exigia.

— Não se lamente por nada, meu amigo — consolou Miguez. — Em breve irá me agradecer.

— Gostaria de pensar como você... Sabe o quanto está me fazendo sofrer.

— É pena que você ainda não consiga entender. Mas o que me conforta é saber que estou agindo para o seu próprio bem. Giselle é uma bruxa que, além de tudo, matou o marido, um homem direito e temente a Deus, deixando órfã a pobre filhinha...

Esteban inspirou com tristeza e olhou ao redor, tentando ocultar as lágrimas que, por pouco, não caíam.

— Você viu Juan? — desconversou. — Há dois dias anda sumido.

— Não, não vi. Mas ele não pode ter ido longe. Deve estar por aí.

— Ando preocupado com ele. Juan está apaixonado por Giselle. Receio que faça alguma bobagem.

Miguez não disse nada. Na certa, Esteban ainda não sabia que fora Juan quem a entregara, e aquele não era o melhor momento para revelar-lhe a verdade. O rapaz devia estar metido em algum lugar, provavelmente lá pelo sótão, escondido, com medo de se encarar, e o melhor seria esperar até que ele aparecesse.

— Fique sossegado, Esteban. Logo, logo ele aparece.

Depois que Miguez se foi, Esteban caiu na poltrona, entregue a profundo abatimento. Sua cabeça começou a latejar novamente, e ele foi até o armário buscar um xarope. Bebeu a infusão amarga e recostou-se na poltrona, esperando que a dor de cabeça passasse. Pouco depois, ouviu batidas na porta, que se abriu logo em seguida.

— Meu tio — era a voz de Diego. — Posso entrar?

Esteban empertigou-se e olhou para ele, fazendo sinal com a cabeça para que entrasse. O rapaz entrou. Junto com ele, Rúbia vinha de olhar cabisbaixo. Ao vê-la, Esteban se levantou e foi ao seu encontro, estendendo a mão para ela.

— Como está, criança? Lamento pelo que aconteceu a seu pai.

— Foi uma coisa horrível.

— Não posso deixar de me sentir responsável. Afinal, fui eu quem sugeriu o casamento...

— Não devia se sentir assim. Belinda me disse que meu pai atacou Giselle primeiro. Ele ficou louco porque ela lhe revelou que tinha um amante e que ele era o pai de seu filho.

Giselle, a amante do inquisidor

Esteban ocultou o rosto entre as mãos e desabafou num gemido:

— Giselle perdeu a cabeça.

— Nós devíamos ter imaginado que esse casamento nunca poderia dar certo. Giselle sempre amou outro homem. E agora... — Rúbia desatou a chorar, e Diego a abraçou com força.

— Chi! Não chore, Rúbia. Vai passar.

Havia tanta paixão naquele abraço que Esteban desconfiou, mas não disse nada. Será que aqueles dois eram amantes? Eles sabiam que eram irmãos mas, ainda assim, teriam tido coragem de se amar? Aquela impressão, contudo, não lhe tomou mais do que um minuto de sua preocupação. Esteban sentia-se cansado demais para repreendê-los ou alertá-los. Naquele momento, não tinha mais ânimo para enfrentar nenhuma situação difícil. E depois, se havia mesmo algo entre eles, era preferível não saber. A última coisa de que precisava naquele momento era de uma acusação de incesto contra seu sobrinho.

— Como está ela? — tornou Rúbia, tirando-o de seu devaneio.

— Hum? — fez Esteban assustado. — Quem? Giselle?

— É claro, titio — concordou Diego. — Onde é que está com a cabeça?

— Perdoem-me. É que a prisão de Giselle não está me fazendo bem.

— Não pode fazer nada para ajudá-la? — pediu Rúbia. — O senhor é um homem influente dentro da Igreja. Não pode interceder por ela?

— Quisera eu, minha filha. Contudo, as provas que Miguez colheu contra ela são irrefutáveis.

— Ora, titio, o senhor pode dizer que ela matou dom Solano em legítima defesa. E ninguém pode provar que ela e Ramon eram amantes.

— Não me refiro a isso, meu filho. Se fossem essas as acusações, não teria problema para soltá-la. Mas o fato é que Miguez descobriu objetos altamente comprometedores em sua casa, aqui em Sevilha.

— Que objetos?

— Talvez vocês não saibam, mas Giselle era adepta da magia...

— O quê? — cortou Rúbia, surpresa. — Mas ela nunca disse nada.

— Você há de convir comigo que isso não é coisa que se saia falando por aí, não é mesmo?

— Como foi que ele descobriu?

— Não sei. Mas Miguez tem seus métodos. Há muito estava desconfiado de Giselle.

— Meu Deus, monsenhor! — queixou-se Rúbia. — Isso é horrível! Giselle não merecia isso.

— Será que não? Ninguém mais do que eu tentou alertá-la e protegê-la. Mas Giselle não quis me ouvir. Continuou com suas práticas nefastas e com seu romance escuso com Ramon. Eu disse a ela que esperasse...

— Não se lamente, o senhor também, titio. Giselle é mesmo uma doidivanas.

— Gostaria de vê-la, monsenhor — cortou Rúbia. — Falar com ela.

— Isso é impossível.

— Por favor, eu lhe imploro. Ao menos uma vez, deixe-me falar com ela. Sei que agiu mal, que cometeu muitas loucuras. Mas ela é minha amiga e eu a amo. Preciso dizer-lhe isso. Quero que ela saiba que não lhe guardo rancor ou ressentimento.

— O calabouço não é um lugar agradável para ninguém, minha filha. Muito menos para uma moça fina e sensível feito você.

— Não me importo. Eu preciso vê-la. Por favor, monsenhor, ao menos uma vez, deixe-me falar com ela.

Giselle, a amante do inquisidor

Ele inspirou com tristeza e soltou os braços ao longo do corpo, acrescentando com pesar:

— Está bem. Verei o que posso fazer.

Na noite seguinte, Rúbia e Diego foram introduzidos nas masmorras, mas Esteban não ousou acompanhá-los. Ainda não se atrevera a visitá-la desde que chegara. Não sabia o que lhe dizer, tinha medo do que teria que enfrentar.

Giselle continuava amarrada ao tronco. Já fora submetida a algumas sessões de tortura e não se encontrava com muito ânimo para falar. A pedido de Rúbia, Diego parou na porta e ela entrou sozinha. Queria conversar a sós com Giselle. Vê-la naquela situação causou imenso desgosto a Rúbia. A moça apertou os olhos com as mãos e desatou a chorar, despertando Giselle com seus soluços. Pouco a pouco, ela foi reconhecendo a amiga e começou a chorar também.

— Rúbia... — gemeu — o que... o que faz aqui?

— Oh! Giselle! — lamentou. — O que foi que fizeram a você?

— Foi... foi aquele padre maldito... E sua concubina cruel... — parou por uns instantes, sacudida pelos soluços, até que continuou: — Perdoe-me, Rúbia... eu não queria matar... o seu pai...

— Não fale mais nisso, Giselle, já passou.

— Você não está com raiva?

— Não. Fiquei triste, porque amava meu pai, mas já devia ter imaginado que isso poderia acontecer.

— Belinda... me entregou...

— Não fique com raiva dela, Giselle. Belinda estava assustada. Você queria incriminá-la.

— Ela é uma escrava.

— Belinda é gente. Tão gente como você. Mas não foi para falar de Belinda que vim aqui. Foi para falar de você.

— Rúbia, eu...

— Psiu! Não diga nada, apenas ouça. Meu tempo é curto. Pedi a monsenhor Navarro que me permitisse vê-la. Queria dizer-lhe o quanto a amo e o quanto a sua amizade foi importante para mim.

Giselle soltou um pranto sentido e revidou:

— Não mereço a sua amizade.

— Não diga isso. Gosto de você como se fosse minha irmã. Queria dizer-lhe isso. Não lhe guardo raiva, apenas uma grande tristeza. Tristeza por estar de pés e mãos atados neste momento e não poder fazer nada para ajudar. Lembre-se disso, Giselle. Eu amo você. Amo você como se fosse minha irmã...

Não conseguiu mais continuar. Seu corpo foi violentamente sacudido pelos soluços, e Rúbia, não suportando mais ver Giselle naquela situação, tapou a boca com as mãos e saiu correndo, passando por Diego feito uma bala. O rapaz fez menção de ir atrás dela, mas ouviu o fraco chamado de Giselle e, embora hesitante, aproximou-se de onde ela estava.

— O que você quer?

— Ajude-me, Diego. A mim e a Ramon.

— Você sabe que não posso.

Virou-lhe as costas e começou a andar para a saída, mas a sua voz o interrompeu novamente.

— Posso pagar!

A ambição falou mais alto, e ele se voltou de mansinho, aproximando-se dela novamente.

— Com que dinheiro?

— Sou uma mulher rica.

— Já lhe tiraram tudo — rebateu ele, olhar entre cético e ambicioso.

— Ninguém sabe onde escondi o meu tesouro. Ele pode ser todo seu, se você nos ajudar.

— Não sei... é arriscado.

— Mas vai valer a pena. Posso fazer de você um homem rico. Não vai precisar do dinheiro de ninguém, nem de Rúbia. Tenho ouro, Diego, e pedras preciosas.

Diego coçou o queixo e fitou-a com ar de cobiça. A palavra tesouro era para ele um argumento por demais poderoso. O carrasco, porém, apareceu na porta do calabouço, e Diego se assustou. Não queria despertar a atenção de ninguém. Deu uma última olhada para Giselle e rodou nos calcanhares, saindo apressado pela porta, ainda a tempo de ouvir suas últimas palavras:

— Pense nisso.

Depois que ele se foi, Giselle ficou sozinha a chorar. Nunca se sentira tão só em toda a sua vida. Todos a haviam abandonado. Sabia que Ramon estava preso também e já perdera as esperanças de reencontrá-lo com vida. Esteban a havia abandonado. Desde que chegara, ele ainda não fora vê-la. Até Juan parecia haver se esquecido dela. Só Rúbia se importava. Depois de tudo o que acontecera, Rúbia ainda gostava dela e a perdoara.

De olhos baixos, Giselle chorou sentida, pensando na bondade do coração de Rúbia que, apesar de tudo, ainda a amava. Ficou imaginando o que poderia levar uma pessoa a um gesto tão desprendido e sincero de perdão. Giselle matara o pai de Rúbia, assim como levara à morte o pai de Lucena. Mas elas eram tão diferentes! Por quê? Por que tanta diferença? Comparando as duas, Giselle começou a perceber que a diferença entre ambas estava na nobreza de coração. Rúbia era uma mulher nobre e digna, dotada de uma inigualável compreensão das fraquezas humanas, ao passo que Lucena não conseguia enxergar as imperfeições alheias, julgando e condenando quem quer que lhe fizesse algum mal.

Mas o que ela esperava? Se estivesse no lugar de Lucena, como é que teria procedido? Perdoaria, como Rúbia, ou alimentaria o desejo de vingança, assim como Lucena? Pensando nisso, achou que não possuía ainda a nobreza de sentimentos de Rúbia e teria ido ao inferno só para satisfazer o seu desejo de vingança. Se era assim, como poderia condenar em Lucena uma atitude que ela mesma teria tomado? Não, não podia. Se alguém ali deveria ser condenado, era ela mesma. Por tudo o que fizera. Pelos muitos crimes que cometera. Era por causa deles que se via naquela situação.

Lembrando-se de suas muitas vítimas, Giselle começou a mostrar sinais de arrependimento. Se não tivesse sido tão vil, não teria que enfrentar o ódio de Lucena e de Miguez, e não seria forçada a experimentar os horrores da Inquisição. Mas agora, não tinha mais jeito. Ela buscara aquela sorte e não podia reclamar. Mas estava sofrendo. Quantas pessoas não teriam sofrido do mesmo jeito que ela, torturadas e mortas graças a sua maldade?

Giselle não queria mais ser má. O sofrimento levou-a a se colocar no lugar de suas vítimas e compreender que jamais deveria ter feito o que fez. E agora, não sabia como desfazer tanto mal.

─────

No dia seguinte, logo pela manhã, Miguez entrou e foi direto para onde ela estava. Vinha sozinho dessa vez, e Giselle sentiu um arrepio de terror quando ele se aproximou. Por que será que a odiava tanto? Quando ele parou defronte a ela, Giselle começou a tremer e a chorar, já antevendo as torturas por que iria passar.

— Agora chora, não é cadela? — rosnou ele com ódio.

Ela abaixou os olhos e não disse nada, e ele puxou o seu cabelo para trás, fazendo com que ela levantasse a cabeça e o encarasse. Seus olhos chispavam de tanto ódio, e Giselle pensou que Miguez fosse espancá-la, mas ele nada fez. Limitou-se a olhá-la dentro dos olhos, até que o carrasco se aproximou, trazendo nas mãos um chicote. Ela se encolheu toda, com medo da dor, e o homem soltou as correntes às quais se encontrava atada. Ela chorava sem parar, pensando que seria colocada em um dos muitos instrumentos de tortura que havia ali, mas o carrasco não fez nada disso. Segurando-a com força, foi empurrando-a para fora, e os três tomaram um corredor sujo e mal iluminado. Em pouco tempo, alcançaram os cubículos.

Parada defronte a uma das portas, estava Lucena, com aquele sorriso triunfante e diabólico no rosto. Logo que eles chegaram, Miguez se virou para o verdugo dali e deu-lhe ordens para que abrisse a porta. O teto da cela era extremamente baixo, não cabia um homem em pé, e o carrasco teve que se abaixar para entrar. Pouco depois, saiu de lá de dentro com um homem todo sujo e barbado, e Giselle descobriu com horror que se tratava de Ramon. Quis correr para ele, mas o golpe do carrasco a impediu.

Ramon mal se sustinha em pé. Suas pernas pareciam mesmo atrofiadas, e ele não conseguia colocar a coluna ereta. O verdugo o soltou, e ele cambaleou e caiu de cara no chão, provocando a ira de Giselle. Ela deu um empurrão no homem que a segurava, distraído com a queda de Ramon, e soltou-se, correndo a passos trôpegos para ele.

— Ramon! — chamou, ajoelhando-se a seu lado.

Por ordem de Miguez, ninguém interveio. Ramon, por sua vez, reconhecendo a voz da amada, agarrou-se aos seus joelhos e começou a chorar.

— Giselle! Ah! Giselle, quase enlouqueci pensando que você tivesse morrido...

Ele não sabia que Lucena estava ali. Vendo o carinho com que se reencontravam e ouvindo as palavras de Ramon, a fúria de Lucena redobrou, e ela apanhou o chicote das mãos de um dos carrascos, estalando-o nas costas de Giselle. A moça soltou um urro de dor e tombou para a frente, rosto colado ao de Ramon.

— Eu o amo, Ramon — conseguiu dizer, em meio à dor que as chibatadas lhe causavam.

Desmaiou. A dor foi intensa demais para que ela suportasse. Ramon queria defendê-la, mas estava fraco demais para reagir. Passara quase uma semana naquele cubículo, sem poder esticar o corpo, e seus músculos estavam todos retesados e doídos.

— E agora? — indagou um dos algozes.

— Tragam água — ordenou Miguez.

Na mesma hora, sua ordem foi atendida e, pouco depois, Giselle despertava com a água fria em seu rosto.

— Levante-se, bruxa! — falou o carrasco.

Giselle foi arrancada dos braços de Ramon, que a agarrava com força. Quanto mais ele demonstrava seu amor por ela, mais Lucena se enfurecia.

— Tragam-nos — falou Miguez incisivo.

Um segundo homem agarrou Ramon e fez com que ele se levantasse, enquanto outro ia empurrando Giselle para fora novamente. Sem nada poderem fazer, os dois foram levados ainda mais para baixo, até que entraram numa espécie de câmara fria e lúgubre, iluminada apenas por umas poucas tochas presas nas paredes. Ao centro, um enorme tronco estava encravado, e o carrasco levou Giselle para lá, amarrando-a de frente para eles. Em seguida, um dos homens rasgou-lhe o vestido, expondo-lhe os seios, e ela começou a chorar novamente.

Ramon, aos poucos, foi recobrando os movimentos. Ainda não conseguia manter-se muito bem, mas ao menos as pernas já lhe obedeciam, e ele esticara o corpo até ficar praticamente ereto. Não entendia o que aquelas pessoas estavam pretendendo, mas imaginava que não era nada bom.

Giselle, a amante do inquisidor

Viu quando o carrasco amarrou Giselle e rasgou a sua roupa, e teve ímpetos de matá-lo. Mas não houve muito tempo para isso. O outro homem pôs-se a caminhar com ele de um lado para outro na câmara fria, até que ele pudesse recuperar os movimentos do corpo.

Apesar de dolorido, Ramon conseguiu assenhorear-se novamente das articulações, e elas já o obedeciam quase normalmente. Ele foi colocado diante de Giselle e, em suas mãos, puseram o chicote. A princípio, Ramon não entendeu bem o que estava acontecendo, mas as lágrimas que jorravam dos olhos de Giselle o ajudaram a compreender tudo. Queriam que ele flagelasse o corpo de sua amada. Mais atrás, um outro homem se postou, encostando a ponta da espada em seu pescoço.

— Se tentar alguma coisa, morre — falou em tom ameaçador.

— Muito bem — declarou Miguez —, agora comece.

Mas Ramon não se mexia. Não tinha coragem de maltratar sua Giselle. Olhou direto nos olhos de Lucena, que cambaleou e agarrou-se no braço de Miguez.

— Por que está fazendo isso, Lucena? — indagou, sem tirar os olhos dos dela. — Será que não percebe que Giselle não foi responsável por eu ter deixado você? Deixei-a porque não a amava, Lucena. Ainda que não amasse Giselle, jamais poderia me casar com você.

— Você me desonrou — retrucou Lucena com voz rouca.

— Foi um erro, agora compreendo. Mas naquela época, eu estava iludido. Só depois descobri que o que sentia por você não era amor, mas apenas desejo.

— Você tinha um dever de honra para comigo!

— Eu sei. Não nego isso. Mas a honra não foi mais forte do que o amor que então já sentia por Giselle. Nunca amei você, Lucena. Se a amasse de verdade, eu jamais teria me apaixonado por ela. O erro foi meu, e sou eu quem deve pagar. Giselle nada tem a ver com isso.

— Ela matou meu pai!

Não havendo como retrucar aquele argumento, Ramon soltou o chicote no chão e finalizou vencido:

— Sinto muito.

Completamente aturdida, Lucena largou o braço de Miguez e atirou-se contra ele, cravando-lhe as unhas no rosto.

— Desgraçado!

Por um instinto mesmo de defesa, Ramon desvencilhou-se dela e acertou-lhe um soco no queixo, quase destroncando-lhe o maxilar. Foi tudo tão rápido e inesperado, que nem Miguez, nem os carrascos conseguiram intervir a tempo. Ramon não queria atingi-la, mas o inevitável aconteceu. Lucena cambaleou, a boca sangrando, e ele correu para amparála. Pensando que Ramon iria atacá-la novamente, o carrasco, de forma impensada e mecânica, cravou-lhe a espada no tórax, e a lâmina atravessou-lhe o coração, fazendo com que ele tombasse, morto antes de atingir o chão, as pupilas vidradas cravadas nos olhos de Lucena.

— Não! — gritou Giselle em desespero, tentando se soltar das amarras. — Ramon! Não! Não! Não...!

A voz foi sumindo na garganta. A um golpe do carrasco, Giselle desmaiou outra vez, para só acordar horas depois, novamente na masmorra, amarrada a seu costumeiro tronco, na mente apenas a lembrança do corpo de Ramon caindo inerte no chão.

Capítulo 33

Fazia quase uma semana que Juan havia desaparecido, e Esteban estava realmente preocupado. Colocara todo mundo na abadia à sua procura mas, até aquele momento, nada. Ninguém tinha notícias dele. Até no Tribunal foram procurá-lo, mas ele não fora encontrado em lugar nenhum. Esteban já estava ficando seriamente alarmado.

Naquela tarde, ele tentava se concentrar na leitura de um processo quando um dos noviços chegou apressado, berrando o seu nome pelos corredores:

— Monsenhor Navarro! Monsenhor Navarro!

— O que é que está acontecendo? — resmungou o cardeal.

Esteban abriu a porta de seu gabinete, e o rapaz entrou, suado e esbaforido, falando aos tropeções:

— Monsenhor Navarro... Venha, depressa!

Não precisava perguntar o que havia acontecido, porque já sabia do que se tratava. Juan fora encontrado. A passos largos, Esteban saiu atrás do noviço, que deixou o Tribunal e se dirigiu para a abadia, passando direto pelo edifício principal e se dirigindo para a velha capela em ruínas. A porta estava aberta, e vários padres se encontravam do lado de fora, fazendo uma careta de nojo. Assim que Esteban entrou, sentiu o odor pútrido de carne em decomposição e apanhou um lenço, levando-o às narinas. O noviço entrou no campanário e apontou para cima. Esteban nem precisava olhar para saber o que encontraria ali. Pendurada no badalo do sino, uma corda balançava... presa a ela, o corpo sem vida de Juan.

— Meu Deus! — exclamou Esteban, persignando-se.

Imediatamente, deu ordens para que tirassem o corpo do rapaz dali. Ninguém se atrevia a tocá-lo. Todos estavam com medo de subir na torre. Mas a ordem de Esteban foi imperativa, e os padres mais novos tiveram que obedecer. Miguez também apareceu. Ao ser informado de que Juan fora encontrado pendurado na torre do sino, partiu imediatamente ao encontro de Esteban.

— Meu amigo — lamentou com sincero pesar —, que desgraça.

— Juan não pôde suportar a prisão de Giselle. Ele a amava.

— Amava-a tanto que a denunciou.

— O quê? — tornou Esteban perplexo. — O que disse?

— Você ouviu bem, Esteban. Lamento dizer-lhe isso nesse momento de dor. Mas foi Juan quem me contou sobre o envolvimento de Giselle com Ramon de Toledo e disse-me onde encontrá-lo. Creio que o que não conseguiu suportar foi o peso do remorso.

Esteban escondeu o rosto entre as mãos e chorou sentido. Agora compreendia tudo. Realmente, a só prisão de Giselle não era motivo suficiente para que Juan se matasse. Tinha que haver algo mais.

343

— Miguez, você vai me fazer um favor — pediu Esteban, ainda em lágrimas.

— O que quiser, meu amigo.

— Não diga a ninguém que ele se matou. Quero dar-lhe um enterro digno.

— Mas Esteban, você sabe que Juan cometeu um pecado mortal. Não pode ser sepultado em campo santo.

— Por Deus, Miguez, faça isso por mim.

— Você não poderá enganar ninguém. Outros também viram.

— Ninguém ousará me contestar, além de você. Por favor, Miguez, ao menos isso você me deve.

Ele estava certo. Miguez já o decepcionara demais. E aquela era uma ótima oportunidade para reatar sua amizade com Esteban. Demonstrando solidariedade e compreensão pelo seu sofrimento, Esteban acabaria por perdoá-lo e esqueceria aquela pequena desavença.

— Tem razão, Esteban. É o mínimo que posso fazer por você.

Nesse momento, dois rapazes vinham descendo com o corpo pútrido de Juan, e Esteban, mais que depressa, começou a se lamentar:

— Pobre Juan. Eu bem lhe avisei que não se pendurasse em cordas para limpar o sino.

Os padres se entreolharam atônitos. Estava na cara que o noviço havia se suicidado, e alguém ainda tentou contestar:

— Mas monsenhor, ele se matou...

— Não diga isso! — cortou Esteban irado. — Juan jamais faria uma coisa dessas. Ele caiu, entenderam? Foi limpar o sino e a corda se enrolou em seu pescoço. Foi um acidente.

— Mas monsenhor...

— Não ouviram o que monsenhor Navarro disse? — interrompeu Miguez com ar de zanga. — Juan foi limpar o sino e caiu. Foi um infeliz incidente. E não ousem sugerir ou insinuar outra coisa. Ouviram bem? Ou terão que se entender comigo depois.

— Sim, padre Miguez — responderam os outros, em uníssono.

— E agora, levem-no daqui e o preparem para as exéquias.

— Sim, senhor.

Depois que os padres se foram, carregando o corpo de Juan, Esteban se abraçou a Miguez e desatou a chorar. O outro permaneceu parado e envolveu Esteban com seus braços, deixando que ele desse livre curso às lágrimas. Depois de muito chorar, Miguez enxugou-lhe os olhos e deu-lhe um beijo na testa, o que causou imensa emoção em Esteban.

— Miguez... não sei como lhe agradecer. A dor que sinto nesse momento me impediria de convencê-los.

— Não precisa me agradecer, meu amigo. Fiz isso em nome de nossa velha amizade. Gostaria que você nunca se esquecesse da nossa amizade. Tudo o que fiz e faço é pensando nela.

— Eu sei, Miguez... amigo. Sou-lhe muito grato por isso.

Miguez deu-lhe um tapinha na bochecha e, de braços dados, voltaram para a abadia. Algumas horas depois, após sentida missa proferida por Miguez, o cortejo carregando o esquife de Juan partiu para o cemitério. Esteban estava tão abalado que nem conseguiu dirigir a liturgia. Não fosse por Miguez, sempre a ampará-lo com sincera amizade, Esteban teria caído doente.

Apesar das desconfianças, ninguém disse nada. Quem ousaria enfrentar dois poderosos cardeais, influentes inquisidores do Tribunal do Santo Ofício? A palavra de um inquisidor era algo incontestável, e nem seriam precisas testemunhas para comprovar o que diziam.

De volta a seu gabinete, Esteban pôs-se a pensar. Já não aguentava mais tanta morte. Mas estava por demais envolvido com ela para pretender abandoná-la. O que alimentava a sua vida era a morte dos hereges, e Esteban não saberia o que fazer longe da Inquisição. Soubera da morte de Ramon e lamentara por Giselle. E agora, Juan também partira, atormentado

Giselle, a amante do inquisidor

por uma culpa da qual jamais poderia se livrar em vida. Mais um pouco, e Giselle os seguiria. Ele tinha certeza de que Giselle não escaparia da perseguição de Miguez.

Miguez era mesmo seu amigo. Esteban podia sentir a sinceridade de seus gestos e de suas palavras. No fundo, acreditava mesmo que Giselle também era uma herege. Não fosse por esse motivo, jamais ousaria prendê-la. Mas ele estava convicto, e a convicção de um inquisidor era o quanto bastava para levar alguém à masmorra.

Dali a dois dias, era o julgamento de Manuela. Ele sabia que a moça seria solta, porque não conseguira reunir nenhuma prova contra ela. Por mais que Giselle quisesse, não descobrira nada em Manuela que pudesse incriminá-la. Ao contrário, ela era uma moça tola e ingênua, e só conseguira compreender o motivo de sua prisão depois que Giselle despejara sobre ela o seu ciúme.

Tudo aconteceu conforme Esteban imaginara. O Tribunal reunido não vislumbrou nenhum elemento que os convencesse de que Manuela era uma bruxa ou herege. Além do mais, Miguez tomara a sua defesa. Não era propriamente seu advogado, porque o Tribunal sempre nomeava um para cada acusado, que nada fazia além de tentar convencê-lo a confessar e apressar a prolação da sentença. Mas, naquele caso específico, era um dos próprios inquisidores quem pedia a absolvição da ré.

E foi exatamente assim que tudo sucedeu. O Tribunal, numa de suas raras decisões, absolveu Manuela de todos os crimes que lhe haviam sido imputados, ou seja, nenhum. Ela fora presa por denúncia de Giselle Mackinley, que sequer conseguira reunir provas contra a moça. O inquisidor, é claro, cumprira seu papel. Recebeu a denúncia e instaurou o processo contra a rapariga, recolhendo-a imediatamente ao calabouço. Em seguida, iniciou as investigações, torturando-a para que confessasse. Mas Manuela não confessara, e não havia documentos, objetos ou testemunhas que depusessem contra ela. Como resultado, só podia ser inocente.

Caberia a Esteban libertá-la do calabouço, mas ele não teve coragem de ir. Ainda não se atrevia a encontrar Giselle. Sabia que estava sendo covarde, mas não poderia suportar vê-la presa, acorrentada, flagelada por aqueles mesmos instrumentos que tantas vezes lhe fizeram a glória.

Miguez aceitou o encargo de bom grado. Mandou chamar Lucena e foi com ela libertar Manuela. Lucena acompanhou tudo com indizível satisfação. Entrou na masmorra em companhia de Belita e Belinda, que mandara buscar em Cádiz. Giselle foi tomada de surpresa. Jamais poderia imaginar ver ali as suas antigas escravas. Quando a viu, Belita deixou as lágrimas caírem, mas Lucena deu-lhe ordens para que não falasse com ela. Belinda, por sua vez, não demonstrou qualquer piedade. Ainda estava com raiva e não a perdoara por tentar incriminá-la.

Lucena parou diante dela, com as escravas mais atrás, e perguntou vitoriosa:

— Reconhece essas escravas? — Giselle não respondeu. — Pois agora são minhas. Miguez confiscou-as e deu-as a mim. Vê como estão felizes agora?

Efetivamente, Belita e Belinda pareciam muito mais bem-cuidadas por Lucena. Vestiam-se com roupas melhores e mais bonitas, e pareciam mais saudáveis. Belita permanecia de olhos baixos, penalizada, sentindo-se pouco à vontade diante de sua antiga ama, mas Belinda encarou-a com raiva, sem falar nada. Seus olhos, porém, diziam tudo. Diziam-lhe que era bem feito Giselle estar ali, em lugar dela, como antes pretendera.

Pouco depois, Manuela chegou, amparada pelo carrasco e por Miguez. Os membros estavam bastante doridos, e ela não conseguia se manter em pé. Fora para isso que Lucena trouxera as escravas. Para que ajudassem Manuela a andar. As duas se postaram, uma de cada lado da moça, e sustiveram seu corpo, leve de tão esquálido. Giselle nem conseguia mais sentir raiva. Só o que sentia era a dor da humilhação.

Giselle, a amante do inquisidor

Lucena matara Ramon, tomara-lhe as escravas e agora libertava Manuela. Conseguira sua vingança.

— Sabe para onde vou levá-la, Giselle? — perguntou Lucena com ar irônico, apontando para Manuela. — Para casa. Vou cuidar dela, tratar de suas feridas, dar-lhe um lar. E ela vai trabalhar para mim. Sabe onde? Não, não sabe. Mas eu vou lhe dizer. Vai trabalhar na taverna "Dama da Noite". Conhece? É claro que conhece. Era a sua taverna, não era? Mas agora é minha. Como tudo o que lhe pertenceu um dia. Até mesmo sua casa, que vou dar para Manuela morar.

As escravas foram virando o corpo de Manuela, mas ela fez força para não ir. Abraçada às moças, começou a caminhar para a frente. As escravas, percebendo que ela queria se aproximar de Giselle, levaram-na até lá, e Manuela, rosto colado ao da outra, cuspiu-lhe na face com imenso desdém, acrescentando com voz gélida:

— Espero que seu corpo apodreça nesse inferno. A morte é pouco para você.

Giselle cerrou os olhos e desatou a chorar. Não aguentava mais receber tantas injúrias e maldições. Tudo o que podia fazer para aliviar a sua dor, a sua revolta, o seu medo era chorar. Lucena fez sinal para que as escravas a seguissem, e elas saíram levando Manuela. Quando cruzaram o portão de ferro, Miguez, que até então nada dissera, chamou o carrasco e lhe deu ordens para soltar Giselle. Iriam recomeçar as torturas.

— Você chora, não é mesmo? — falou com voz diabólica. — Pois vai chorar ainda mais quando o próprio Esteban ler a sua sentença final. Vou lhe dar essa honra. Quero que você pague por todo o mal que nos fez passar.

Ignorando o pranto aflito e agoniado de Giselle, Miguez foi cumprir o seu dever. Era mais do que um dever. Era seu direito. O direito de se vingar da pessoa que mais odiara em toda a sua vida.

Capítulo 39

Giselle já começava a acreditar que seu fim estava próximo. Submetida a toda sorte de torturas e abusos, pensava mesmo em desistir. Já não estava mais conseguindo suportar a dor, e a só visão de Miguez ou do carrasco já era suficiente para quase levá-la à loucura. Além de tudo, ainda tinha que suportar a presença de Lucena, que se regozijava com o seu sofrimento.

Em casa, Lucena não deu muitos detalhes sobre a prisão de Giselle. Apenas dissera a Blanca que ela fora presa, mas cuidava para não deixar escapar a felicidade que sentia ao ver o seu sofrimento. Blanca, por sua vez, também não dizia nada. Era muito grata a Lucena e a Miguez pelo que fizeram a ela e não pretendia desrespeitá-los. Se eles ainda se comprazíam com aquela vingança, só o que ela podia fazer era orar para que o perdão tocasse os seus corações.

Não havia mais muito tempo ou esperança para Giselle. Precisava sair dali o quanto antes. Ramon já estava morto e, apesar da dor que sentia pela sua perda, ao menos estava livre daquele inferno. Mas ela não. Fugiria sozinha. Só podia contar com Diego. Fizera-lhe a proposta havia já algum tempo mas, desde então, nunca mais o vira. Sabia que Diego era ambicioso e esperava que ele aceitasse o seu suborno.

A despeito do sofrimento de Rúbia, Diego não lhe disse nada sobre o que Giselle lhe propusera.Tencionava ir embora com ela da Espanha, pois só em outro país poderiam se casar. Diego sabia que seu tio jamais permitiria que ele e Rúbia se casassem e, por isso, precisava partir com ela. Rúbia era rica, mas ele queria mais. E depois, Rúbia era uma mulher voluntariosa e inteligente, e ele não estava disposto a ficar nas suas mãos. Queria ter o seu próprio negócio sem precisar dar-lhe satisfações. Poderia até comprar a companhia de seu pai e empreender viagens à América, tal qual ele sonhara um dia.

Pensando em seu futuro, tomou uma resolução. Queria libertar Giselle, mas não poderia fazê-lo sozinho. Os soldados eram muitos e não aceitariam um suborno dele, pois o medo dos inquisidores era maior do que a sua ambição. Se fosse assim tão fácil suborná-los, as masmorras já se encontrariam vazias àquela altura, visto a enorme quantidade de nobres presos. Não. Tinha que haver outra maneira.

Resolveu procurar o tio. Diego sabia o quanto ele lamentava a prisão de Giselle, e talvez concordasse em ajudar. Somente com a intervenção de um influente inquisidor é que conseguiria soltá-la. Na manhã seguinte, bem cedo, partiu de novo para Sevilha, onde pretendia ficar alguns dias, até que tudo terminasse. Assim que chegou, foi procurar o tio em seus aposentos. Ouvira falar da morte do jovem Juan e sabia que o tio se encontraria sozinho.

Diego foi conduzido ao quarto de Esteban e bateu à porta com cuidado. Alguns minutos depois, Esteban veio atender, e Diego levou um susto com a sua aparência abatida e fatigada.

— Tio Esteban! — murmurou o rapaz. — O senhor está bem?

— Mais ou menos, meu filho. É essa maldita dor de cabeça.

Diego entrou rapidamente e fechou a porta atrás de si, correndo até as janelas e fechando-as de par em par, para assombro de Esteban. O cardeal ainda pensou em indagar o motivo daquilo tudo, mas desistiu. Sentia-se exausto, a cabeça a latejar, e recostou-se na cama, fechando os olhos por uns instantes.

— Tio... — chamou Diego a meia-voz — preciso falar-lhe com urgência.

Esteban abriu os olhos lentamente e fixou o rosto lívido e assustado do sobrinho.

— O que é, Diego? Está com algum problema?

— Não.

— Alguma coisa com Rúbia?

— Não se trata disso. Vim para falar de outra pessoa.

— Que outra pessoa? De quem está falando? Vamos, rapaz, diga logo. Não estou com disposição para mistérios ou charadas.

— Não é mistério nenhum. Muito menos charada. Estou aqui para falar de Giselle.

O cardeal deu um salto da cama e colocou-se bem diante dele, agarrando-o pelo colarinho e sussurrando entredentes:

— Você não tem nada que falar de Giselle. Já não basta o que ela está passando? E eu? Como pensa que estou me sentindo?

— Acalme-se, tio — retrucou Diego calmamente, tirando-lhe as mãos da gola de sua camisa. — Estou aqui para ajudar.

Giselle, a amante do inquisidor

— Ajudar? Em quê? Não sei o que você poderia fazer para ajudar. Se nem eu consegui convencer Miguez...

— Não quero convencer ninguém. Meus métodos são bem outros.

— Mas que métodos? Do que é que está falando?

— De uma fuga — deu uma pausa, sentindo o efeito que suas palavras causavam no tio, e prosseguiu com firmeza: — Pretendo ajudar Giselle a fugir.

Com um suspiro, Esteban se afastou do sobrinho e se aproximou da porta, abrindo-a vagarosamente. Aquilo era muito perigoso para ser tratado ali, e ele tinha medo de que alguém escutasse. O corredor, porém, encontrava-se vazio. Não havia ninguém, e ele se certificou de que não corriam nenhum perigo. Tornou a fechar a porta e se aproximou de Diego novamente, sentando-se a seu lado na cama.

— Posso saber como é que pretende fazer isso? — sussurrou, o mais baixo que pôde.

O outro, sem altear a voz, ciente também do risco que corriam, retrucou hesitante:

— Ainda não sei bem...

— Isso é loucura. Você jamais conseguirá tirá-la de lá.

— Não sem a sua ajuda.

— Minha ajuda? O que há com você, Diego? Quer nos matar a ambos?

— Não é isso. Mas é que, com a sua ajuda, talvez seja mais fácil subornar os guardas.

— Suborná-los, é impossível. Eles tremem de medo, só de pensar na ira dos inquisidores.

— Deve haver uma maneira de tirá-la de lá. Sei que há.

— Se houvesse, pensa que eu já não o teria feito? Mas não há.

— Não é possível. Tem que ter um jeito.

— Só se... — Esteban parou hesitante.

— Só se o quê?

— Só se eles não estiverem acordados.

— Ótima ideia! — exclamou Diego, satisfeito em vislumbrar uma aparente solução. — Um pouco de sonífero no vinho seria o mais adequado... Mas como é que o sonífero vai parar nos seus vinhos? Quem o colocará? O senhor? É claro que não. Eu? Não tenho a menor chance.

— Deixe isso por minha conta. Farei uma visita à masmorra de noite e lhes levarei o vinho. Não desconfiarão de mim e beberão com prazer. Em poucos minutos, estarão fora do caminho.

— Mas tio, quando acordarem, vão denunciá-lo.

— Você não está entendendo. Eles não vão acordar.

— Não vão? O que quer dizer?

— Que eles devem morrer.

Diego estacou horrorizado. Afinal, nunca antes havia matado ninguém. Podia ser ambicioso e venal, mas matar já estava fora de seus planos. Não tinha coragem para isso.

— Mas tio — protestou veemente —, não posso fazer isso. Nunca matei ninguém.

— Você não. Mas eu já. Matei muitos...

— O que quer dizer?

— Que os homens vão ser envenenados.

— Vão desconfiar do senhor.

— Não poderão provar nada. Nem Miguez ousará me acusar.

— É arriscado, tio. Alguém pode vê-lo entrar na masmorra.

— Correrei o risco. E depois, coberto pelo manto e pelo capuz, ninguém de fora saberá que sou eu. Para todos os efeitos, estarei dormindo em minha cama, com uma forte dor de cabeça. Farei tudo rapidamente. Irei à masmorra e levarei o vinho para os guardas. Depois, voltarei para meu quarto e continuarei a dormir tranquilamente. Depois de mortos, é com você. Aja com rapidez e leve-a para bem longe.

Giselle, a amante do inquisidor

— Quando será?

— O mais rápido possível. Mais um pouco, e ela nem conseguirá andar.

— Quem irá avisá-la?

— Ninguém. Qualquer visita, nesse momento, despertará suspeitas. Você simplesmente aparece e a solta. Leve-a para bem longe daqui.

Tudo ficou acertado para dali a dois dias. Esteban faria uma visita noturna à masmorra e entregaria o vinho envenenado aos guardas e depois sairia. Caberia o resto a Diego, que ficou de arranjar um barco para tirá-la da Espanha.

Capítulo 35

Na véspera da fuga, Giselle continuava amarrada ao tronco, ao qual até já desejava como forma de descanso. Ao menos, enquanto estava amarrada ali, não estava sendo torturada por Miguez. Já era noite quando a porta se abriu, e ela percebeu uma luminosidade intensa penetrando na masmorra. Olhou em volta assustada, pensando que dormia e sonhava, mas a dor no corpo lhe fez concluir que ainda estava acordada. A luminosidade veio se aproximando, e Giselle piscou o olho diversas vezes, ofuscada por tamanha claridade.

Aos poucos, porém, conseguiu divisar a figura de um guarda, trazendo pela mão uma menina. Não devia ter mais do que dez ou onze anos. Era linda, cabelos louros cacheados, olhos de um azul cristalino, lábios vermelhos qual uma rosa prestes a desabrochar. Parecia um anjo envolto em um halo de luz.

Giselle percebeu que o anjo era apenas uma menina, e aquele clarão repentino, subitamente, desapareceu. Teria sido um sonho ou uma visão? A menina passou bem junto a ela, deixando-a estarrecida. Bem percebia que se tratava de uma criança, e a indignação foi tomando conta de sua mente. Ela, ao menos, era adulta e reconhecia que havia cometido muitos crimes. Mas que mal poderia uma criança ter feito aos padres para merecer aquela sorte? A visão daquela menina causou estranha comoção em Giselle. Ela vinha cabisbaixa, segura pela mão do guarda, que a conduzia para uma das celas laterais. Quando passou ao lado de Giselle, a menina estacou de repente e levantou os olhos para ela por uns instantes, para depois abaixá-los novamente, continuando em sua triste trajetória de morte.

Giselle estremeceu. A menina, tão pura, tão inocente, mais parecia uma flor no meio daquele lodaçal de dores e lamentações. Ela sabia que, em breve, o corpo da menina seria dilacerado e vilipendiado, e chorou. Pela primeira vez em sua vida, Giselle derramava lágrimas por alguém que não fosse ela mesma.

Com o coração oprimido e os pensamentos ainda presos na criança, Giselle adormeceu. Novamente, viu aquela luminosidade e pensou que a menina houvesse se soltado da cela. Virou o pescoço lentamente para o lado e percebeu que a cela em que ela fora colocada ainda se encontrava fechada, e a menina dormia um sono agitado sobre a palha fétida despejada no chão.

Tornou a olhar para a frente e percebeu que a luminosidade havia se aproximado, pairando alguns centímetros acima do chão, quase tocando o seu corpo. Aos poucos, aquela luz a foi envolvendo, e Giselle sentiu imenso bem-estar, como se aquela claridade estivesse refazendo o seu corpo, aliviando-lhe as dores e as feridas. De repente, a luz se afastou um pouco e foi tomando forma, e ela viu extasiada a figura brilhante do pai se formar bem diante de seus olhos.

— Pai! — exclamou aos prantos. — Ajude-me!

Estirou os braços para a frente e espantou-se ao constatar que, além dos braços realmente se estenderem, todo o seu corpo atendeu ao seu comando, e Giselle viu-se acolhida nos braços de seu pai. Durante muito tempo, permaneceu abraçada a ele, permitindo que suas lágrimas fossem recolhidas pelas suas mãos amorosas.

O pai não se apressou em soltá-la. Deixou que ela desse vazão ao pranto e, quando ela finalmente se acalmou, acariciou os seus cabelos e deu-lhe um beijo na face, indagando com extrema bondade:

— Vim lhe perguntar de novo, Giselle: o que foi que fez com o conhecimento que lhe dei?

Ela não resistiu. Agarrou-se a ele em desespero e começou a chorar novamente, respondendo entre lágrimas sentidas e angustiadas:

— Oh! pai, perdoe-me! Fui uma tola, ambiciosa, fútil. Deveria ter seguido os seus conselhos. Jamais devia ter utilizado meus conhecimentos para o mal. Hoje compreendo. Ao ver aquela menina entrar aqui, pensei na fragilidade da vida e no quanto devemos nos esforçar para sermos bons. Ela está sofrendo, pai, eu sei. Mas seu semblante é tão doce...

— Porque sua alma é pura, minha filha. Assim como a sua também é.

— A minha? Não, pai, sei que sou uma perdida, criminosa, pecadora. Jamais chegarei aos pés daquela criança... ou aos seus...

— Não se acuse tanto, Giselle. Sua alma é pura, porque ignorante. Você enveredou por um caminho de espinhos e só

a muito custo conseguiu compreender que, quem caminha no meio dos espinhos, acaba tendo que assumir as feridas nos pés.

— Pai... estou sofrendo tanto!

— Você mesma escolheu esse sofrimento, Giselle. Foi a sua opção.

— Jamais poderia ter escolhido tanta dor. Se estou sofrendo, é porque alguém me inflige esse sofrimento.

— Não acuse aqueles que apenas servem de instrumento aos seus desígnios. Você escolheu se envolver com essas pessoas e vivenciar tudo aquilo que elas poderiam lhe dar.

— Por favor, pai, ajude-me! Não quero mais sofrer. Tire-me daqui. Leve-me com você! Estou arrependida do que fiz... sei que mereço passar por tudo isso, mas estou arrependida, eu juro!

— Sei que está. Seu arrependimento é sincero, mas não simples o suficiente. Você está começando a enveredar pela senda da culpa.

— Como não me sentir culpada diante da consciência de tudo o que fiz?

— Seja responsável por seus atos, Giselle, mas não se entregue à culpa. Você só vai sofrer.

— Não é o que mereço?

— Ninguém merece sofrer para aprender. Sofremos porque não compreendemos.

— Hoje eu compreendo, pai. Compreendo que ajudei a matar e espoliar muitas pessoas. Talvez até crianças feito aquela — engoliu um soluço sentido e apontou para a menina adormecida.

— Essa criança foi mais um instrumento para despertar a semente de bondade que você guarda em seu coração.

— Mas que bondade? Eu fui má, mesquinha, cruel... Ah! pai, se pudesse voltar atrás e refazer a minha vida!

— Ninguém é mau, minha filha. Somos todos ignorantes. Não se culpe tanto.

— Ah! pai, pai! Ajude-me! Tire-me daqui. Sei que pode. Leve-me com você. Prometo ser diferente. Prometo reparar todas as maldades que fiz. Prometo que vou me emendar. Você vai ver. Vou ser boa, generosa, piedosa. Mas por favor, não me deixe mais sofrer! Não me deixe!

— Acalme-se, Giselle. Não precisa prometer coisas que não sabe se será capaz de cumprir. Nem ninguém está lhe pedindo isso. Somente podemos dar aquilo que temos.

— Mas eu não tenho nada!

— Tem o seu coração, o seu amor...

— Que amor? A única pessoa que amei em minha vida foi Ramon... e você...

— Não, minha filha. Amou aquela criança que acabou de conhecer.

Giselle calou-se abismada. Fitou a menina novamente e tornou a olhar para o pai. Ele estava certo. Ao ver aquela criança entrar, envolta naquele halo de luz, algo dentro dela começou a despertar. Seu coração sentiu algo novo, um sentimento que até então jamais havia experimentado. Era um sentimento puro, desinteressado, carregado de compaixão e amorosidade. Giselle nunca fora mãe. Mas, se pudesse, estreitaria aquela menina em seus braços até que ela se sentisse acolhida e protegida, como nos braços de sua mãezinha.

Olhos banhados em lágrimas, fitou o pai com amor e respondeu com sinceridade:

— Tem razão...

Deitou a cabeça no colo dele e entregou-se ao pranto. Compreendia as palavras do pai e lamentava não tê-las seguido há mais tempo.

— Não se lamente — tranquilizou ele, lendo seus pensamentos. — Não há tempo demais ou tempo de menos. O que

Giselle, a amante do inquisidor

há é o nosso próprio tempo, que é sempre o justo e o necessário para o nosso entendimento.

— Oh! pai, o que fiz para merecer tudo isso?

— Quer mesmo saber?

Ela ergueu os olhos assustada e indagou em dúvida:

— Será que devo?

— Se você quiser...

— Vai me ajudar a mudar alguma coisa?

— Alguma coisa não. Mas pode ajudar a modificar você.
O que você fez, está feito, ninguém jamais poderá apagar.
Durante os séculos vindouros, tudo o que você fez estará
guardado em algum lugar dentro de você, porque as lembranças de seus atos passados é que servirão para ajudá-la
a construir uma personalidade mais íntegra no futuro. Ninguém pode apagar os seus atos, porque estaria apagando
suas experiências. Mas você pode compreender com o coração tudo aquilo que já fez, e esses atos dos quais você se
lamenta servirão de exemplo para novas atitudes. Então? O
que me diz? Quer saber o que você fez, apenas para compreender por que escolheu estar aqui hoje?

— Quero — respondeu Giselle decidida.

No mesmo instante, as paredes da masmorra desapare-
ceram, e Giselle saiu para a friagem da noite. Em questão de
segundos, a noite virou dia, e ela começou a se lembrar.

⚜

Corria o ano de 1204, e a frota cruzada preparava-se
para a terceira investida contra a capital bizantina. Os soldados
já haviam conquistado e pilhado várias cidades daquele im-
pério, dentre elas, Calcedônia e Crisópolis, mas não estava
sendo nada fácil tomar Constantinopla. O porto da cidade era
protegido por grossas correntes que impediam a entrada dos

navios invasores, e a única saída seria tomar a Torre de Gálata e soltar as correntes que a ela se prendiam. Ultrapassadas as correntes e penetrado o porto, a investida por mar ainda teria que vencer as demais torres de proteção, o que demandava tempo, homens e habilidade.

Essa empreitada contou com o concurso de cruzados e venezianos, que haviam partido juntos de Veneza. Quando, por fim, a Torre de Gálata foi tomada e as correntes, afrouxadas, os cruzados penetraram no porto e, agora em terra, acamparam do lado de fora das muralhas, à uma distância segura das catapultas inimigas. Os venezianos, por sua vez, permaneceram na investida por mar e, enquanto lutavam para invadir as torres da cidade sitiada, os cruzados tentavam abrir uma fenda na muralha, até que conseguiram, finalmente, penetrar com seus cavaleiros montados, tomando tudo que encontravam à sua frente.

Foi nesse clima hostil e sangrento que Giselle se reconheceu, envergando uma armadura brilhante onde se via no peito a cruz vermelha das Cruzadas. Giselle não era Giselle. Era Rômulo, um soldado forte e destemido, oficial graduado e competente, e engajara nas Cruzadas numa tentativa de reaver a herança perdida para seu irmão mais velho. Pelo direito de primogenitura, toda a fortuna de seu pai fora herdada pelo irmão, e Rômulo não recebera nada em terras ou dinheiro. Por isso, a Quarta Cruzada lhe surgiu como a chance que esperava de adquirir terras e riquezas no Oriente.

Sem dinheiro e sem galeras, os cruzados haviam praticamente se colocado nas mãos dos venezianos, que os levariam a Jerusalém em troca de ajuda para a retomada da cidade de Zara aos húngaros. Na viagem, Rômulo conheceu Leandro, um veneziano maduro e experiente, e uma forte amizade logo surgiu entre ambos. Cerca de quinze anos mais velho, Leandro tornou-se para o jovem Rômulo, além de amigo, um sábio conselheiro.

Giselle, a amante do inquisidor

A batalha pela conquista de Constantinopla não durou muito tempo. Logo o imperador fugiu com seu exército, e os bizantinos, decepcionados com a destruição de sua muralha, deram-se por derrotados. Reconhecendo-se verdadeiros conquistadores, sem encontrar resistência da população ou dos soldados, os cruzados iniciaram então a pilhagem da cidade.

Milhares de civis e militares foram mortos ou aprisionados, e as mulheres, estupradas pelos cruzados. Imagens, altares, estátuas de ouro, tudo foi destruído e derretido por aqueles que partiram de Veneza jurando lutar pela fé cristã. Palácios e mansões foram tomados, seus residentes mortos ou aprisionados, e muitas obras de arte foram roubadas. O saque foi imenso, e os cruzados, mais do que os venezianos, não hesitavam em destruir, queimar, matar...

Rômulo era então um dos capitães dos cruzados, cruel e sanguinário, impiedoso e imoral. Em meio à pilhagem, invadiu o palácio de um oficial do exército bizantino, que havia se recusado a debandar ante a iminência da derrota. Domício era um homem íntegro, segundo os padrões da época, e resistiu ante à capitulação de sua amada Constantinopla.

Ao entrar em seu rico palacete, todo feito de mármore e ouro, Rômulo quedou boquiaberto. Jamais havia visto tanta riqueza em toda a sua vida. Mesmo seu pai, que fora um rico senhor feudal, não poderia se igualar àquele Domício em luxo e fortuna. O homem ainda tentou resistir. Lutou com todas as suas forças contra vários soldados cruzados, mas acabou rendido e subjugado.

Rômulo deu ordens para que ele fosse preso, e seus soldados puseram-se a vasculhar o palacete. Não demorou muito, e toda a família foi encontrada e levada à sua presença. No mesmo instante, seus olhares se fixaram na jovem esposa de Domício. Tratava-se de uma nobre de origem grega, Lísias, moça fina e de rara beleza. Rômulo sentiu imenso desejo por aquela mulher. Acostumado a tomar o que desejava, deitou-a no chão e estuprou-a ali mesmo, diante de toda a família.

Naquele momento, Domício sentiu imenso ódio de Rômulo. Se ele os tivesse matado, a todos, não lhe guardaria tanto rancor. Era soldado também e considerava a execução e a morte coisas naturais numa guerra. Mas estuprar sua mulher era coisa que não poderia jamais admitir.

Terminada a violência, Rômulo mandou que prendessem toda a família de Domício, menos sua mulher. Enquanto ardesse nele o fogo da paixão, Lísias serviria para saciar os seus instintos. Domício ainda tentou lutar, mas foi amarrado pelos soldados de Rômulo, que se preparavam para levá-lo à prisão. Foi nesse momento que chegou Leandro, seu companheiro de batalhas.

— O que está acontecendo aqui? — indagou Leandro abismado.

— Ora, meu caro amigo — retrucou Rômulo com desdém —, estamos apenas nos divertindo.

Leandro fez um ar de contrariedade. Os venezianos costumavam ser mais comedidos em seus atos de pilhagem e saque, e Leandro, em especial, não se comprazia com os estupros.

— Está desonrando uma mulher casada! — censurou Leandro com veemência.

— Ela é mulher do inimigo. Não tem mais honra.

Novamente, Leandro fez ar de desagrado. Era extremamente católico e considerava a atitude de Rômulo um atentado contra as leis da Igreja, da mesma Igreja que ele jurara defender. A mulher, além de tudo, era católica também, e não era direito forçá-la ao adultério.

— Rômulo — prosseguiu ele com aparente calma —, solte essa mulher. É uma mulher cristã.

— E daí? Ela agora me pertence. Veio de prêmio, junto com a pilhagem.

Giselle, a amante do inquisidor

Soltou estrondosa gargalhada, o que deixou o amigo ainda mais indignado. Parado mais atrás, Domício não perdia uma só de suas palavras. Mesmo sendo inimigos, sentiu imensa gratidão pelo que Leandro estava fazendo. Reconheceu nele um homem honrado e digno, e passou a admirá-lo profundamente. Leandro podia pertencer ao conquistador inimigo, mas não era um mercenário feito aquele Rômulo.

— Solte-a! — falou incisivo. — É uma ordem.

— Você não dá ordens em mim. É meu amigo, não meu capitão-mor.

Nesse momento, Lísias atirou-se aos pés de Rômulo e, aos prantos, pôs-se a suplicar com pungente dor:

— Por favor, senhor, eu lhe imploro. Deixe-me ir. Solte meu marido e eu prometo que nunca mais nos verá. Partiremos hoje mesmo...

— Cale-se, mulher! — esbravejou Rômulo, desferindo-lhe uma bofetada.

De onde estava, Domício tentou se soltar, mas os soldados o seguravam com força, e ele não conseguiu se mover. Contudo, foi remoendo o ódio por aquele capitão arrogante e cruel, que não poupava nem a fragilidade de uma mulher.

— Por Deus, Rômulo! — objetou Leandro novamente. — Não vê que ela é apenas uma mulher e que está assustada? Solte-a! Deixe-a ir!

Mais por orgulho do que por desejo, Rômulo não soltava. Não podia permitir que outro homem, por mais amigo que fosse, passasse por cima de sua autoridade de capitão.

— Nunca! — bradou entredentes. — Prefiro antes vê-la morta!

Na mesma hora, desembainhou a espada e cravou-a na garganta de Lísias, que morreu ante o olhar atônito e revoltado de Domício. Lísias veio ao chão, sobre uma poça de sangue, o que deixou Domício enlouquecido. Apesar de fortemente preso, puxou os soldados que o seguravam e partiu para cima de Rômulo, aos pontapés, sendo facilmente subjugado pelo outro.

— Idiota! — vociferou Rômulo. — Gosta tanto assim de sua mulher? Pois vá juntar-se a ela!

Com um só golpe, Rômulo tirou a vida de Domício também. Os dois desencarnaram levando imenso ódio no coração, ódio esse que os acompanharia durante os séculos seguintes, principalmente ao reencarnarem como Lucena e Miguez. Ambos não conseguiram superar o ódio, e o desejo de vingança fez com que envidassem todos os esforços para retribuir a Rômulo, na pele de Giselle, todo o mal que antes os fizera passar.

Apesar de tudo, Domício nutriu sincera gratidão por Leandro, que perdurou também na encarnação seguinte, quando este voltou como Esteban. Nasceu daí uma forte e verdadeira amizade, fruto do reconhecimento de Domício pelos esforços de Leandro em salvar a vida e a honra de sua esposa.

Capítulo 36

Com lágrimas nos olhos, Giselle voltou de suas reminiscências. Foram dolorosas as lembranças de sua vida passada, e ela ficou imaginando o quanto gostaria de ter feito tudo de forma diferente.

— Se soubesse disso antes, não teria feito o que fiz.
— Se soubesse disso antes, não teria feito esforço algum.
— E agora, pai, o que farei?
— Aceite o seu destino. Foi o que você escolheu para você.
— Não posso mudar? Estou presa a minhas escolhas?
— Não. Mudamos a todo tempo. Mas é preciso que essa mudança parta do seu coração, não do seu medo. Você só quer mudar porque está com medo de sofrer mais e de morrer.

Não quer mudar o destino porque já aprendeu aquilo que veio aprender. Por isso é que digo que você não quer essa mudança. Sua alma não quer, porque ela sabe que você, em seu íntimo, ainda não está pronta para compreender e aceitar-se, a si mesma, como uma alma em evolução, que erra e cai, mas que não perde jamais.

— Está enganado, pai. É por compreender e me aceitar que não quero mais ficar aqui...

— O que sente agora com relação a tudo isso?

Giselle pensou durante alguns minutos, até que respondeu com profundo pesar:

— Culpa. Sinto-me culpada por tudo o que aconteceu.

— Como vê, você ainda não compreendeu e, por isso, não pôde se aceitar. Se tivesse mesmo compreendido, não se sentiria culpada. Ao contrário, perdoar-se-ia, a si mesma, sem nenhuma restrição. Mas você não pode. Sua alma pesa de tanta culpa.

— Se isso não é compreender, então não sei o que é. Se não compreendesse, não me sentiria culpada pelo que fiz.

— Não, Giselle, é o contrário. Se você compreendesse, diria a si mesma que agiu por ignorância e não precisaria sofrer para aprender. É como a criança, que cai e bate no amiguinho porque ainda não aprendeu que não deve bater em seus semelhantes. Ela é má? Não. É apenas inexperiente. Quando entender que não deve bater nas outras crianças, vai aprender, mas sem nenhuma culpa ou remorso. Simplesmente não vai bater mais, porque vai internalizar o que é certo. E não vai precisar apanhar para deixar de bater. Vê como é diferente?

Com doloroso suspiro, Giselle abraçou-se ao pai. Ele tinha razão. Ela estava morrendo de remorso pelo que fizera e achava que merecia mesmo aquele sofrimento todo. Por mais que o temesse e não o quisesse, não se julgava merecedora do perdão.

Giselle, a amante do inquisidor

— Ah! pai, ajude-me! O que será de mim?

— Você vai desencarnar — ela redobrou o pranto, e ele acariciou seus cabelos. — Não chore, minha filha. Esse é o seu caminho de hoje, mas não precisa ser o de amanhã. Lute para fazer diferente no futuro.

— Como, pai? Como poderei fazer isso?

— Em primeiro lugar, tente vencer a culpa quando desencarnar. Senão, você não vai conseguir me acompanhar e vai sintonizar com os espíritos que a rodeiam, sequiosos de vingança. Eles vão arrastá-la, e eu não terei como evitar.

— Não quero, pai! Não quero seguir com eles. Quero ir com você.

— Pois então, acredite nisso, deseje isso. Não é só porque você levou uma vida de desencontros que precisa ir para as trevas. Isso, nesse momento, você já entendeu. O que lhe falta agora é acreditar ser merecedora de se alçar a um plano de luz. Acredite nisso, com fé, e ninguém conseguirá arrastá-la. Você vai me ver ao seu lado e vai desejar partir comigo. Será que pode fazer isso?

— Tentarei, pai, juro que tentarei. O que mais quero é poder estar com você.

A imagem de Ian esvaneceu, e Giselle abriu os olhos assustada, ainda a tempo de ver desaparecer sua última centelha de luz. Olhou para o lado e viu a menina adormecida. Ao seu redor, as poucas mulheres presas não davam sinais de terem percebido nada. Apenas ela vira o pai e sabia que ele estivera ali de verdade.

No dia seguinte, Miguez não apareceu para sua costumeira sessão de torturas. Como Ian havia energizado o corpo de Giselle, era preciso que ela não sofresse nenhum tipo de suplício naquele dia, ou toda aquela energia revitalizante acabaria perdida nos mecanismos de tortura. A solução foi pedir o concurso de Blanca. Ela era um espírito bastante esclarecido e iluminado, ciente de seus comprometimentos passados, e não via nada de útil em querer se vingar. Ao contrário, orava por Giselle todas as noites, para que ela fosse forte como ela própria o fora.

Ian visitou Blanca em sonho, logo após deixar Giselle, e ela concordou em colaborar. Na manhã seguinte, acordou com uma inexplicável febre, para desespero de Lucena, que logo mandou chamar Miguez, com medo de que ela morresse. Miguez mandou buscar um médico na vila vizinha, pois não podia arriscar a segurança de Blanca trazendo um médico de Sevilha, que poderia reconhecê-la e denunciá-la novamente a Esteban.

Isso levou algum tempo. Lucena, desesperada, não queria que ele saísse de perto delas, e Miguez foi ficando. Quando o médico terminou a consulta, a noite já havia caído, e ele estava cansado e sem ânimo para ir ao calabouço. Fez a refeição da noite em companhia de Lucena e acabou ficando para passar a noite, temendo que Blanca piorasse. Aquele fora um dia inútil mas, no dia seguinte, acordaria bem cedo para recuperar o tempo perdido.

Por volta da meia-noite, todos já estavam dormindo, inclusive Esteban que, desde a hora do jantar, reclamava de forte dor de cabeça. Recolheu-se mais cedo, não sem antes tomar uma forte infusão que um dos padres lhe oferecera. Deitou-se na cama e apagou a luz da vela, e todos acharam mesmo que ele adormecera.

Em silêncio, abriu a porta de seu quarto e saiu pé ante pé. Envolto em pesado manto negro, cujo capuz lhe encobria todo o rosto, atravessou a abadia e penetrou no Tribunal, levando sob o manto a garrafa de vinho envenenado. O silêncio imperava em todos os cantos. Ao abrir a porta da masmorra, o primeiro guarda se levantou, cumprimentando-o com voz sonolenta:

— Ah! monsenhor Navarro, boa noite.

— Boa noite.

Sem dizer nada, Esteban seguiu direto para a masmorra masculina. O guarda de plantão abriu a porta e ele entrou, fingindo que ia averiguar algo em um dos prisioneiros. Por dez minutos, permaneceu estudando o morto-vivo, até que resolveu sair. Fingiu que ia embora quando, no meio do caminho, voltou-se para o guarda.

— Como é o seu nome, rapaz?

— Martinez, senhor.

— Pois bem, Martinez. Antes de vir para cá, passei em meu gabinete para buscar essa garrafa de vinho que ganhei hoje cedo, mas não ando me sentindo bem e não posso tomá-la. Não gostaria de experimentar um trago?

O homem nem acreditou. Um vinho daquela qualidade, ofertado por um cardeal, devia ser uma delícia dos deuses. Martinez estalou a língua e respondeu animado:

— Será que posso, monsenhor?

— É claro, meu rapaz — enquanto Martinez apanhava uma caneca sobre a mesa, Esteban aproveitou para sugerir: — Por que não vai chamar seu companheiro na outra masmorra? Assim os dois bebem juntos.

— Mas monsenhor, ele não pode abandonar o seu posto.

— Ora, é só um instantinho. Que mal há? Aposto como ninguém vai fugir de lá de dentro, não é?

Martinez sorriu entusiasmado e correu a chamar o guarda da masmorra feminina. Os dois voltaram quase correndo, e o outro cumprimentou com um sorriso respeitoso e formal:

— Boa noite, monsenhor.

— Boa noite, rapaz. Trouxe sua caneca?

— Hum, hum.

— Olhe lá, hein? É só um pouquinho. Não quero que amanhã digam que os embebedei.

Sob o sorriso maroto dos dois guardas, Esteban entornou o vinho nas canecas que eles lhe estendiam. Os dois levantaram as canecas num brinde meio sem jeito e entornaram o vinho de uma vez, goela abaixo. Estalaram a língua, satisfeitos, e já iam agradecer quando sentiram uma estranha contração no estômago. Entreolharam-se atônitos e procuraram Esteban com a visão já nublada, mas ele havia sumido pelo corredor mal iluminado.

Na porta da frente, repetiu a mesma coisa com o primeiro guarda. A exemplo dos demais, ele estendeu a caneca para Esteban, que derramou o vinho e esperou até que ele bebesse, a fim de se certificar de que morreria também. Minutos depois, o homem também jazia duro no chão. Esteban afastou o seu corpo da porta e correu para fora, rezando para que Diego já estivesse ali.

Diego já estava à espreita. Logo que viu um vulto sair correndo do calabouço, dirigiu-se para lá a passos rápidos. A porta estava aberta, e ele entrou. Jogado a um canto da parede, o corpo do primeiro guarda apareceu, e ele seguiu avante, direto para a masmorra feminina. Não havia ninguém lá. O guarda dali havia morrido junto com o outro, e ele teve que sair à sua procura para buscar as chaves. Foi para a outra masmorra e encontrou os dois caídos no chão. Apanhou as chaves dos dois guardas e partiu de volta para onde Giselle estava.

Foi experimentando as chaves uma a uma, até que encontrou a que procurava. Abriu a porta com cuidado e passou para o lado de dentro, indo direto para o tronco onde Giselle estava amarrada. Ela estava adormecida e não viu quando ele entrou, e Diego teve que cutucá-la para que ela despertasse. Giselle abriu os olhos lentamente, tentando entender o que estava se passando. Será que Miguez resolvera aparecer para uma sessão noturna?

Não era Miguez. Parado diante dela, Diego a chamava com insistência:

— Giselle! Giselle! Vamos, abra os olhos. Acorde, Giselle!

— Diego! — sussurrou assustada. — O que faz aqui?

— Resolvi aceitar a sua proposta.

— Que proposta?

— Não se lembra? Vim libertá-la em troca de seu tesouro.

Enquanto falava, Diego ia tentando encontrar a chave que abria o cadeado que a prendia ao tronco, até que finalmente o achou. Soltou as correntes, e Giselle deixou o corpo tombar para a frente, tentando sentir a própria coluna.

— Venha. Não há tempo para exercícios agora. Vai ter que andar.

Ele puxou Giselle pelo braço, e ela se levantou a muito custo. O corpo estava todo doído mas, graças ao passe revigorante de seu pai, conseguiu se erguer e caminhar. Sem pensar muito, segurou o braço de Diego com firmeza e deu dois passos em direção à porta. Foi quando se lembrou da menina que vira chegar no dia anterior. Parou abruptamente e voltou-se para a cela onde ela fora colocada. Atraída pela agitação, a menina despertara e a olhava com ar súplice.

— Dê-me as chaves — pediu Giselle num murmúrio.

— O quê? Para que quer as chaves?

Diego seguiu a direção do dedo de Giselle e viu a criança.

— Vou levá-la comigo.

— O quê? Ficou maluca? Não temos tempo para isso. E depois, uma criança só faria nos atrapalhar.

— Vou levá-la comigo, já disse! Vamos, dê-me as chaves!

Muito a contragosto, Diego passou o molho de chaves às mãos de Giselle, e ela foi a passos trôpegos abrir a cela da menina.

— Venha! — chamou, estendendo-lhe as mãos.

Na mesma hora, a criança segurou a mão de Giselle e saiu da cela, ajudando-a a caminhar.

— Como se chama?

— Marisol.

Amparada pela menina e por Diego, Giselle saiu da masmorra. Notou que não havia nenhum guarda por ali, mas não perguntou nada. Diego planejara tudo, e ela não estava disposta a perder tempo com perguntas inúteis. Do lado de fora, seguiram para uma carruagem parada no final da rua, fora do campo de visão do Tribunal. Diego ajudou Giselle e Marisol a subir e tomou as rédeas dos cavalos. Mais que depressa, chicoteou os animais e levou a carruagem para bem longe dali.

Fora da cidade, Diego parou o carro, e as duas desceram rapidamente. Ele levou a carruagem para fora da estrada e ocultou-a atrás das árvores, sentando-se com Giselle e Marisol na grama úmida.

— E agora? — quis saber Giselle.

— Você vai a cavalo até Santa Maria. De lá, seguirá a pé até um pequeno povoado chamado Los Lobos. Fica aos pés de uma colina, que você deve subir até o fim e descer pelo outro lado. Logo que alcançar o topo, vai ver uma pequenina praia lá embaixo. Desça pela encosta e aguarde. Um barco virá para levá-la em segurança. Na terça-feira, ao meio-dia.

— Para onde irei?

— Para Alexandria — ela não contestou, e ele prosseguiu: — Muito bem. Cumpri a minha parte. Agora, cumpra a sua. Diga-me onde está o tesouro.

Com um profundo suspiro, Giselle contou-lhe onde escondera sua pequena fortuna em ouro e pedras preciosas. Embora sua casa houvesse sido revistada, duvidava que alguém tivesse descoberto esse esconderijo. Ela o ensinou a chegar lá pela floresta, para que ele não corresse o risco de ser surpreendido na porta de casa.

— E a garota? — indagou Diego, referindo-se a Marisol. — Não vai conseguir com ela.

— Não pretendo levá-la comigo. Vou deixá-la em Cádiz, com Rúbia.

Giselle, a amante do inquisidor

— O quê? Você endoidou de vez. Não vai dar tempo. E se você perder o barco?

— Vai dar tempo, sim. Sei que vai. Se partir agora e cavalgar sem parar para descansar ou comer, terei tempo de passar em Cádiz e deixar Marisol com Rúbia.

— Isso é muito arriscado. E se alguém descobrir?

— Duvido muito. Ninguém terá motivos para procurá-la lá.

Diego deu de ombros e arrematou:

— Você é quem sabe. Mas se perder o navio, não me culpe.

— Não o culparei. Bem, Diego, agora é hora de partir. Obrigada por tudo, e faça bom proveito do meu dinheiro.

Ela apanhou as rédeas do cavalo que ele soltara da carruagem, montou e puxou Marisol, colocando-a na garupa.

— Acha que poderá aguentar? — perguntou a ela.

— Sim.

Giselle deu um último sorriso para Diego e chicoteou o animal, que saiu em disparada pelo meio da floresta. Teria que viajar pelos bosques, sempre em meio às árvores. Sair pelas estradas era muito perigoso. Em breve, Miguez poria toda a guarda do Tribunal em seu encalço.

Ela apertou a mão de Marisol ao redor de sua cintura e seguiu confiante para Cádiz. Não sabia explicar aquela sensação de bem-estar que sentia. Não se lembrava das palavras exatas de seu pai e desconhecia que iria desencarnar em breve. Mas algo dentro dela lhe dizia que ela caminhava para a liberdade, e a única coisa que a impediria de ser livre seria sua própria fraqueza, que poderia acorrentá-la novamente aos grilhões de seus inimigos.

A viagem até Cádiz foi desgastante e cansativa, principalmente para Giselle, que sentia o corpo todo doer por causa das torturas. Ela alcançou o castelo encoberta pelas sombras da noite e ainda precisava atravessar os portões sem chamar a atenção. Chamou, insegura, mas os guardas nem desconfiaram quando ela disse que vinha de Sevilha e trazia um recado de monsenhor Navarro para Rúbia.

Os portões foram abertos, e Giselle entrou, cobrindo o rosto com o manto e procurando permanecer fora do alcance da luz. Um dos guardas foi chamar Rúbia, que veio atender, ainda meio sonolenta. Mas logo reconheceu, no salão principal, a silhueta magra de Giselle. Olhou-a com estranha emoção mas, contendo o ímpeto de se atirar em seus braços, falou para o guarda com estudada moderação:

— Pode ir agora. Obrigada.

Esperou até que o guarda se afastasse, para só então correr para ela.

— Rúbia... — sussurrou Giselle em lágrimas.

— Oh! Giselle, graças a Deus que está bem! — tornou a outra, estreitando-a em seus braços. — Como foi que saiu da masmorra?

— Diego não lhe contou?

— Diego? Não. Por quê? O que ele tem a ver com isso?

— Onde é que ele está?

— Em Sevilha... por quê?

— Foi Diego quem me soltou.

— Diego? Mas como? Como foi possível?

— Ainda não sei bem. Só sei que os guardas estavam fora do caminho, e ele entrou na masmorra e me soltou.

— Meu Deus! Então foi por isso que ele viajou a Sevilha, dizendo que tinha negócios a tratar com seu tio. Não me disse nada.

— Talvez não quisesse preocupá-la. Ele se arriscou muito.

Giselle preferiu omitir a parte do tesouro. Mesmo que tivesse perdido tudo, era grata a Diego por tê-la ajudado a

Giselle, a amante do inquisidor

fugir e não pretendia causar nenhum desentendimento entre ele e Rúbia. Estirou a mão para a menina, que permanecera parada um pouco mais atrás, sem se mover, e puxou-a para junto de si, falando com ternura:

— Esta é Marisol.

— Muito prazer, Marisol — cumprimentou Rúbia, dando-lhe um beijo na face e encarando Giselle com uma interrogação no olhar.

— Trouxe-a comigo. Tirei-a do calabouço.

— Uma criança! O que ela fazia lá?

— Marisol me disse que seu pai era médico e foi surpreendido dando-lhe lições de anatomia. Ela falou algo sobre um livro com gravuras...

— Que horror! Prenderam uma criança por causa disso? Mas que disparate! Uma menina...

— Não se iluda, Rúbia. Nem as crianças são poupadas da sanha assassina desses padres.

Só agora Giselle compreendia isso. Fora preciso sentir na carne a dor das torturas para entender a crueldade que significava a Inquisição. Fora preciso ver com seus próprios olhos a dor de uma criança para compreender que nada no mundo poderia justificar tamanha atrocidade.

— O que pretende fazer? — tornou Rúbia, ainda espantada.

— Fugir. Diego me arranjou a fuga. Mas não posso levar a menina comigo. Por isso a trouxe aqui. Gostaria que cuidasse dela para mim.

— E os pais dela?

— O pai está preso, e a mãe foi morta ao tentar defendê-la.

Rúbia fitou Marisol, toda encolhida, agarrada à saia de Giselle. A menina parecia mesmo um anjo, de tão linda, e o coração de Rúbia se enterneceu. Rúbia era uma mulher boa e generosa, e logo se comoveu com a sorte daquela criança. Abaixou-se perto dela e falou com carinho:

— Você é uma menina muito bonita, Marisol. Tem os olhos de mar e o sol nos cabelos.

Marisol sorriu para ela, e Rúbia ficou encantada. A menina parecia ter um magnetismo especial, que a foi envolvendo e fazendo com que ela se apaixonasse.

— Então? — insistiu Giselle. — Vai cuidar dela para mim?

— É claro que vou. Não se preocupe, Giselle, cuidarei dela como se fosse minha.

— Sei que é perigoso, mas não tinha outro lugar para levá-la. Deixá-la nas mãos dos carrascos, isso jamais poderia fazer.

— Já disse para não se preocupar. Darei um jeito. Vou escondê-la por uns tempos, até que possamos ajeitar tudo e partir.

— Vocês vão embora?

— Sim. A Espanha não é lugar para nós. Não podemos mais esconder o nosso amor, e aqui ninguém jamais nos aceitaria. Na certa, iríamos presos também.

Giselle precisou conter o ímpeto para não pular em seu pescoço e pedir a ela que fossem para Alexandria, onde poderia se juntar a eles e cuidar de Marisol. Ao invés disso, franziu a testa e observou com horror:

— Não diga uma coisa dessas nem brincando.

— Não se iluda, Giselle. Se monsenhor Navarro não fosse tio de Diego, aposto que já estaríamos presos. Incesto é alta heresia.

— Oh! Rúbia, sinto muito.

— Não é preciso. Vamos embora daqui sem nenhum tipo de remorso. A Espanha, muito mais do que o resto da Europa, se tornou um lugar muito perigoso para se viver. Precisamos partir para encontrar a felicidade.

— Para onde vão?

— Ainda não sei. Para qualquer lugar longe daqui. E levarei Marisol comigo.

Giselle, a amante do inquisidor

Giselle começou a chorar de mansinho, louca para pedir que eles fossem para Alexandria, mas julgava-se tão criminosa que não se atrevia a pedir nada para si mesma. Ainda mais a Rúbia.

— Não chore — consolou Rúbia, abraçando-a com carinho. — Tudo vai acabar bem.

— Oh! Rúbia, perdi tudo o que tinha no mundo. As pessoas a quem amava... todas se foram. Meu pai morreu há muitos anos, Ramon foi assassinado. Esteban não se importa mais comigo. E agora, você também vai embora. Sinto-me tão só.

— Mas você agora está livre, e isso é o que importa. Já sabe para onde vai?

— Para Alexandria.

— Dizem que lá é maravilhoso. Mas tenha cuidado. Procure levar uma vida direita.

— Vou trabalhar, Rúbia. Você vai ver. Posso fazer qualquer coisa.

— Talvez convença Diego a irmos para Alexandria também. Poderemos viver todos juntos lá.

Giselle exultou. Aquilo era tudo o que esperava ouvir.

— Seria maravilhoso... — sussurrou.

Rúbia soltou um suspiro sentido e prosseguiu:

— Gostaria que Diego estivesse aqui para que pudéssemos acertar tudo...

— Não posso me demorar muito. Se a guarda de Miguez me pegar, será o meu fim.

— Tem razão. Mas não se preocupe com nada. Vou lhe dar dinheiro suficiente para se manter por algum tempo, até arranjar algum trabalho.

Mal contendo a emoção, Giselle se atirou aos pés de Rúbia e beijou-lhe as mãos, molhando-as com lágrimas de gratidão.

— Não sei se mereço alguém feito você...

Aturdida e sem jeito, Rúbia puxou a mão e fez com que ela se levantasse, abraçando-a com ternura.

— Você é minha amiga, e o amor que sinto por você está além de qualquer coisa que você possa ter feito. Por mais que não concorde com nada do que você fez, não posso deixar de amá-la.

A emoção tomou conta de Giselle de forma arrebatadora, e ela desatou num pranto sentido e sincero. Aquele deveria ser o verdadeiro amor, e não os que Giselle experimentara até então.

— Obrigada... — foi só o que conseguiu dizer.

— Bem — retrucou Rúbia, tentando não chorar também. — É melhor você se apressar. Logo estarão aqui à sua procura.

Rúbia deu a Giselle uma bolsa com muitas moedas de ouro, e elas se despediram calorosamente. Giselle beijou Marisol e acariciou o seu rosto, tranquilizando-a quanto ao futuro. Rúbia seria uma excelente mãe para ela. Em seguida, partiu de novo a cavalo, os olhos turvos das muitas lágrimas que derramava.

Seguiu até Santa Maria e de lá tomou a direção do pequeno povoado chamado Los Lobos. O povoado era, na verdade, uma pequenina aglomeração de casas numa chapada, construídas ao pé de uma colina que se erguia ao lado de uma série de outras colinas. Giselle sabia que, do outro lado, encontraria o mar. Mas chegara um dia antes do combinado e teria que esperar.

O céu havia se tornado cinza-chumbo, e ela deduziu que ia chover. Precisava se abrigar. Olhou em redor, mas não viu nenhuma estalagem ou coisa semelhante e acabou se ocultando numa pequena gruta, um pouco mais afastada. Rúbia lhe dera um pedaço de pão e queijo, e ela se alimentou vagarosamente, a cabeça já tombando de tanto sono. Em segundos, adormeceu, ouvindo ao longe o som dos trovões, que começavam a ribombar, e a chuva logo desabou sobre a colina.

Giselle, a amante do inquisidor

Capítulo 37

O primeiro inquisidor a entrar na masmorra naquele dia foi padre Donário, que ia ao encontro do pai de Marisol, por cuja prisão fora responsável. Esteban, desculpando-se com a dor de cabeça, não se levantou da cama, e Miguez ainda se ressentia da noite maldormida ao lado de Blanca. Estava a caminho da masmorra quando viu padre Donário sair correndo e gritando.

— O que foi que houve? — quis saber Miguez, segurando-o pelo braço.

— Estão mortos! — berrou o outro, assustado. — Todos mortos!

— Quem? Quem está morto?

— Os guardas! Todos mortos! Envenenados!

Miguez soltou o braço do homem e correu para a masmorra. A porta da frente estava aberta, e ele seguiu direto para o cárcere feminino, cuja porta estava apenas encostada. Abriu-a de chofre e olhou para o tronco onde Giselle costumava ficar amarrada. Nada. Ela havia sumido. Nem deu pela falta de Marisol. A menina não era presa sua, e ele não estava interessado nela.

Com ódio no olhar, voltou correndo para fora. Os soldados já começavam a chegar, junto com o inquisidor-geral, que se encontrava em Sevilha naquela oportunidade. Miguez nem os cumprimentou. Passou por eles feito uma bala e foi direto aos aposentos de Esteban. Ele estava acordado, embora ainda fingisse dormir, quando ouviu as batidas na porta. Miguez a esmurrou com força, e Esteban se levantou para atender, abrindo-a com ar de espanto.

— Miguez! — exclamou com fingida surpresa. — O que foi que deu em você? Por que vem aqui desse jeito?

— O que foi que você fez, Esteban? — vociferou o outro, entrando apressado no quarto.

— O que foi que eu fiz? Como assim? Eu estava dormindo...

— Foi você, Esteban, eu sei! Não adianta fingir para mim.

— Não sei do que está falando. Tem certeza de que está se sentindo bem? Porque eu não estou. Desde ontem, estou com aquela terrível dor de cabeça.

— Pare com isso! A quem quer enganar?

— Não quero enganar ninguém, mas é que não estou entendendo nada. Por que é que não se senta e me conta o que foi que aconteceu?

Miguez quase o esmurrou. Estava coberto de ódio e tinha quase certeza de que aquilo fora obra de Esteban. Contudo, procurou se acalmar e revidou entredentes:

— Giselle fugiu.

— Fugiu? Mas como pode ser?

— Pensei que você soubesse.

— Eu!? Ora, Miguez, francamente. Como pode pensar que eu tive algo a ver com isso?

Giselle, a amante do inquisidor

— Não adianta fingir, Esteban. Sei que foi você. Os guardas estão mortos, todos os três. Envenenados.

— Como é que sabe que foram envenenados?

— Pensa que sou estúpido? Eu mesmo os vi!

— Miguez, tente se acalmar. Lamento que Giselle tenha fugido, mas não tenho nada a ver com isso.

— Ah! não? Pois se não foi você, quem é que foi então?

— Sei lá. Talvez um dos amantes dela.

— O único amante que arriscaria a vida por ela está morto. E não creio que a alma de Ramon tenha se levantado do inferno para vir salvá-la.

Esteban tomou um gole de seu xarope e sentou-se na cama, apertando as têmporas, que realmente haviam começado a latejar.

— O que quer que eu faça, Miguez? Não tenho nada com isso.

— Estou lhe avisando, Esteban. Sou seu amigo e daria a vida por você. Mas não posso permitir que tripudie sobre a autoridade da Inquisição!

— Da Inquisição ou da sua?

— É a mesma coisa! *Eu* sou a Inquisição. *Você* é a Inquisição!

Esteban engoliu em seco. Ele tinha razão. Agira contra seus próprios princípios, contra a instituição que jurara defender. Tudo por causa de uma mulher. Mas ela fora a sua mulher um dia, e agora era praticamente como sua filha. Como abandoná-la sem ao menos dar-lhe uma chance de tentar se salvar? Os argumentos de Miguez, contudo, eram por demais poderosos para serem ignorados, e ele tornou com angústia:

— O que quer de mim, Miguez? Já disse que não tive nada com isso.

— Pois então prove.

— Provar como?

— Dê ordens aos soldados para que a capturem.

— Como espera que eu faça isso? Nem sei onde ela está.

— Tenho certeza de que vai descobrir — finalizou, sussurrando bem baixinho em seu ouvido.

Em seguida, Miguez saiu dos aposentos de Esteban e foi para o Tribunal, onde acabou descobrindo que Giselle fugira levando consigo uma menina, de nome Marisol, cujo processo se encontrava aos cuidados de padre Donário. Vários homens foram mandados à sua procura, sem sucesso, porém. Até ao castelo de Rúbia haviam ido, mas ela, já prevenida, escondera a menina numa câmara secreta, e os soldados nada puderam encontrar.

Em Sevilha, as buscas também continuavam. Ninguém sabia como Giselle podia ter desaparecido tão misteriosamente nem entendiam como os guardas haviam se deixado envenenar. Ficou esclarecido que haviam bebido vinho envenenado, e todos se perguntavam quem os teria dado. Aquilo era um disparate. Alguém fugir da masmorra era considerado uma falta gravíssima, e o prisioneiro, logo que capturado, seria sumariamente condenado, pois a fuga já era uma evidente prova de culpa. Por isso, ao ser recapturada, Giselle seria considerada culpada e o processo estaria terminado com a sua execução.

Mas Miguez tinha algo especial para ela. A pedido de Lucena, Giselle teria a mesma sorte que dom Fernão. A fogueira seria pouco. O machado então, uma bênção que ela não merecia receber. Não. Giselle precisava sofrer. Depois de longas sessões de tortura, quando seu corpo já não aguentasse mais, ele a colocaria na *Virgem de Nuremberg*, e Giselle morreria aos pouquinhos, de hemorragia e infecção, tal qual dom Fernão morrera.

Esteban sabia de tudo isso e queria ao máximo evitar essa morte horrenda. Por isso, ajudara-a a fugir. Mas agora, as coisas poderiam se complicar para ele. Sentiu medo do que Miguez pudesse fazer. Por mais amigo que fosse, ele estava com raiva, e a raiva costuma levar as pessoas aos atos mais extremos. Ainda que se arrependesse depois, Miguez poderia fazer algo que o comprometesse seriamente. Mesmo que não fosse levado ao Tribunal, sua honra seria maculada, e talvez até o papa o destituísse de suas funções inquisitoriais. Aquilo seria a ruína, uma ruína que precisava evitar.

Tomou uma resolução. Gostava demais de Giselle, mas alertara-a seriamente das consequências de sua insensatez. Por várias vezes a advertira de que não poderia ajudá-la. Ainda assim, tentara. Só que agora, as coisas estavam fugindo ao seu controle. Miguez lhe fazia ameaças veladas, e ele precisava pensar em si próprio.

Levantou-se e foi para o Tribunal. Miguez estava reunido com outros inquisidores, discutindo onde mais poderiam encontrar Giselle, quando Esteban entrou. Os outros o olharam de soslaio, ninguém tinha coragem de insinuar nada. Nem Miguez fizera qualquer insinuação. Aquilo deveria ficar entre eles.

Com um aceno de cabeça, Esteban cumprimentou-os. Miguez pediu licença aos demais e saiu com ele para o pátio externo.

— Então? — indagou com ar intimidador. — Pensou bem no que lhe disse?

Esteban olhou o outro bem fundo nos olhos e respondeu com voz grave:

— Sim. E já tomei a minha decisão.

— Muito bem. Qual foi?

— Se mandar os homens atrás de Giselle, promete não fazer mais perguntas?

— Prometo.

— Não vai querer saber como ela saiu da masmorra nem quem a ajudou?

— Não. Pode confiar em mim. Você tem a minha palavra. Entendo o seu gesto e não vou acusá-lo, contudo, não posso permitir-me perder a mulher que mais odiei em toda a minha vida. Só o que quero é Giselle de volta. Ela agora me pertence!

Falou isso com tanto ódio, que Esteban sentiu um calafrio. Lamentava muito por Giselle, mas não tinha como salvá-la. Com um suspiro de profundo pesar, finalizou:

— Está certo. Aceito a sua palavra. Deixe tudo comigo e não faça perguntas.

Esteban reuniu os soldados e deu-lhes a indicação do local onde Giselle estaria, seguindo as orientações que Diego lhe dera. O barco foi interceptado ainda no porto, e alguns soldados embarcaram. Tudo foi feito com muita rapidez, pois o dia marcado para o encontro já estava bem próximo.

Os homens de Esteban se colocaram dentro da gruta que dava na pequena praia por onde Giselle supostamente desceria para esperar o barco. Com os ventos e a chuva, o mar havia se tornado extremamente agitado, com ondas rebentando gigantescas nas rochas diante do promontório.

Quando ela terminou de descer a colina e alcançou a praia, a chuva havia dado uma trégua, e ela estudou com assombro o local em que estava. Era uma garganta estreita, perfeita para uma emboscada. Sentiu medo, mas não viu outra solução. Enchendo-se de coragem, começou a subir pelas pedras, rumo à faixa estreita que ladeava o penhasco e adentrava o mar. Foi quando ouviu um ruído e olhou. Saindo de dentro da gruta, dezenas de homens vinham em sua direção, espadas em punho, prontos para matar. Vendo-se sem saída, Giselle começou a se arrastar pelas pedras, tentando ultrapassar a montanha e alcançar a plataforma que se erguia na ponta do cabo, alguns metros acima do mar revolto. Era perigoso, mas não podia se deixar pegar.

Os homens de Esteban saíram em seu encalço, ao mesmo tempo em que flechas começaram a zunir diante de seus olhos. De repente, um dos soldados se adiantou e pôs-se a segui-la, enfrentando as vagas que espocavam nas rochas. O homem ainda se lembrava das ordens que Esteban lhe dera antes de sair de Sevilha:

— Mate-a. Acerte uma flecha em seu coração. Mas seja rápido. Não quero que ela sofra.

Acertá-la, era impossível. O vento não permitia que as flechas a atingissem, e a única solução seria alcançá-la e levá-la de volta. Ordenaria então uma execução rápida e depois diria que ela tentara fugir. Monsenhor Navarro não queria que ela sofresse, e ele faria tudo rapidamente.

Mas o mar, atiçado pela fúria da tempestade que desabara durante toda a noite, não estava ajudando. Nem a ele, nem a Giselle. Em dado momento, seus dedos chegaram a roçar os dela, mas as ondas foram mais rápidas. De repente, um imenso vagalhão a atingiu, e Giselle foi arrastada para o fundo do mar. O soldado ainda tentou segurá-la, mas em vão. A espuma das ondas logo a encobriu, e Giselle foi tragada pela água cinza e revolta. Por pouco, ele não fora também. Melhor, pensou. Assim não teria que correr o risco de padre Miguez não acreditar na sua palavra. Ele a queria viva para a *Virgem* e talvez não se convencesse de que ele tivera que matá-la para que ela não fugisse.

Durante muito tempo, ficou olhando para a espuma branca do mar, agarrado à pedra, com medo até de se mover. Ainda precisava fazer o caminho de volta, o que não seria nada fácil. Se por terra a caminhada era difícil, na água então, seria impossível salvar-se. Giselle, àquela altura, já se encontrava no fundo do mar, e não havia nada que ele pudesse fazer para salvá-la. Todos os soldados foram testemunhas de que ele tentara levá-la de volta, mas o mar fora mais forte. Fizera todo o possível para tirá-la dali, mas ninguém tinha forças contra a fúria das ondas.

Ninguém desconfiou das ordens de Esteban. O soldado, tampouco, nada dissera, e Miguez sentiu imensa decepção ao receber a notícia de que Giselle morrera tragada pelas ondas. Esteban, por sua vez, embora se entristecesse, sentiu-se aliviado por vê-la livre daquela morte indigna e cruel.

Naquela noite, depois que recebeu a notícia, Miguez voltou para junto de Lucena cabisbaixo. O que iria lhe dizer? Abriu a porta vagarosamente e sentou-se na sala. Imediatamente, ela se aproximou e foi logo perguntando:

— E então? Encontraram-na?

— Sim...

— Excelente...! — só então percebeu o seu olhar de angústia e indagou alarmada: — O que foi que houve? Ela conseguiu fugir?

— Pior. Ela morreu.

— Morreu? Como?

— Tentou fugir e caiu no mar.

Lucena sentiu raiva e uma grande frustração. Não era aquilo que esperava para Giselle. Queria assistir a sua morte lenta, assim como fora obrigada a acompanhar os estertores de seu pai. Mas até isso ela lhe tomara. Roubara-lhe a chance de exultar ante a sua agonia.

— Cadela! — vociferou Lucena, com ódio. — Até na morte ela me vence.

— Não diga isso. Você a venceu. Tomou-lhe tudo. E depois, ela está morta. Você não. Está viva. Pense nisso, Lucena. Você está viva!

Um sorriso diabólico desenhou-se no rosto de Lucena, que tornou com voz mordaz:

— Tem razão. Não vou deixar que a sua morte prematura me roube a alegria da vitória. Em breve poderei reabrir sua taverna, e Manuela continuará a trabalhar lá. Só que para mim.

— Tem certeza de que é isso o que quer? Cuidar da taverna?

— Quero possuir e usufruir de tudo o que lhe pertenceu. Estou até pensando em me mudar para a casa que foi dela. Creio que ninguém mais pensa em Blanca, todos a julgam mesmo morta. Ninguém vai suspeitar que ela está viva e morando comigo.

Embora não houvesse conseguido completar a sua vingança, Lucena ficou satisfeita. Tudo o que um dia fora de Giselle agora lhe pertencia. A única coisa que não conseguira lhe tomar fora sua alma.

Giselle, a amante do inquisidor

Epílogo

Quando Giselle, finalmente, emergiu das águas, inspirou avidamente, embora estivesse certa de que vira seu corpo ser arrastado pela correnteza. Talvez houvesse desmaiado por instantes e seu corpo tivesse flutuado até a superfície, o que lhe deixou aquela sensação esquisita. Ela havia trabalhado com muitos espíritos, mas estava certa de que o mundo invisível não poderia ser nada parecido com aquele. Afinal, ainda respirava.

Só então se deu conta de que continuava sendo levada pela correnteza e notou que não havia terra por perto. Como pudera ter sido arremessada tão longe? Ao menos se livrara dos soldados e dos arqueiros, mas ainda não sabia como faria para voltar. Pelos seus cálculos, devia estar muito longe do litoral, e nadar seria impossível. Nem sabia para que lado deveria ir.

Foi quando percebeu uma luminosidade vinda do alto e olhou para cima. Parado um pouco acima de sua cabeça, um homem flutuava, envolto em suave luz branca. Giselle tomou um susto, mas fixou o olhar, tentando identificar de onde o conhecia. Ele foi se aproximando e colocou-se a sua frente, ainda flutuando alguns centímetros acima do mar. Ela o encarou por alguns minutos e, de repente, tudo se fez claro. Quem estava ali era seu pai, e seu olhar bondoso lhe dizia que viera para cumprir a promessa que lhe fizera de ir buscá-la quando desencarnasse. Giselle levou um susto. Naquele momento, vendo o olhar compreensivo do pai, teve certeza de que havia desencarnado, e ele ali estava, mãos estendidas, pronto para puxá-la da água.

Logo que Giselle pensou em segurar a sua mão, a lembrança de todos os seus *crimes* aflorou a sua mente. Na mesma hora, puxou a mão, envergonhada, e abaixou os olhos. Não era digna daquela bênção. No exato instante em que aquele pensamento perpassou a sua mente, sentiu que uma horda enegrecida a ia envolvendo. Ainda assim, levantou os olhos timidamente para o pai, que a olhava com bondade, ainda com as mãos estendidas, num convite mudo e suave para que ela o seguisse.

Era o que ela mais queria. Já sofrera tanto! Queria muito partir com seu pai para o mundo que ele habitava. Com certeza, se os anjos e santos viviam em algum lugar, era lá que seu pai estaria. Sentindo o desejo sincero de Giselle, a horda se afastou temerosa. Eram espíritos das sombras, muitos dos quais haviam deixado a carne envoltos em ódio e desejo de vingança, levados à morte pelas palavras traiçoeiras de Giselle. Outros eram espíritos ignorantes que, durante muitos anos, acorreram aos seus chamados, todas as vezes em que ela lhes fazia aquela oferendas macabras na floresta. Mas todos estavam unidos num só propósito: arrastar Giselle para as cavernas mais sombrias do astral inferior.

Por maior que fosse o seu poder das trevas, nenhum desses espíritos era forte o suficiente para enfrentar o poder da luz. Diante de um ser iluminado feito Ian, eles se sentiam intimidados e ameaçados, e não tinham coragem nem força para retirar Giselle de sua presença. Só o que podiam fazer era esperar até que Giselle se decidisse. Se resolvesse partir com Ian, eles nada poderiam fazer. Contudo, se não conseguisse vencer o pensamento secreto de que deveria ser punida, que a culpa lhe trouxera, ela mesma acabaria se colocando nas mãos deles e não teria força suficiente para acreditar que não precisava habitar as trevas.

A hesitação durou alguns minutos. Giselle oscilava entre o desejo sincero de se perdoar e a culpa que a atormentava, e tanto Ian quanto os outros permaneceram em silenciosa expectativa. A malta, louca para avançar sobre ela. Ian, em oração, tentava alcançar o coração da filha e dizer-lhe que não havia crime que não merecesse perdão.

Mas a culpa de Giselle impediu o acesso dos pensamentos do pai e criou uma barreira invisível, fazendo com que ela acreditasse que não era digna de perdão. Nem dos que prejudicara, nem de si mesma. Assim, abaixou a cabeça novamente e chorou de mansinho, coração oprimido pela culpa, rompendo o elo poderoso que se havia estabelecido entre ela e o pai. Na mesma hora, ele foi se desvanecendo diante de seus olhos, e Giselle, ligada agora aos espíritos das trevas, cerrou os olhos e sentiu todo o peso do remorso a lhe corroer a alma, martelando em sua cabeça que nenhum réprobo feito ela podia pretender tocar os pés de um espírito de luz.

Imediatamente, Giselle sentiu-se de novo envolvida por aquela horda e foi sugada para o fundo do mar por dezenas de mãos que a seguravam impiedosas. Num gesto desesperado e aturdido, olhou de novo para cima, e a última coisa de que pôde se lembrar foi da claridade do dia, que inundava a superfície, sendo apagada à medida que ela descia para as profundezas do mar.

Durante muitos anos, Giselle permaneceu no astral inferior, presa àqueles mesmos espíritos que ajudara a destruir. Dentre eles, dom Fernão era o mais assustador. Adquirira um ar de fera e não se cansava de lhe infligir toda sorte de torturas. Aos poucos, ele foi ganhando força e poder, e acabou conquistando uma posição invejável dentro da hierarquia das trevas.

Mas não há trevas que não se dissipem, assim como não há culpa que não alcance o perdão. Os muitos anos de sofrimento no umbral trouxeram a Giselle o desejo de se perdoar e se modificar. Queria muito sair dali e reencontrar o pai. Nunca mais vira Rúbia nem Ramon. Esteban, vira muito rapidamente, não sabia onde ele estava. Giselle se sentia extremamente só. Não queria mais fazer parte daquele mundo de lama e de sombras.

Em silêncio, orou aos céus, pedindo a Deus que permitisse que seu pai fosse ajudá-la novamente. Após a sincera oração, a luz se fez presente ao seu redor, e Ian tornou a aparecer, envolto no mesmo halo de luz branca em que se acostumara a vê-lo. Giselle chorou por longos minutos, com medo de se aproximar. Mas Ian, tocado pelo seu sentimento, aproximou-se e estendeu-lhe a mão. Giselle a tomou timidamente, e o pai a envolveu num abraço amoroso e confortador. Cabeça encostada em seu peito, Giselle chorou. Não conseguia falar.

Ian compreendeu o seu pranto sofrido e alisou os seus cabelos. Em seguida, passou a mão sobre a sua testa, e Giselle foi sentindo uma leve e suave sonolência, suas pálpebras foram pesando, e ela sentiu que o corpo todo amolecia nos braços do pai. Adormeceu profundamente, e Ian a envolveu novamente, volitando com ela em direção ao céu estrelado.

Quando despertou, foi com alegria que Ian a recebeu.

— Como está, minha filha? — perguntou ele, acariciando seu rosto.

Giselle ficou olhando para ele por alguns minutos, sentindo os olhos úmidos de lágrimas. Apanhou a sua mão e beijou-a com fervor, falando entre soluços:

— Sinto-me bem, pai. Parece que renasci.

— E renasceu mesmo. Você hoje experimenta uma nova vida. Não porque esteja livre das trevas. Mas porque a sua alma não pertence mais àquele lugar.

— Oh! pai! Por que tive que ser tão má?

— Não diga isso. Ninguém no mundo é mau. Os que erram, o fazem por ignorância.

Giselle pensou durante alguns segundos, com olhar entristecido, até que retrucou:

— E os outros? O que foi feito deles?

— Assim como você, estão tentando entender. Sei que você está querendo é saber de Ramon. Fique sossegada. Ele está por perto e, em breve, poderá vê-lo — Ian fingiu não notar o rubor que lhe subia às faces e prosseguiu: — Esteban também veio para cá, após longo período de desespero nas trevas...

— Esteban... Durante todo o tempo em que permaneci nas trevas, jamais o encontrei.

— Isso porque a sua consciência ainda o atormenta muito, principalmente no que se refere a você. Não teve coragem de encará-la e amargou muitas culpas, mas agora mostra-se arrependido e pede uma nova chance para se modificar.

— E Rúbia?

— Rúbia está muito bem. Está encarnada no momento, tentando ajudar Diego em suas relações com o mundo material. Ele ainda é muito apegado aos falsos valores da riqueza e dos prazeres fáceis.

Giselle silenciou novamente, com medo de fazer novas perguntas, temendo respostas que não sabia se estava pronta para ouvir.

— E... os meus inimigos?

Com um sorriso entristecido, Ian respondeu:

— Lamentavelmente, alguns, como Lucena, Miguez e Fernão, ainda se julgam seus desafetos e alimentam desejos de vingança.

— Sei disso — tornou acabrunhada, sentindo um calafrio. — Ainda guardo vivas na lembrança as torturas que gostavam de me infligir. Foi difícil escapar de sua vigilância e da prisão em que encerraram meu espírito.

— Nem tão difícil. No momento exato em que você desejou isso de coração, a ajuda concretizou-se veloz. E você foi logo socorrida e trazida para cá.

— Imagino que eles devam estar inconformados. Sabem onde estou?

— Fazem uma ideia. E essa ideia os fez pensar. Miguez e Lucena estão a um passo de vislumbrar a luz da verdade e já começam a se questionar sobre tudo o que lhes aconteceu. Quanto a dom Fernão... bem, ele ainda está renitente em seus propósitos de vingança e ódio. Não se conforma de havê-la perdido, e creio que vai levar ainda alguns anos até que abandone o importante cargo que ocupa na hierarquia das trevas. É muito difícil, minha filha, para os espíritos que conquistam importância nas trevas desapegarem-se de seu poder. Vivem na ilusão do poder e do orgulho e não querem perder essa posição, porque sabem que, do lado da luz, não existem cargos mais ou menos importantes do que outros. Todos somos iguais em importância.

— E Blanca?

— Blanca é uma alma nobre. Foi muito bem recebida aqui e hoje trabalha auxiliando os espíritos que desencarnam nos autos de fé e nas rodas de tortura.

Giselle, a amante do inquisidor

— O mundo ainda está nas mãos da Inquisição? — indagou perplexa.

— Lamentavelmente, minha filha, a Inquisição ainda há de reinar por mais alguns anos.

— Por quê, pai? Por que tanto sofrimento?

— Nada no mundo acontece por acaso. A Inquisição, assim como as guerras e outras catástrofes, serve a um propósito divino. Muitos espíritos a ela acorreram na tentativa de compreender e refazer atitudes do passado, experienciando situações semelhantes àquelas nas quais se viram envolvidos por seus instintos mais primitivos. De um lado e de outro, há espíritos comprometidos com os horrores das muitas guerras, das arenas, dos sacrifícios. Vítimas e algozes lutam para compreender o valor do amor, do respeito e do perdão. São espíritos infantis, que apenas agem de acordo com o estágio de evolução em que se encontra a humanidade.

— A humanidade parece ainda estar bem longe da evolução.

— A humanidade caminha para o crescimento. Desde que o homem pisou na Terra pela primeira vez, vem lutando para evoluir, em todos os sentidos. Existem muitas diferenças entre o homem de hoje e o da pré-história, por exemplo. O homem de ontem não conhecia o fogo, o ferro, a espada. Também não sabia o que era amor, amizade, perdão. Vivia por seus instintos e para seus instintos. Se alguém o ameaçava, respondia com violência e agressão. Matava-se porque não se conhecia o valor da vida alheia, mas apenas a de si próprio. O homem de hoje, apesar de ainda guardar muito desse primitivismo, já foi se socializando e criou normas que o auxiliam a conviver com seus semelhantes. Só que o egocentrismo ainda perdura, trazendo a sede de poder, e falsos valores de moral e religiosidade imperam na mentalidade humana. Deus não quer a morte de suas criaturas. Quer que elas aprendam a se amar. Ninguém precisa matar para defender o nome de Deus, porque Ele é inatingível pelos atos humanos. Porque é amor em essência, e o amor tudo compreende e perdoa, não se ressentindo das atitudes infantis de quem ainda não conhece os verdadeiros valores do espírito. Mesmo que você o repudie ou o ofenda, Deus jamais se zangará ou a punirá. Ao contrário, lhe enviará cada vez mais ondas vibrantes de amor, para que você possa despertar o amor dentro de você e crescer.

— Mas por que tem que ser assim? Por que precisamos errar e sofrer para aprender a amar?

— Ninguém precisa errar, muito menos sofrer. O amor precisa ser despertado e estimulado, porque já existe em essência dentro de cada um de nós.

— É, mas hoje sei que o que fiz não foi certo. Minha consciência me acusa de meus crimes a todo instante. Como poderei não sofrer para pagar por tudo o que fiz?

— Se você consegue compreender a razão de seus atos, não precisa sofrer. Quanto a pagar, essa é uma compreensão errada das verdades divinas. Ninguém deve nada a ninguém, a não ser a si mesmo. Não é só porque você matou que vai precisar morrer. Vai morrer se quiser. Mas, se conseguir entender por que matou, libertando-se da culpa e se perdoando, não vai precisar ser assassinada por ninguém. Ao contrário, vai buscar caminhos mais úteis, salvando vidas por exemplo, devolvendo ao mundo aquilo que ajudou a tomar.

— Como fazer isso, pai? A culpa é um tormento...

— É verdade. Mas precisamos aprender a nos libertar dela.

— Não é tão fácil. Ainda que eu consiga me perdoar, como obter o perdão daqueles que prejudiquei?

— Se você se perdoar de verdade, nenhum espírito conseguirá atingi-la, e você servirá de exemplo para que ele a perdoe também. Mas não se iluda, Giselle. Perdoar os nossos inimigos é muito mais fácil do que perdoar a nós mesmos. Nós passamos pela vida com a intenção de aprender, mas todo aprendizado não deve passar só pela mente. É preciso que adentre o coração. Quando você racionaliza, é como se decorasse a lição e a repetisse, simplesmente porque aprendeu daquele jeito. Mas quando aquele ensinamento se abriga no coração, é porque você alcançou a compreensão verdadeira e não vai mais precisar repetir para se convencer. Aquela experiência, além de desnecessária, já não é mais útil para você.

— É isso o que o mundo está tentando aprender?

— Esse é um momento de transição, onde muitos espíritos receberam a chance de se libertar da animalidade e dar um salto para o futuro. Mas muitos ainda não estão prontos e não conseguem se desprender dos sentimentos mais primitivos, como o ódio, o orgulho, a vingança. São espíritos ainda muito egocêntricos, porque só o que conseguem desejar é o seu próprio bem-estar e o daqueles que lhes são mais caros. Mas ainda não conseguiram internalizar a necessidade do bem comum. Não sabem ainda reconhecer em seus semelhantes os mesmos sentimentos que também possuem. São como feras que matam para sobreviver. Por maldade? Não, por instinto. Porque, para elas, a única coisa que importa no mundo é a sua sobrevivência. Ninguém pode acusar um leão de crueldade, porque a única forma que ele conhece de saciar a sua fome é matando. Matar é da sua natureza.

— Um leão será sempre um leão. Não tem inteligência, não tem raciocínio.

— Mas a alma animal que nele habita, um dia, vai encontrar um novo jeito de se manifestar e se apresentar ao mundo, e vai retornar em um outro corpo mais evoluído. A lei de evolução é eterna, e a vida que anima o leão também é impulsionada para evoluir. Quando isso acontecer, ela deixará de ser leão e voltará numa forma felídea já mais adiantada. A espécie, contudo, continuará existindo, para que muitas outras formas de vida animal, que abandonaram formas ainda inferiores, possam vivenciar aquela nova experiência, até que alcancem a compreensão e a maturidade que aquele instrumento busca lhes dar. Terão então conquistado novo aprendizado, importante para o grupo do qual fazem parte, e continuarão indo e vindo, trocando de forma, até que um dia estarão aptos à individualização.

— E os homens?

— Evoluem até que alcancem a perfeição relativa que é própria deste mundo. Um homem será sempre um homem mas, diversamente dos animais, se utiliza da mesma forma física em seus processos de evolução. O espírito que anima a forma hominal, ao desencarnar e reencarnar, continuará assumindo a forma humana, mas terá evoluído algo de seu intelecto e de sua moral. O homem já está apto a raciocinar e sentir, é um ser individualizado, consciente de si mesmo, embora ligado ao todo do qual escolheu fazer parte. Quando um homem aprende, está auxiliando no aprendizado de toda humanidade. As novas ideias surgem dos grandes gênios, mas as suas obras não permanecem reclusas no seu estreito limite de existência. Ao contrário, saem para o mundo e passam a pertencer a toda humanidade.

Giselle permaneceu algum tempo pensando. Havia tantas coisas que não conseguia entender! Mesmo as palavras de seu pai soavam estranhas para ela. Entretanto, uma coisa havia compreendido: a necessidade de aprender os verdadeiros valores do espírito. Não queria mais permanecer nas trevas da ignorância, agindo como um animal em busca da satisfação de seus instintos.

— O que poderei fazer para me modificar? Prejudiquei muitas pessoas com a minha ignorância, pai, e sinto necessidade de auxiliar no crescimento da humanidade. Queria devolver ao mundo o que ajudei a tirar de tantas pessoas, muitas, de cujos rostos, nem consigo mais me lembrar.

— Seu coração está sentindo a necessidade de crescer, e isso é muito bom. Mas não se apresse. Estude com calma as possibilidades e trace planos para o futuro. Mas lembre-se: há pessoas que conviveram com você e com as quais você terá que se entender. Será que, quanto a elas, esse desejo ainda perdura?

— Não sei... não havia pensado nisso.

— Pois pense. Planeje sua próxima reencarnação tendo em vista a necessidade de perdão e de aprimoramento. Você ainda não se perdoou, Giselle, e sabe disso. E a culpa poderá ser um entrave ao seu crescimento.

— Creio que tem razão, pai. Mas o que poderei fazer? Não quero continuar carregando esse peso.

— Por isso é que lhe disse para pensar. Projete a sua vida futura em três níveis: um individual, outro coletivo e outro universal. Trabalhe a sua individualidade, analisando seus sentimentos, os seus processos de dor e de culpa, os seus desejos e tudo o mais que se refira somente a você. Seja sempre sincera consigo mesma e procure não mistificar a sua essência. Além disso, integre-se ao grupo no qual escolher nascer. Aprenda a ser filha, mãe, esposa, amiga. Vivencie todas essas posições tendo em vista as suas necessidades e a de seus semelhantes, sem abrir mão do que lhe pertence, mas sem desrespeitar o que não é seu. Saiba reconhecer o seu direito e o direito alheio, e procure compreender aqueles que não conseguirem alcançar os mesmos valores que você. Eles não serão nem melhores nem piores do que você. Apenas poderão estar em um outro nível de compreensão, no qual você, fatalmente, um dia também já esteve. E, como é de seu desejo, escolha uma atividade voltada para o mundo em geral. Seja médica, religiosa, professora, artista. O que você

Levamos o livro espírita cada vez mais longe!

Av. Porto Ferreira, 1031 | Parque Iracema
CEP 15809-020 | Catanduva-SP

www.**lumeneditorial**.com.br
www.**boanova**.net

atendimento@lumeneditorial.com.br
boanova@boanova.net

17 3531.4444

17 99257.5523

Siga-nos em nossas redes sociais.

@boanovaed   boanovaeditora

CURTA, COMENTE, COMPARTILHE E SALVE.
utilize #boanovaeditora

Acesse nossa loja   Fale pelo whatsapp

quiser e o que mais lhe agradar. Mas faça algo que atinja várias pessoas, pessoas desconhecidas que poderão se beneficiar de suas obras. Agindo assim, você estará colaborando mais diretamente com o universo, levando às muitas almas aquilo de que elas mais necessitam: alívio, carinho, conhecimento, beleza... E sua ajuda será imparcial, porque voltada para aqueles que você nem conhece. Assim como você tirou dos que não conhecia, poderá estar auxiliando esses mesmos desconhecidos naquilo que lhes for mais necessário no momento.

As palavras de Ian tocaram fundo o coração de Giselle. Ela possuía consciência do quanto primitiva ainda era e desejava mudar. Sabia que muitos de seus antigos companheiros estariam imbuídos dos mesmos propósitos, mas outros não conseguiriam compreender e permaneceriam ainda atados ao ódio e à vingança. Mesmo assim, estava disposta a tentar. Se não conseguisse, tentaria de novo, e de novo, e de novo. Até que estivesse pronta para realmente dar um passo à frente e evoluir.

Finalmente, estava em paz com o seu coração...